トランスナショナル高等教育の国際比較

留学概念の転換

杉本 均 編著

東信堂

はじめに

　近年トランスナショナル高等教育の展開が世界各国において大きな流れになりつつある。しかしトランスナショナル高等教育という言葉そのものはまだ私たちの誰もが知る言葉ではない。字義だけで訳せば、国家を越える高等教育、すなわち国際教育や留学と同じものとも解釈されるが、実はインターナショナル高等教育とは別の概念である。詳細は本編に譲るとして、ごく簡単に言えば、トランスナショナル高等教育とは、学生がある外国に実際には滞在することなしに、その国の高等教育を履修し、資格や学位を取得する行為やプログラムを意味している。

　この言葉の意味をわかりやすく伝えるために、私は「留学しない留学」というパラドックスで表現している。この言葉がおかしいと思う人はぜひ、もういちど「留学」の意味を考えていただきたい。それにはふたつの意味が含まれていることに気づくであろう。それは外国に渡航してそこの高等教育機関で学ぶということ（広辞苑）と、外国の高等教育機関の学位や資格を得るためにプログラムを履修すること、である。多くの日本人にとってはこの二つの違いを区別することは難しいかもしれない。外国の学位や資格の価値は、わざわざ外国に渡航して、生活し、言葉や習慣を覚え、教室で議論し、教授からの指導を受け、仲間と交流した、それらもろもろの経験を含んでいると考えるからであろう。これらの経験の多くはトランスナショナル高等教育では期待できない。

　しかし、資格や学位の取得にこれらの経験は絶対に必要であろうか。留学から持ち帰った学位記や資格証明書にこれらの経験が記されているであろうか。このことは近年多くのコースが日本でも用意されている放送大学や通信

課程の学位・資格プログラムを見れば、一部の分野については、学生の移動、直接の教授との対面、大学での生活は必ずしも必須ではないことはすぐにわかる。トランスナショナル高等教育とは、その同じことが、国境を越えて起っているに過ぎない。

しかし多くの日本人にとって留学は、現地への渡航なくしてイメージすることは難しい。日本人の留学には、学位などの取得を伴わない、語学留学が多いということはこの事実を裏付けている。これらの留学は現地に渡航することにこそ、最大の意味がある。しかし、一方、これらの経験を特に必要としない者にとっては、伝統的な留学はきわめて効率の悪い教育に映るのである。英語が国内でも広く通用するアジア諸国、例えば、マレーシア、香港、中東諸国などで、この安価で手っ取り早い「留学しない留学」には一定の需要があるのである。

このような需要を反映して、世界各国において、トランスナショナル高等教育は受け入れられつつあり、その市場規模は急速に拡大している。その究極の形態は、国際遠隔教育プログラム、つまりe-ラーニングなどの通信教育による国際学位である。各国において対面授業が必ずしも必要ない分野においては通信教育課程によって、学位が授与されるようになってきている。国内の受講生に通信教育で学位が授与されるのであれば、国境を越えて同じプログラムを受講して合格した外国の学生にも授与できないという理屈は通らない。かくして、インターネット環境とクレジットカードがあれば、外国に留学するどころか、自宅にいながらにして外国の教育課程が受講でき、場合によっては学位も取得できる時代になったのである。まさに昔の語学学校のCMのキャッチフレーズで聞いた「お茶の間留学」が実現しつつあるわけである。

編者自身はこのような「お茶の間留学」の過度なもてはやしは、自己の留学経験からも違和感を持つものであるが、本書全体としてはこの現象を否定も肯定もするものではなく、その現象の性格と動向を分析し、その意味するところを客観的に明らかにしようとするものである。マレーシアなどでこれらのコースの関係者から、よくトランスナショナル高等教育はWIN-WIN-

WINのマーケットであるといわれる。例えば本書7頁にあるように、学生(の出身国)、学位授与大学、実際の教育機関の三者が、すべて別々の国に所在している少し複雑なケースを考えてみよう。その場合、学位授与大学は、最小限の投資と労力でライセンス収入を得、あるいは新規学生市場を開拓できる(WIN)。さらにホスト国の教育機関は欧米大学の看板のもとで入学希望者は倍増する。ホスト国は外貨の流出を抑制し、なおかつ新たに第三国からの留学生を期待できる(WIN)。学生の立場からは、これまでの制度では経済的にあるいは学力水準において、入学できなかった外国大学の学位を取得できる可能性が開けるわけである(WIN)。確かに三方すべてが得をするWIN-WIN-WINのマーケットにも見えるが、そのはざまで犠牲者(= loser)はいないのであろうか?

　もしこのようなプログラムが商業的利益だけを目的にして拡大し続けた場合、潜在的な犠牲者(loser)がありうるとすれば「学位(の価値)」さらにいえば「高等教育そのもの」かもしれない、と考えている。もちろん教育の質の保証には大変な努力が払われ、どの国のどの大学の担当者に聞いても、幾重にも慎重な質保証システムが機能しているとされる。それは多くの場合事実であると思われるが、仮にその質が十分に保証されたとしてもなお、「学位の価値」や「高等教育の定義」は無傷であり続けることは難しいであろうと思われる。

　近年、(何度目かの)日本食ブームということで、世界各国で日本料理店や日本式レストランといったものを見かけるようになった。こんなところで、というような場所ですしバーや回転寿司の看板を見るが、その多くは日本人が調理しているわけではないそうである。フランチャイズ式の店も多いという。世界中の人々が気軽に日本食を味わうことができるようになったことは歓迎するが、同時に日本食とはこの程度のものというイメージが広まる危険性もあり、その結果本当においしい日本食は日本に来て食べてほしいという気持ちにもなる。この「日本食」を「外国学位」や「留学」に置き換えると、そのままトランスナショナル高等教育の問題や状況を表すことができる。

　教育(特に高等教育)とはTeichlerの言うように(本書、第1章5節を参照)、経

済的に見れば知識と技能の売買であり、それが国境を越えれば貿易であり、しかも基本的にその売り手の資源は枯渇することはないという、魔法のような貿易である。教育は買い手(すなわち学習者)にとって二つの意味で有用である。ひとつは得た知識や技能が自己の人間形成や社会において有用であり、雇用や収入や地位をもたらす場合。もうひとつは知識や技能を獲得したという証(学位や資格)が、他者との社会的競争において有利となる場合。教育(機関)とは多くの場合、前者と後者の両方を行う機関であり、それが問題を孕んでいる。なんらかの理由で収入の増加にのみ関心をいだく大学経営者がいた場合、仮に前者(知識や技能の授与)が十分でなくても、後者(学位や資格)を与えることができてしまうということである。しかも資源の枯渇なく無限に可能である。これが教育の質の保証の問題を生んでおり、最悪のケースがディグリー・ミル(偽学位)と呼ばれるものであるが、たとえ悪意なく、前者の管理を十分に行ったとしても、この魔法の魔力は放置すれば、教育資格そのものにインフレを起こし、その価値がいつか大暴落するかもしれない危険性を孕んでいる。

　トランスナショナル高等教育は、時空の制約を超える教育である。ただコストが安価なだけではない。国内に高等教育機会が十分ではない国の学生にとってこの恩恵は大きなものがある。時間的に悠長な留学などしている余裕のない者にとっても利点がある。政治的に高等教育機会が均等に与えられていないグループにとって、宗教的に異教徒の社会に留学することをためらうグループにとっても、それぞれに効用がある。この意味でトランスナショナル高等教育は社会変革にもつながる力を持っている。しかしどう考えても、トランスナショナル高等教育は、理想的な高等教育であるとは言えない。学術研究を主体とする大学の国際戦略として望ましい選択とも言えない。国境を越えて授与される学位や資格が本国の同じ名前のプログラム、学位、資格と同じものでありえるのか？この答えはYESでありNOである。

　オーストラリアのトランスナショナルな世界展開をする大学の本校と分校の卒業生は、企業採用への応募資格において、本校卒も分校卒も問われず、全く同じ扱いを受けるという。YESである。しかしもし仮に、東京大学がプ

ログラムを海外のカレッジに委託して、そこでの卒業生に東京大学卒の学位を与えたら、その学生を日本の企業は東大卒として扱うだろうか。多くはNOであろう。学位や資格の持つ意味(価値)はその国やその社会によってそれぞれ異なり、またその国、その文化、その組織において学生が時間を過ごすということに意味のある場合と無い場合がある。トランスナショナル高等教育は、この問題についてYESと考える社会、大学、レベル、専門領域、において一方的に開始されたもので、そのような学位の価値の同等性について全世界について検証したものでも、国際的に認可されたものでもない。

　数年前、日本の国会議員選挙での登録履歴において、留学詐称に関する騒動があった。履歴書に入学してもいない大学に留学したと記していた者や、外国人向けコースに在籍してはいたが、単位などは全く取っていないケースもあった。こうしたことが起こるのは、日本では留学がいまだに「いい響き」の経歴であり、「箔」のつく履歴だからであろう。そして公職選挙法にでも触れない限り、誰もその人が、現地でどのような教育を受け、どのような知識や技能を身につけたのか、確認することもなく(確認するのも難しく)、留学という経歴だけが独り歩きしてくれる、ありがたい肩書であるからであろう。

　トランスナショナル高等教育の展開は、留学というものの定義、留学という現象への根源的な問いを突き付けている。先の留学詐称疑惑のように、どのような機関に学べば留学生とされるのか、何年以上在籍すれば留学したと見なされるのか、そのような古典的な問題から、そもそも留学とは国境を越えて勉強することなのか、留学先とは、プログラムを履修した土地のことなのか、学位を授与した大学の所在地なのか。あるいは留学する大学がひとつの国家のみに所属しない場合、どうなるのか。そして人はなぜ留学するのか。本書がこのような問いについて考えるささやかな契機になることがあれば幸いである。

杉本　均

大目次／トランスナショナル高等教育の国際比較

はじめに ……………………………………………………………………………… i
第1章　トランスナショナル高等教育の展開と課題 ……………………… 3

| 第Ⅰ編　トランスナショナル高等教育の提供国 |

第2章　イギリスにおけるトランスナショナル高等教育 ……………… 33
第3章　アメリカのトランスナショナル高等教育と国際化 …………… 49
第4章　オーストラリアにおけるトランスナショナル高等教育 ……… 71
　　　　―RMIT大学ベトナム校における教育質保証―
第5章　国際化をめぐるトランスナショナル高等教育の機能と ……… 87
　　　　新たな高等教育像―モナシュ大学の「国際高等教育」戦略の事例―
第6章　オーストラリアにおけるトランスナショナル高等教育 ……… 105
　　　　―シンガポールへの海外教育展開―
第7章　国際化に向けた留学生政策―EUおよびフランスの事例から― … 121

| 第Ⅱ編　トランスナショナル高等教育の受容国 |

第8章　アジアにおける高等教育の国際連携と日本 ……………………… 139
　　　　―イニシアティブの多極化とその行方―
第9章　中国におけるトランスナショナル高等教育 ……………………… 153
　　　　―高等教育段階での「内外協力による学校運営」―
第10章　香港におけるトランスナショナル高等教育の展開 …………… 169
　　　　―市場に依拠した質保証メカニズムに注目して―
第11章　韓国におけるトランスナショナル高等教育 …………………… 185
　　　　―オランダ海運物流大学韓国分校を事例に―
第12章　タイおよびラオスにおけるトランスナショナル高等教育 …… 201
　　　　―国境を越えることの意味―
第13章　マレーシアにおけるトランスナショナル高等教育の展開 …… 225
　　　　―オーストラリア大学分校の事例を中心として―
第14章　インドネシアとトランスナショナル高等教育 ………………… 241
第15章　南太平洋における地域大学の特徴 ……………………………… 257
　　　　―トランスナショナル教育の視点から―
第16章　インドにおけるトランスナショナル教育 ……………………… 271
第17章　ドバイにおけるトランスナショナル高等教育の展開 ………… 289
　　　　―フリーゾーンへの高等教育機関誘致に着目して―
第18章　エジプトにおけるトランスナショナル高等教育 ……………… 305
　　　　―カイロ・アレキサンドリアにおける三大学の事例から―
あとがき ………………………………………………………………………… 319

詳細目次／トランスナショナル高等教育の国際比較

はじめに……………………………………………………………… i

第1章　トランスナショナル高等教育の展開と課題 ……… 杉本　均 3
　1．留学概念のパラダイム転換(3)
　2．トランスナショナル化と教育(7)
　3．トランスナショナル教育の形態(10)
　4．各国におけるトランスナショナル高等教育の現況(17)
　5．トランスナショナル教育の効用と課題(23)
　注(29)

第Ⅰ編　トランスナショナル高等教育の提供国　31

第2章　イギリスにおけるトランスナショナル高等教育…… 秦 由美子 33
　1．昨今の教育サービスの国際貿易の状況(33)
　2．イギリスの高等教育機関によるTNHE(34)
　3．イギリスで学ぶ海外留学生(35)
　4．イギリスのTNHE(38)
　5．TNHEが展開されている地域について(43)
　6．TNHEのパートナー機関(44)
　7．おわりに(45)
　注(46)

第3章　アメリカのトランスナショナル高等教育と国際化 … 山田 礼子 49
　はじめに(49)
　1．アメリカへの留学生の現状(50)
　2．アメリカのTNHEの動向(53)
　3．アメリカのスタディ・アブロードプログラム(59)
　4．質保証の観点からの課題(67)
　注(69)

第4章　オーストラリアにおけるトランスナショナル高等教育 … 杉本 和弘 71
　　　──RMIT大学ベトナム校における教育質保証──
　はじめに(71)
　1．ベトナム高等教育の国際戦略と質保証(73)

2．RMIT大学ベトナム校の設立背景(75)
　3．RMIT大学ベトナム校における教育質保証(79)
　おわりに(83)
　注(84)

第5章　国際化をめぐるトランスナショナル高等教育の機能と
　　　　新たな高等教育像 ……………………………………… 杉村 美紀 87
　　　　―モナシュ大学の「国際高等教育」戦略の事例―
　はじめに(87)
　1．トランスナショナル高等教育の機能と特徴(88)
　2．高等教育機関による「国際高等教育」の展開
　　　―オーストラリアに基点を置くモナシュ大学の事例―(91)
　3．「国際高等教育」のネットワークが生み出すもの(95)
　　　―スリランカのモナシュ・カレッジの事例―
　4．おわりに―トランスナショナル高等教育がもたらす新たな「国際高等教育」―(101)
　注(103)

第6章　オーストラリアにおけるトランスナショナル高等教育… 竹腰 千絵 105
　　　　―シンガポールへの海外教育展開―
　はじめに(105)
　1．海外教育展開への政策と対応(107)
　2．オーストラリアからシンガポールへの海外教育展開(110)
　3．非伝統的な留学形態―学生からのニーズ―(115)
　おわりに(116)
　注(118)

第7章　国際化に向けた留学生政策 ……………………………… 園山 大祐 121
　　　　―EUおよびフランスの事例から―
　はじめに(121)
　1．世界のなかにみるEU(122)
　2．フランス(126)
　3．トランスナショナル・エデュケーションについて(129)
　おわりに(131)
　注(133)

第Ⅱ編　トランスナショナル高等教育の受容国　　137

第8章　アジアにおける高等教育の国際連携と日本 …… 米澤 彰純 139
― イニシアティブの多極化とその行方 ―
はじめに(139)
1．国境を越える高等教育における公と私(140)
2．東アジアにおける高等教育と国際連携(143)
3．質保証と単位互換を巡る新たな動き(147)
4．アジア高等教育におけるイニシアティブの多極化(148)
5．日本の立ち位置をどう考えるか(150)
注(151)

第9章　中国におけるトランスナショナル高等教育 ……… 南部 広孝 153
―高等教育段階での「内外協力による学校運営」―
はじめに(153)
1．中国高等教育の近年の状況(154)
2．「内外協力による学校運営」の歴史的経緯(156)
3．認可を受けた「内外協力による学校運営」の現状(160)
おわりに(166)
注(167)

第10章　香港におけるトランスナショナル高等教育の展開　南部 広孝 169
―市場に依拠した質保証メカニズムに注目して―
はじめに(169)
1．香港における高等教育の展開(170)
2．トランスナショナル高等教育の受け入れに関する政策(173)
3．トランスナショナル高等教育の受け入れ状況(176)
おわりに(181)
注(182)

第11章　韓国におけるトランスナショナル高等教育 ……… 石川 裕之 185
―オランダ海運物流大学韓国分校を事例に―
はじめに(185)
1．外国大学分校の法的位置付けと設置目的(185)
2．外国大学分校の設立・運営状況(187)
3．ケース・スタディ―オランダ海運物流大学韓国分校―(189)

おわりに(195)
注(197)

第12章　タイおよびラオスにおけるトランスナショナル高等教育　森下　稔 201
　　　　―国境を越えることの意味―
　はじめに(201)
　1．タイにおける高等教育の概要と政策(202)
　2．タイにおける留学生受け入れとトランスナショナル高等教育(205)
　3．ラオスにおける高等教育の概要と政策(210)
　4．チェンライ・ラーチャパット大学の事例(214)
　おわりに(219)
　注(221)

第13章　マレーシアにおけるトランスナショナル高等教育の展開
　　　　―オーストラリア大学分校の事例を中心として―……　我妻 鉄也 225
　はじめに(225)
　1．マレーシアにおけるオーストラリア大学分校の設置経緯(227)
　2．オーストラリア大学分校の設置形態とガバナンス構造(230)
　3．オーストラリア大学分校の総括的考察(235)
　おわりに(237)
　注(239)

第14章　インドネシアとトランスナショナル高等教育　…　中矢 礼美 241
　1．インドネシアにおける高等教育政策と現状(241)
　2．トランスナショナル教育の動向(243)
　3．大学の国際化目標と戦略(248)
　おわりに(252)
　注(254)

第15章　南太平洋における地域大学の特徴 ……………　中矢 礼美 257
　　　　―トランスナショナル教育の視点から―
　はじめに(257)
　1．フィジーの社会文化状況と高等教育機関の概要(258)
　2．オーストラリアのビジネス戦略とフィジーによる新しい質管理制度の導入(260)
　3．USPの質保証・教育プログラム・教育者・学習者の特徴と課題(262)
　おわりに ―南太平洋地域の発展に向けて―(268)
　注(269)

第16章　インドにおけるトランスナショナル教育 ……… 小原 優貴 271
　はじめに(271)
　１．インドにおけるFEPの展開と「参入と運営に関する規則」の制定(272)
　２．FEPとインドの機関の提携によるTNEプログラム(273)
　３．デリーのTNEプログラムの事例分析(276)
　４．外国教育機関法の成立をめぐる動きとその影響(281)
　おわりに(283)
　注(284)

第17章　ドバイにおけるトランスナショナル高等教育の展開 中島 悠介 289
　　　　―フリーゾーンへの高等教育機関誘致に着目して―
　はじめに(289)
　１．ドバイにおける教育関連フリーゾーン(290)
　２．ドバイにおけるフリーゾーン形成の促進要因(292)
　３．フリーゾーンでの高等教育機関の設立過程(295)
　４．フリーゾーンで展開する高等教育機関(297)
　おわりに(300)
　注(302)

第18章　エジプトにおけるトランスナショナル高等教育… 日下部 達哉 305
　　　　―カイロ・アレキサンドリアにおける三大学の事例から―
　はじめに(305)
　１．カイロアメリカン大学の事例(307)
　２．カイロジャーマン大学(310)
　３．エジプト日本科学技術大学(314)
　おわりに(316)
　注(318)

あとがき………………………………………………………………………… 319
執筆者紹介……………………………………………………………………… 324
索　　引………………………………………………………………………… 327

トランスナショナル高等教育の国際比較

―― 留学概念の転換 ――

第1章　トランスナショナル高等教育の展開と課題

杉本　均

1．留学概念のパラダイム転換

　留学とは「外国に在留して勉強すること」である[1](広辞苑)。より実務的な表現では、学習者が外国の(主として)高等教育機関において一定の課程を履修することと表現できる。日本の法制度においては、「出入国管理及び難民認定法」「別第一4」に定めるように、「本邦の大学、高等専門学校、高等学校(中等教育学校の後期課程を含む。)若しくは特別支援学校の高等部、専修学校若しくは各種学校又は設備及び編制に関してこれらに準ずる機関において教育を受ける活動」を「留学」と定義されている[2]。これは留学生を受け入れる場合の定義であり、日本人が海外に留学する場合には、より緩やかに「おおむね3カ月以上の教育目的での海外への渡航[3]」として統計が取られている。本書でも留学を構成する教育機関のレベルは高等教育を想定しているが、国によっては中等後教育(日本でいう高校卒業後に進学する学校がすべてで、学位を授与しないカレッジを含む)にまで広げている場合もある。「留学生」というカテゴリーは、その国家に在留する外国人のなかでは特権的な意味もあるので、どれくらいの期間の学習(履修)であるのか、どのようなレベル、機関での履修なのかによってその対象者数をコントロールする意味もあり、各国において様々に定義されている。

　留学をめぐるもう一つの問題は、「外国において」と言っても、何をもって外国、何をもって母国とみなすのか、という問題である。母国の大学で学ぶ学生を留学生と呼ばないのは誰にも明らかであるが、一般にある人が母国と呼ぶ国には、「生まれた国」、「国籍のある国」、「永住する国」といった意味が

あり、国際移動が容易となった今日、これらがすべて同一であることはあたりまえとは言えなくなってきている。国際的な流動性が高まり、人が一生の間、一つの国にのみ居住するということが当然ではなくなってきた今日、先進国の一部では最後の「永住する国」を基準に、それ以外の国の大学などに学ぶ場合を留学と定義するようになっている。

　OECDでは、留学生(foreign student)を「自国以外の国において、通常特別の許可や査証によって、特定の学習コースを履修する目的で、受け入れ国によって認定された機関に入学した者」と定めている[4]。しかし同時に「この定義は受け入れ国の移民の市民権条件が厳格な国においては、この数値を膨張させる」と注記しているように、移民政策と密接にかかわっている。ユネスコは留学生(international student)を、「国境や境界線を教育目的で越え、現在出身国以外の地で教育機関に入学している者」と定義しているが、ここで出身国以外の地とは、「自分が恒久的な住人ではない国」を指している[5]。

　アメリカの国際教育協会(IIE)は、「留学生(foreign student)」を「高等教育機関に在籍する者のうち、アメリカ市民でもなく、移民でも難民でもない者[6]」と定義している。そしてそれは具体的にはF(学生)、H(短期研修生)、J(交換留学生)、M(職業訓練生)ビザを持つ者として定義され、永住権をもつ場合は除外される。イギリスの英国文化協会(British Council)も、留学生(overseas student)の定義は「海外に恒久的住居を有し、イギリスの中等後教育機関において、正規課程に入学し、終了後本国に帰国する前提の者[7]」とされている。外国籍の学生、すなわち外国人学生(foreign student)はそのうちの一部にすぎない。オーストラリアでは、留学生(international student)は「570から575号のビザを持ち、現地の教育機関において学習する者」と定義されるので、ビザを必要としないニュージーランド国籍の学生は留学生とはみなされない[8]。オーストラリアの定義においてはじめて見られる「現地(onshore only)」という限定は、外国の学生がオーストラリアに入国せずにオーストラリアのプログラムを履修する非現地の(off shore)留学の存在を暗に想定した規定である。

　高等教育に対する需要は全世界において高まっており、その需要を自国の国内高等教育機関で大部分をまかなうことのできる国は少数である。この需

要と供給のアンバランスが国際高等教育流動、すなわち留学の基本的な動因となっている。オーストラリアの「Global Student Mobility Report 2025」によれば、国際的な学生移動の規模は2000年時点の180万人から、2025年には720万人にまで拡大すると予測されている[9]。「長い時間をかけ、長距離を移動し、キャンパスライフをエンジョイしながら学問に打ち込む」というような伝統的な留学の概念での受け入れではこの需要をとうていまかなうことはできない。

伝統的に留学とは、A国の学生がB国に物理的に移動して、その地に生活し、大学などに通いながら学位などの、本国では獲得するのが難しい教育資格や技能を獲得する、というものであった。一部のものにとっては留学の意義はそれだけにとどまらない。最高学府という場において、現地の言語を習得し、ライフスタイルを経験し、さらには各国の若者と交流し、かけがえのない人的コネクションという財産を築きあげるものもいた。しかしこれは本来の教育資格や技能の獲得という留学の目的だけから考えれば、あまりに効率の悪い、無駄な要素を伴った活動であるということもできるのである。単純に本国では得にくい資格や技能だけを留学に求めるのであれば、もっと簡便な方法や形態もあり得るし、必ずしも当該国に出かけていかなくても可能であることがわかってきた。

例えば、外国の大学が、高等教育インフラに遅れの見える国に分校を設立しはじめた。学生が移動するのではなく、教育機関のほうか自ら移動して来てくれることになる。外国の大学が自国の教育機関などと提携関係をむすび、そこに通学するだけで、外国に行くことなく、外国の大学の学位や資格が取れるようになってきた。さらには大学が国内で行ってきた通信教育課程を外国に配信するようになると、その大学の学位や資格、単位をパソコンとクレジットカードがあれば、世界中の端末から履修、取得可能になってきたのである。まさに「留学しない留学」である。この矛盾する言葉は、留学が伝統的に二つの意味を内包してきたことを示している。すなわち、「留学とは外国に行き学ぶこと」という要素と、「留学とは自国では得難い資格や技能を習得すること」という要素である。この二つの要素はこれまで分かちがたく結び

ついていたが、実は互いに切り離せるものであり、前者が欠けても後者の留学は成立可能な場合があることがわかってきた。

これまでの伝統的留学を含めて、これらの国際プログラムを担っているアクターを①留学生＝学習者(プログラム履修者)、②学校＝教学課程担当者(プログラム実施者)、そして③大学＝その修了にともなう学位・資格・単位の認定者・授与者(学位等授与者)の3者と規定する。伝統的留学も国際教育の一種ではあるが、多くの場合アクターのうち②と③が同一の国に所在しており、これが留学先大学である。履修者である①学生が国境を越えると留学生となる。非伝統的留学形態の第一の形態は、①の学生の国境を越えた移動を伴わないケースである。学生は出身国に所在したままプログラムを履修するので、②のプログラムか③の大学のどちらかもしくは両方が国境を越えて学生の所在する国に移動することになる。②のプログラムだけが移動する場合、いわゆるe-ラーニング(通信課程)による国際プログラム配信の形態(cross-border distance education)となる。②のプログラムと③の大学が一緒に移動する場合、いわゆる外国大学の海外分校(branch campus)による形態となる[10]。

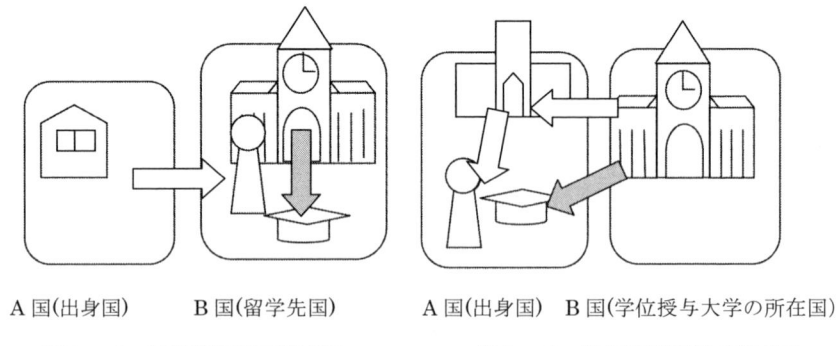

　A国(出身国)　　B国(留学先国)　　　A国(出身国)　　B国(学位授与大学の所在国)

図1-1　伝統的留学の模式図　　　図1-2　非伝統的留学の模式図

非伝統的留学の第二の形態は②の履修プログラムと③の学位授与大学が一部もしくは完全に分離されるケースである。本来、③の留学先大学が提供していたプログラムの一部を、学生の所在国の教育機関が請け負うケースを部分学位プログラム(twinning degreeやsplit degree program)と呼ぶ。学生は出身国

等において、基礎課程などを提携校において履修・合格した後に、留学先国に渡り、残りの課程を履修して学位を授与される。それに対して、プログラムのすべてを学生の所在国等の学校に委託して、全期間学生は本国においてプログラムを履修する形態を外国機関提携学位(partner-supported delivery)と呼ぶ(図1-2)。最後にこの形態の変形として、②のプログラム提供と履修が学生の出身国でも、学位授与大学の所在国のいずれでもない第三国で行われる形態が発生している。この場合、A国出身の学生はB国で留学しているが、目指している学位はC国の大学の学位という形態となる。これを図示すると以下の図1-3となる。

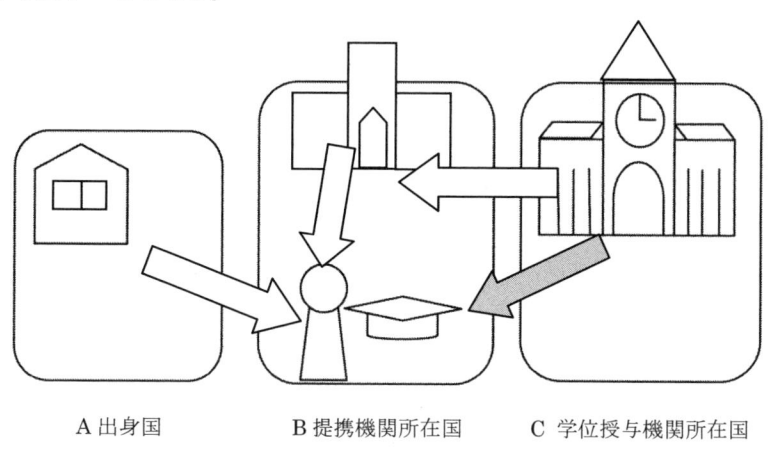

　　A 出身国　　　　B 提携機関所在国　　C 学位授与機関所在国
図1-3　非伝統的留学の模式図(2)

伝統的留学を除いてこれらすべてのプログラムを総称してトランスナショナル・エデュケーション(transnational education)(以下トランスナショナル教育)と呼ぶことができるが、さらに国際通信教育を除いて、機関やプログラムが移動する留学形態を国際プログラム(オフショア・プログラム)と表現することがある[11]。

2．トランスナショナル化と教育

　トランスナショナルという術語の意味は、インターナショナル(international)

およびグローバル(global)という二つの概念との違いを考えるとわかりやすい。インターナショナルは文字通り、国家と国家の関係を表しており、その交渉の窓口はその主権主体である各国政府である。一方、グローバルの概念は、地球上の多くの国において、国境の意義や国家による法的規制の影響力が低下し、ある事象が国家の定義によらない、普遍的なルールにおいて運用、統括されることを意味している。間に意見の違いが生じた場合は、基本的にはそのルールによって判断、処理される。

　トランスナショナル(transnational)という状態はそのどちらでもない。最も典型的なパターンで説明すれば、世界の普遍的ルールと思われているものと、国家主権に基づく国内ルールとが並立、対立するような状態を指している。そして世界の多くの社会事象は実際には、この状態がより現実に近いと考えられている。

　近年のアジア・アフリカ諸国における民主化運動(暴動)などはこの問題を考えるいい例である。長期に専制支配した指導者が排除されて、他国へ亡命したり、難民が発生するなどの問題は国家の主権にかかわるインターナショナルな問題である。また、それによって生ずる通貨の変動の多くはグローバルなルールに従っている。しかし、一方、その時の衝突などを伝えるYou Tubeのビデオ映像やツイッターなどでの情報拡大などの現象は、トランスナショナルな(超国家的な)システムもしくはメディアにおいて拡大したものであり、大きな影響力を及ぼすにもかかわらず、各国政府はその拡散をコントロールすることはできない。国家と国家を越えた問題でありながら、国家内部もしくは国家間の交渉によってはコントロールできない問題が発生し、なおかつその力が国家や国際社会に大きな影響を与える状態になった場合、これをトランスナショナル化と呼ぶ。このほかに、知的財産権のルールを途上国に適用しようとする営利企業の圧力団体と、その国の産業の成長を優先させようとする途上国政府の対立、世界的なオンライン、ネットオークションに出品される商品が、特定の国において有害とされ、流通が禁止されている場合の国家規制と商行為の自由との対立など、いろいろな事例が報告されている[12]。

　教育の場面におけるトランスナショナルな問題というものも存在している。

その第一は学習者の多重のアイデンティティに基づくものである。完全にバイリンガルな人の母語意識や二重国籍を持つ人物の母国意識など、すでに一つの言語や一つの国家に帰属させるのが困難な個人というものは多く存在している。教育も同じく、一つの国家に帰属させることが困難な事例は多く見られる。簡単な例が最近、多くの教育機関で耳にするダブルディグリーである。一つの教育プログラムの修了によって、A国とB国の大学の学位を二重に取得できる場合、その学生はどちらの国に学んだことになるのであろうか。また本書でも中心的なテーマの一つである提携学位も同様な問題を提起する。A国で基礎課程を履修し、B国で専門課程を履修して取得した学位は二重の国籍を持っている。さらにこの形態が進化して、すべての課程をA国で履修し、修了後にB国の大学の学位を授与される3+0プログラムの場合、この学生はどの国で履修したことになるのであろうか。また、その変形として、第三国のC国の学生がA国に滞在し、B国の大学の学位を取得した場合(図1−3参照)、この学生は明らかに出身国以外で学修しているので、留学生にあたるが、この学生の留学先は、留学統計において、A国に加算されるのか、B国に加算されるのか、どちらであろうか。

　第二の場面とは、教育のアクターのいずれかの要素が国家に帰属できないようなパターンである。例えば、当初から国境を越えて設立された南太平洋のような場合、そのメンバー国以外から留学している学生は、どの国に留学しているといえるのであろうか。またインターネット上にある完全にヴァーチャルな大学プログラムは、各国において自宅から履修可能であるが、これは留学といえるのか、言えるならば、その学生はどこの国に留学したのだろうか。これらもすべて従来のインターナショナルな教育という概念では整理できない問題である。

　第三のケースとして、国家と非国家機関の利害が衝突するケースが高等教育の分野でも起こっている。アメリカ大学の日本分校の事例はその典型である。アメリカのテンプル大学は1982年に日本への分校設立を行った最初の大学である。日本の学校教育法において、正規の教育機関は学校法人でなければならなかったが、アメリカ型教育にこだわるテンプル大学日本校は日本

の定める基準を満たさず、正規の日本の大学とは認定されず、学生への通学定期の発行、授業料への非課税措置、外国からの留学生のビザ発行スポンサーとなる資格など多くの大学としての便益を制限された。こうした外国大学の進出が、日本の学校教育法の規定を、国際貿易上の自由な取引を制限する規制であるとして、その撤回や緩和を求める動きとして、衝突するケースが起こっている[13]。一方、東南アジアなどのトランスナショナル高等教育の急速な展開により、自国の大学やカレッジの学生が急速に多国籍化する事態に直面し、大学の国民教育としての機能の喪失を危惧する政府が、大学カリキュラムに現地理解の必修科目を設定しようとする動きも出ている[14]。アングロサクソンの経営風土で世界展開する、トランスナショナル高等教育の規制緩和への要求が、各ホスト国の風土や環境、法制度との衝突はいろいろな場面で想定できる。

3．トランスナショナル教育の形態

トランスナショナル教育とは、ユネスコ(2001)によれば、「教育の成果を認定する機関が所在する国とは異なる国で学習者が受ける教育プログラムである」(programs in which learners are located in a country other than the one in which the awarding institution is based)と定義されている[15]。これを高等教育に限定すれば、トランスナショナル高等教育となる。この言葉は広い意味でも用いられ、クロスボーダー・エデュケーション(cross-border education)、ボーダレス・エデュケーション(borderless education)、オフショア・エデュケーション(offshore education)などの言葉と互換的に用いられる場合がある。

クロスボーダー・エデュケーションとは、Jane Knight(2005)によれば、「法的な国境もしくは地域境を越えて、人々、知識、プログラム、プロバイダー、政策、思考、カリキュラム、プロジェクト、研究、そしてサービスが移動すること」(movement of people, knowledge, programs, providers, policies, ideas, curricula, projects, research and services across national or regional borders)と定義されている[16]。彼女は、ボーダレス・エデュケーションという術語は、時間上の、学術分野

の、地理的な、すべてのタイプの境界線が消失することを意識しており、近年の遠隔通信教育の展開をよく反映しているのに対して、クロスボーダー・エデュケーションは境界線の存在、とりわけ地理的および法的な境界線の存在をかえって強調しており、質の保証、財務、認証などの問題を扱う場合にはこちらが適しているという[17]。トランスナショナル教育という言葉も、この解釈でみれば後者に近い術語である。加えて、上述(第2節)のような文脈より、ボーダーレスとインターナショナルの双方の教育現象の葛藤を扱う場面においては特に優れた術語であるといえる。

　プログラムの移動形態には、主として(1)フランチャイズ(franchise)、(2)トゥイニング(twinning)、(3)ダブル／ジョイントディグリー(double/joint degree)、(4)単位互換協力(アーティキュレーションarticulation)、(5)認可・認証(ヴァリデーションvalidation)、(6) e‐ラーニング(通信・遠隔学習 e-learning)の6形態に分類されている。OECD‐世界銀行(2007)によれば、それぞれの定義は以下のとおりである[18]。

(1) フランチャイズ(franchise)

　A国の大学がB国のプロバイダーに自分たちのコース、プログラム、サービスをB国内もしくは第三国で提供する権限を与える形態である。学位等はA国の機関から授与される。教育、運営、評価、利益配分、学位等の授与などに関する取り決めはそれぞれの契約において定められ、B国の国内法が存在すれば、それに従い、A国の国内法や慣例法があり、それが適用可能であれば、それにも従うことがある。

(2) トゥイニング(twinning)

　A国の大学とB国のプロバイダーが協力して、学生がA国とB国の双方または一方に滞在し、双方のコース単位を取得することができるような接続システムを作り上げる形態である。A国の大学から一つの学位のみが授与される。プログラムの接続や学位授与に関する契約は、通常大学が所在するA国の国内法に従う。

(3) ダブル／ジョイントディグリー (double/joint degree)

異なる国の教育機関同士が協力し、学生が双方の機関からの二つの学位等を取得できるようなプログラムを開発したものがダブルディグリーであり、二つの機関連名で一つの学位等を授与する場合はジョイントディグリーという。プログラムの提供や学位等授与の水準の設定は双方の国の国内法に従い、それぞれの提携の趣旨に合わせてカスタマイズされる。

(4) 単位互換協力 (アーティキュレーション articulation)

異なる国の複数の協力教育機関の提供するコースやプログラムの単位を学生が取得することを認める、様々な形態の協定。これにより、学生が学位を取得することを希望する教育機関のある国以外の教育機関でその単位を集めることができるが、トゥイニングよりは教育機関の協力関係は緩やかである。

(5) 認可・認証 (validation)

A国の大学の学位をB国の教育機関が発行することを認可・認証する協定である。あるケースではA国の大学はこれらのコースを実際には提供しない場合もある。

(6) e-ラーニング (通信・遠隔教育 e-learning or distance education)

ある国の教育機関が遠隔およびオンライン教育モードを通じて異なる国にいる学生にコースやプログラムを配信する形態である。場合によっては現地でのサポートセンターにおいて対面授業を提供することもある。

教育機関の移動形態には、(1)海外分校、(2)独立校、(3)買収・合併、(4)学習センター・サテライト、(5)提携校ネットワークの5形態がある。教育機関の国境を越えた移動は、プログラムの移動が持つ上記の問題に加えて、所有権・法的地位の問題、移動する国の規則や慣習への遵守・尊重の問題、課税・送金システム、営利・非営利の別などの問題が新たに加わる場合があ

る。一方、威信のある伝統大学の進出は、受け入れ国の教育環境のイメージアップになることから、国によっては積極的な補助金や免税措置などで積極的な誘致が行われる場合もある[19]。

(1) 海外分校 (branch campus)

A国の大学がB国にサテライト・キャンパスを設立し、主としてB国の学生に対してコースやプログラムを提供する形態である。A国の学生もこの分校で一定の学期やコースを履修することができる。

(2) 独立校 (independent institution)

A国のプロバイダー(伝統的大学やネットワーク、企業体)が、外国であるB国に別個の高等教育機関を設立し、学位やコース、プログラムを提供する形態。この場合、A国には通常「母校」は存在しない。

(3) 買収・合併 (acquisition/merger)

A国のプロバイダーが外国であるB国にある高等教育機関の一部または全部を買収する形態。

(4) 学習センター・サテライト (study center or teaching site)

A国のプロバイダーが、外国であるB国に学習センター・サテライトを設置し、学生がコースやプログラムを履修するのを支援する形態。この学習センター・サテライトはB国のプロバイダーとの協力関係にある場合や、独立の場合もある。

(5) 提携校ネットワーク (affiliation/network)

「公立機関と私立機関」「伝統型機関と新型機関」「現地機関と外国機関」といった異なるタイプのプロバイダーが新たなタイプのパートナーシップにおいて協力し、国内外での通信あるいは対面コースやプログラムの配信するネットワークや機関を構築する形態。

「教育の成果を認定する機関が所在する国とは異なる国で学習者が受ける教育プログラム」というトランスナショナル高等教育の厳密な定義、あるいは狭義の用法を適用すれば、教育機関の移動のうちの(2)独立校(independent institution)は、本報告の分析の対象からはずれるかもしれない。外国に独立校を設置して独自の学位などを授与する場合は、国境を越えて資本的な関係があるだけで、教育上の関係がないので、単なる企業の海外進出と同じことになるからである。

F. M. Macaranas(2010)は、アジア太平洋地域のトランスナショナル高等教育をビジネスモデルの形態にもとづいて分類した。それによれば、設立(所有)主体について、公立、私立、混合の3類型、運営財源について、公的資金、私的資金、混合資金の3類型、そして国境を越える主体について、学生、プログラム、機関の3類型に分類した。三つの要素がそれぞれ3類型をとった場合、理念的には3×3×3の27通りのビジネスモデルが想定される[20]。

それによれば、例えば、フィリピン大学にロックフェラー財団などの資金で設置された、ウィスコンシン大学プログラムは、公的主体－私的資金－プログラムの移動(モデル8)のパターンにあたる。早稲田大学がシンガポール南洋工科大学に提供する海外学位は、公的主体－私的資金－機関の移動(モデル6)にあたる。また、イギリスのノッティンガム大学が中国の寧波に設立したキャンパスは、混合主体－私的資金－機関の移動(モデル15)に相当する。日本最初のアメリカ大学の分校、テンプル大学日本校は私的主体－私的資金－機関の移動(モデル27)に相当するという(pp.127-129)。

国内においては公的な組織や資金が私的な組織や資金に結合することは公平性や癒着の問題につながりやすく、多くの国で禁止もしくは抑制された活動とみなされている。しかし、トランスナショナル高等教育の展開はその壁を様々な形態で越えており、公的組織や資金と私的組織や資金を結びつける触媒としても機能していることを示している。オーストラリアの公立大学が、東南アジアの私立カレッジと提携して提供する学位コース(第15章、第7章)は公的プログラムなのか、私的プログラムなのか、また逆にオーストラリアの私立大学がフィジーの国立大学と提携したプログラム(第8章)はどうなのか、ここ

でもトランスナショナル高等教育はパラダイムの転換をもたらしている。

そしてMacaranas(2010)はアジア・太平洋地域におけるトランスナショナル高等教育の展開状況について、OECDの11類型に基づいて分類整理した。その結果を表1-1と表1-2に示す。

表1-1 東南アジアにおける高等教育プログラムおよび機関の国際移動(1)

		フィリピン	ベトナム	ラオス	カンボジア	タイ	マレーシア	シンガポール	インドネシア
プログラム移動	フランチャイズ	○					○		
	トゥイニング	○				○	○	○	
	ダブル/ジョイントディグリー	○	○			○	○	○	○
	単位互換協力		○	○	○				
	認可・認証	○							
	通信・遠隔教育	○	○						
機関の移動	海外分校	○				○	○		
	独立校						○		
	買収・合併								
	学習センター・サテライト								
	提携校ネットワーク	○	○	○	○	○	○	○	○

出典：F. M. Macaranas, 2010, p.152.

このように日々多様化し複雑化してゆくトランスナショナル高等教育の状況について、Jane Knight (2011)は国境を越える移動主体のモードと、そのサービスの商業的意図の強さのクロスによって二次元の包括的フレームワークを提唱した。国境を越える移動主体のモードとしては、(1)人的移動(学生、教員、研究者、専門家)、(2)プログラム(コース、プログラム、学位、単位)、(3)機関(大学、組織、会社)、(4)プロジェクト(学術プロジェクト、新しい知識)とモードが拡大してゆくトレンド。それに直交する軸で、(A)開発協力、(B)教育的リンク、(C)商業的交易、というトレンドを掛け合わせた[21]。

このフレームワークによって、トランスナショナル高等教育のモード、アクター、具体的形態、目的そして政策的意図までを一つの表に収め、かつ時

表1-2　東アジア・オセアニアにおける高等教育プログラムおよび機関の国際移動(2)

		オーストラリア	日本	韓国	中国	台湾	香港
プログラム移動	フランチャイズ						
	トゥイニング	○	○		○	○	○
	ダブル/ジョイントディグリー	○	○		○		
	単位互換協力		○	○			
	認可・認証		○				○
	通信・遠隔教育	○					○
機関の移動	海外分校	○	○				○
	独立校	○					
	買収・合併						
	学習センター・サテライト	○					
	提携校ネットワーク	○	○	○	○		○

出典：F. M. Macaranas, 2010, p.153.

表1-3　クロスボーダー・エデュケーションのフレームワーク

カテゴリー		開発協力　→　教育的リンク　→　商業的交易
人的移動 ↓	学生・教員 研究者 専門家	短期留学・長期留学 フィールドリサーチ、インターンシップ サバティカル、カウンセリング
プログラム ↓	コース プログラム 学位・単位	トゥイニングコース、フランチャイズ提携コース 単位互換協力、ジョイント／ダブルディグリー 遠隔・通信教育、認可・認証
機関 ↓	大学（分校） 組織・会社	外国分校、ヴァーチュアル大学 買収・合併、独立校
プロジェクト	学術的プロジェクト 新しい知識	研究、カリキュラム 能力開発 教育サービス

出典：Jane Knight, 2011, p.23.

間的トレンドまでも表現できることになる。ただし、この矢印に示されたトレンドの配列が、トレンドの起こる時系列的な順序を表しているわけではない。

4．各国におけるトランスナショナル高等教育の現況

　世界各国におけるトランスナショナル高等教育の実態はどのようなものであるのか。本書の共同執筆者の各国分析の成果から、おおよその俯瞰的知見について概説する。より詳細な現状については各章を参照してほしい。

　イギリス(連合王国)におけるトランスナショナル高等教育の展開状況は第2章(秦由美子)に詳しい。2008年、教育技能省委託による調査の報告書「国境を越えた教育(TNE)と高等教育機関」によれば、回答した135機関(回答率81.8％)のうち65.2％がトランスナショナル高等教育のプログラムを持っており、総数は1,536プログラム、その形態は相互提携方式9.6％、フランチャイズ方式28.0％、通信遠隔教育方式13.9％、海外分校方式5.8％ほかとなっている(38頁、39頁)。専門分野としては、ビジネス・経営学が38.3％、数学・コンピュータ科学11.6％、クリエイティブアート及びデザインが10.2％、工学が8.8％と続いている(42頁)。

　トランスナショナル高等教育プログラムの実施地域については、「世界各国(World wide)」の12.1％を別にすれば、アジアが最も多く43.6％、ヨーロッパが28.3％、中東6.2％、アフリカ3.8％と続いている。パートナーの相手については、私立カレッジが22.5％、公立大学が21.4％、公立カレッジが10.7％、私企業が9.7％と続いている。私立大学は少なく、5.7％であった(43頁)(出典も秦論文参照)。

　本章で興味深いのは、イギリスの高等教育政策の画期とされる、1992年の高等・継続教育法により誕生した(昇格を含む)新しい大学とそれ以前の設立の伝統的大学のグループを比較していることである。それによれば、トランスナショナル・プログラムを持つ比率は、伝統的大学70.4％、新大学85.1％で、新大学のほうがトランスナショナル高等教育に積極的に見える。またその形態別には、伝統的大学が遠隔・通信課程と外国分校方式が多く、新大学では提携学位やフランチャイズ方式が多くなっていた。プログラムのレベルでは、伝統的大学は大学院レベルが半数以上(54.1％)なのに対して、新大学では学部レベルが60.4％であった。プログラムの専門分野別では、伝統的

大学は法学、ビジネス・経営学、歴史・哲学、教育学など文科系分野が比較的多く、新大学では数学・コンピュータ科学、工学、生物科学などの理系が多くなっていることが特徴的であった。展開地域では、両グループともアジアが多い点では差がなかったが、全世界プログラムでは伝統的大学が、ヨーロッパ向けプログラムでは新大学が比較的多く、提携先パートナーでは、伝統的大学が公立大学と、新大学は私立カレッジと提携するケースが最も多くなっていた(44-45頁)。

　以上のようなデータは、その国、その地域の伝統的・指導的大学は、トランスナショナル高等教育にはあまり積極的ではなく、むしろ非営利で伝統的な学生、教育、研究者の移動を含む交流と協力関係をより重視する、という説をある程度支持するものである。もちろんトランスナショナル高等教育を積極的に推進する大学等にも伝統的・指導的大学も多いが、そのなかでもそれぞれの地域で二番手・三番手と位置づけられる大学が多いようである。

　アメリカは言うまでもなく、世界最大の留学生受け入れ大国であるが、同時に世界最大のトランスナショナル高等教育の提供国でもある。アメリカから正式に認可された教育施設やプログラムは世界におおよそ400存在しており、2009年に世界中に設立されていた外国大学の分校は162校であるというが、そのうちの78校(48%)はアメリカの大学の分校、オーストラリアが14校、イギリスが13校、フランスとインドがそれぞれ11校であったという[22]。第3章(山田礼子)では、2006年にACE(American Council on Education)が88校を対象に行った調査を紹介している。それによれば、回答を得た20機関、40分校について、進出先の40%はアジア、38%がヨーロッパ、18%が北アフリカ・中東、北アメリカが5%であった。これらで提供される教育課程は全部で109コースであるが、そのレベルとしては、学士課程51%、修士課程41%、博士課程はわずかに2.7%であった。

　オーストラリアは1990年代以降、トランスナショナル高等教育への進出を世界に先がけて行い、現在、39ある大学のうち37大学が国際プログラムや海外分校を展開している(第6章 竹腰千絵)。2004年に1,569の海外教育プログラムを持ち、それらのホスト国は、シンガポールが375(23.9%)、マレ

ーシア320(20.4％)、香港226(14.4％)、中国199(12.7％)となっていた。2004年度のオーストラリアの外国人学生数は192,460人であったが、そのうち伝統的な留学による学生数は130,006人で67.5％であった。残りは22.7％が国際プログラム(提携プログラムと外国分校)であり、9.7％が国際遠隔・通信教育によるものであった[23]。第4章(杉本和弘)によれば、2009/10年度のオーストラリアのトランスナショナル教育サービスの輸出による収益は5億8,100万オーストラリアドルに達しているという。

　フランス・ドイツなどのEU諸国においては、本書において定義されるような意味においてのトランスナショナル高等教育は活発とはいえない。第7章(園山大祐)によれば、むしろこの地域において展開しているのは古典的留学のアクターである留学生の圏内および圏外との流動性の向上であろう。この主要な動因は言うまでもなくエラスムスおよびエラスムス・ムンドゥスなどの流動促進計画によるところが大きいが、その学生移動の規模は1987年の開始当時の3,244人から、2008年の198,568人と20年間で60倍以上にもなっている(125頁)。近年のフランス、ドイツにおいて、トランスナショナル高等教育に関連する動きとしては、ダブルディグリー(二重学位)の進展があげられる。これは一つの学位課程を一つの(外)国に在留して履修するという伝統的形態を打ち破り、学生が複数の国の大学を移動しながら、複数の学位や資格の取得を可能にしたものである。コストパフォーマンスの高いサービスであるが、当然そのしわ寄せとしての教育や学位の質の問題が生じてくる。

　中国におけるトランスナショナル高等教育は、第9章(南部広孝)にあるように、外国教育機関の純粋な分校の設置が許されておらず、1995年より「内外協力による大学運営」すなわち合弁システムによる外国学位の授与が行われてきている。2011年の教育部ホームページ情報によれば、35の内外協力機関が設置され、そのうちの16校は外国(協力相手校)の学位を授与している。中国側の学位と外国機関の学位の双方を授与しているケースも15％ほどみられる(164-165頁)。プログラム単位で、協力関係のある相手国は、イギリス22.3％、オーストラリア17.2％、アメリカ16.4％、ロシア15.2％、カナダ

7.3％ということである。専門分野としては管理学で全体の34.6％、コンピュータ科学や情報工学分野が27.4％、経営学が11.8％と続いている。

　韓国におけるトランスナショナル高等教育の展開は、第11章（石川裕之）によれば、①外国大学の分校の設立と、②国内大学と外国大学との教育課程の共同運営という二つの形態で進展しているが、外国大学の分校の誘致としては2008年設立のオランダ海運物流大学韓国分校（STC-Korea）と2010年設立のドイツのFAU釜山分校（The Busan Branch of the Friedrich-Alexander University of Erlangen-Nürnberg）の2校しかなく、なおかつ両校とも英語圏からの進出ではないことなど、韓国の高等教育における伝統的留学への大きな潮流に比べると意外なほどである。これらは経済自由区域を利用して誘致されており、石川によれば、高等教育市場の開放というグローバル・インパクトに対して、全面的な「開国」でもなく、完全な「鎖国」でもなく、ひとまず今後の対応を模索するための「出島」政策であると分析している（本書195頁）。

　タイにおけるトランスナショナル高等教育は、比較的近年になって大学の取り組みが増えてきており、2010年現在で63のプログラムが運用されており、その内訳は学士課程40、修士課程16、博士課程7となっている。分野別では、人文学20、社会科学11、工学10などが多い。人文学の半分は中国語関係であり、提携先大学の国別では、中国が39で半数近くを占める点が特徴的である。それ以外はフランス、アメリカ、オーストラリアなどの先進国との提携がほとんどである。またジョイントディグリーやダブルディグリーにより複数の学位の取得も可能となっているが、タイとしてはEducation Hubをめざした学生の移動による一般的留学の形態が主流である（第12章 森下稔、220頁）。ラオスにおけるトランスナショナル高等教育は、中国、韓国、トルコなどいくつかの外国大学がラオス国内に学校の設立を計画するなど、その萌芽は見られるが、自国教育の充実拡充が優先課題であり、本格化するには至っていないという（220頁）。

　第13章（我妻鉄也）によれば、マレーシアは提携型のトランスナショナル高等教育の発祥の地であり、外国大学の分校も進出後10年以上を経て安定した地位を確立している。第13章では、オーストラリアの大学のマレーシア

分校について、その設置の経緯と資本構成、意思決定組織の形態について分析しているが、外国大学側からの進出意図をその起点とするケースと、ホスト国州政府などからの誘致に応えたケースがあり、それぞれのガバナンス構造にも違いがあることを示している。

インドネシアにおける国際教育プログラムの形態は、伝統的な留学、ダブルディグリー、サンドイッチプログラムおよびグローバルなe-ラーニングであり、トランスナショナル教育という用語は定着していない。第14章(中矢礼美)によれば、インドネシアの高等教育における第一の課題は、既存の国内大学の質の向上と国際化であり、グローバルな競争に勝つための国内大学同士の交流と協力、そして競争に力を入れている。純粋な意味でのトランスナショナル高等教育は導入されておらず、その背景にはコストの問題、英語能力の問題、教育広報の問題などがあげられていた(252頁)。

南太平洋における多国間大学はトランスナショナル高等教育の類型を考えるうえで興味深い。第15章(中矢礼美)によれば、南太平洋大学(University of South Pacific)は1968年に設立され、生まれながらにしてフィジー、サモア、バヌアツの3カ国にキャンパスを持っていた。現在でも太平洋地域12カ国(フィジー、クック諸島、キリバトゥ、マーシャル諸島、ナウル、ニウエ、サモア、ソロモン諸島、トケラウ、トンガ、ツバル、ナウアトゥ)によって運営されている。すなわち、トランスナショナル高等教育を担う三つのアクター(第1節)のうちの学位授与機関がすでに一つの国に帰属しないのである。国家規模が小さく、分散している場合、大学の規模が設立当初から国家規模を上回り、このようなことが起こりうるが、在学生がキャンパスを移動すれば外国留学(国境を越えた履修)になるのか、また、地域外からの留学生があった場合、この学生はどの国の受け入れ留学生としてカウントされるのか、根源的な問いを提起する。

インドにおいては、2008年時点で161の外国大学と143校のインドの教育機関の連携によって、641のトランスナショナル・プログラムが提供されており、これらの多くはトゥイニング・プログラムの形態で提供されてきたという。第16章(小原優貴)によれば、インド側143校の約3分の2が民間の教

育機関であり、そのほとんどがインド政府の統制下にない無認可の教育機関である。全インド技術教育協会(AICTE)が調査した74校の提携先外国大学のうち、母校が帰属する国はアメリカ32校、イギリス31校で9割を占め、ほかにはカナダ3校、スイス3校、オランダ、ニュージーランド、日本、フランスが各1校であった。外国大学がインドに分校を設置することは2010年の外国教育機関法によって初めて正式に可能になったが、外国大学の一部はそれまでに過去20間にわたって政府の統制からはずれて活動を行っていた。こうした動きに対して、英語圏の国々からの政治的・文化的支配や教育機会の格差拡大を危惧する声があがっているという(282頁)。

中東・湾岸地域は東南アジアに次ぐもう一つのトランスナショナル高等教育の隆盛地域である。この地域は豊富な石油収入を国内産業の多角化と国内インフラの質的向上のために積極的に投資しており、経済自由ゾーンなどを設定して、外国大学の分校などの進出を優遇してきた。第17章(中島悠介)によれば、2002年に設置されたドバイの国際アカデミックシティ(IAC)は100％の外国資本比率、100％の免税、100％の利益留保を外国大学の分校に認めている。**アラブ首長国連邦**にある外国大学分校40校のうち3分の2がIACにある。本校の国籍はイギリス、アメリカが多いが、インドやパキスタンからの進出もあり、アラブ圏以外からの学生も多く学んでいる[24]。**カタール**では2001年から、ドーハにエデュケーション・シティを展開しており、大学分校8校(すべてアメリカの大学)、学校4校、5つの研究センターを誘致している。カタール基金によって運営されており、校舎、インフラ、管理費用、スタッフのボーナスまで基金が負担している[25]。**オマーン**では外国大学提携システムにより、外国大学42校と提携関係をむすびプログラムを提供している。提携先はイギリス13校、アメリカ7校のほかにヨルダン5校、インド4校などであった[26]。湾岸諸国の海外分校の特徴は、それぞれの大学から1部局のみが単独で進出していることである。これらの学部が一地域に集合してインフラを共有することで、全体として一つの総合大学が存在するような景観を呈している。多くの場合、政府からの保護が潤沢で、学部単位の進出は外国機関にとってもリスクが小さいといえる。

第18章(日下部達哉)ではエジプトの外国大学の分校の事例が紹介された。エジプト、レバノン、トルコなどでは、第二次世界大戦前という、かなり古い時代から現在いわれているトランスナショナル教育の形での教育が実施されており、報告されているカイロアメリカン大学などは1919年に起源を持ち、アメリカの教育輸出戦略の一部であった。このことはかつてのイギリスの植民地大学がこのようなトランスナショナル分校から出発したという事実ともあいまって、トランスナショナル教育が決して新しい現象ではないことを示している。

5．トランスナショナル教育の効用と課題

　知識基盤社会におけるトランスナショナル高等教育の特質と課題について考察する。教育サービスは以下の3点において、他の商品の交易形態・特性とは異なる特性を持っている。第一に、教育とはその本質において知識と技能の伝授である。近代の教育システムは経済的に見れば、基本的には知識と技能の交易機関である。教員は知識の売り手であり、学生はその買い手である。Teichler(2004)の言うように、知識の交易と物品の交易の根本的な違いは、物品は取引された後、売り手の元には残らないが、知識は取引された後、買い手のもとに移るが、売り手はその知識を失うわけではない。売り手が失うのは、知識の占有性(限定性)である。しかし知識の占有性の低減は、著作権や特許、オリジナリティの尊重(引用システム)などによって保護され得るとすれば、理論的には売り手はその資源をもとに買い手がいる限り、無限に近い交易収入を得ることができる[27]。

　第二に、物品の交易において、一部の例外を除いて、商品は買い手のもとに物理的に運ばれなければならない。しかし知識の交易(教育)は必ずしもこの物理的移動を必要としない。従来、物品の交易において、売り手は買い手の物理的近縁に所在し、セールス可能な範囲の顧客のすべてに商品が行き渡ると、その地を離れ、新たな顧客の開拓に向かった。知識の交易においては、一般的に売り手は一定居所に定住し、周囲の顧客が少なくなると、(通常、世

代の交代により、新たな買い手(子どもや学習者)は常に再生産され続けることが多かったが)より遠方から顧客のほうが知識を求めて、売り手のもとに購入に来た。

　近年において、この知的商品の飽和が国内において起こると、この商品の価値が十分に高ければ、その販売ルートは国境を越え、はるばる外国から顧客がその商品(知識)を買いに訪れるようになった。これがいわゆる留学生である。教育(留学)とは経済的に見ると、買い手(顧客)が商品の代金ばかりでなく、配達のコストまでも事前に負担して取引する、きわめて優遇された交易のカテゴリーであった。さらに、知識の交易には、売り手と買い手の直接の対面を必要としない、伝達(取引)形態をその一部に内包していた。古くは朗誦、後に印刷物という書籍、さらに今日ではITといった媒体によって、知識の一部は伝達(取引)可能である。これが近年の各種メディアを利用したヴァーチュアルな高等教育を成立させている背景である。

　第三に、教育活動の多くは、その提供者と評価者(知識技能の修得の認定者)が同一である。教師は担当する教科やコースの知識と技能を学生に伝達し、同時にその過程や終了時に学生の学習の成果を評価し、規定に基づいて何らかの認定(単位、修了証、学位など)を与える。外部試験や学力テストは存在するが、特に高等教育においては、基本的な教育の質や卒業生の能力についての追跡的評価(アウトカム評価)は難しいとされている。卒業証書や学位などはそれを簡便に一般に示すツールであるが、これは通貨と同じで、一つの社会で乱発されると、その価値は一般的に低下する。これまでの通常教育においては、その教育の質の維持が多くの場合重要とされてきたが、トランスナショナル教育においては、商品が無限に大量生産されることによる質の低下の防止に加えて、市場価値の維持という問題が生まれる。

　トランスナショナル高等教育の今日の劇的な発展の第一の動因は、学位授与大学から見れば、何と言っても追加的授業料収入の創出であろう。高等教育進学率が高まり、国内学生市場がほぼ飽和状態になった先進国の大学にとって、新たな収入源として大きな可能性を持つものである。プログラムを教える側の人的資源にも限りがあり、通常の自国スタッフによるフルコストの対面授業や伝統的大学にふさわしいインフラ整備は拡大の大きな障害になる

が、トランスナショナル高等教育の形態の多くは、これらの設備・人的投資を省略できる形をとっている点が特徴的である。

しかしそれにもかかわらず、トランスナショナル高等教育はすべての国や機関で収益をあげているとは限らず、むしろ損益を計上している機関も少なくない。Global University Network for Innovation(2006)によれば、グローバル高等教育を提供している営利型の会社法人49に対する調査では、建造物を持つ高等教育機関は87％が収益をあげていたのに対して、遠隔・通信課程によるプログラムの場合、アメリカは1機関を除き、全機関がマイナス収益であり、インドとイギリスを除く他の2国もマイナス収益であった[28]。

これまでの研究により、トランスナショナル教育が成功するかどうかは、一定のホスト国のマーケティング環境が重要である。第1節でも述べたように、長い時間をかけ、長距離を移動し、キャンパスライフをエンジョイしながら学問に打ち込む伝統的留学は、本来の教育資格や技能の獲得という目的だけから考えれば、あまりに効率の悪い、無駄な要素を伴った活動であるが、それこそが重要と考える社会もある。すなわち典型的には日本である。かつて日本に進出したアメリカの大学分校のほとんどが失敗し、撤退した理由はそこにある。マレーシアのように貴重な学卒者が産業界から求められ、学士号を持つだけで、給与スケールが格段に上がり、収入が倍増した社会では、むしろ長期の滞在やキャンパスライフは無駄かもしれない。

しかし日本人の多くは留学をそれだけとは考えない。異国文化体験、語学習得、人的交友などの付帯的要素を含めて留学とイメージするので、トランスナショナル教育はきわめて殺風景な教育に映る。加えて、この教育はコスト的なニッチ商品であるので、母国での教育と渡航留学のコストの差が大きいほど、商品の価値は出てくる。日本とアメリカの高等教育コストや生活コストには劇的な差はないので、現地に行かないことにそれほどのメリットが感じられないのである。さらには英語を日常社会でよく使うマレーシアでは、英語環境への準備コストがほぼ不要という利点もあった。以上のトランスナショナル教育の有利なマーケティング環境をまとめると次のようになる。

(1) 高等教育需要が高いこと

(2)教育収益率(学位の価値)が大きいこと
(3)国内の高等教育が未発達であるか選択肢が不足していること
(4)渡航先国と自国の教育・生活コストの差が大きいこと
(5)渡航先国の言語環境(特に英語)が自国に似ていること

OECDはトランスナショナル教育を推進する動因として、「トランスナショナル教育の4つの合理的根拠」(Four Categories of Policy Rationales underlying cross-border education, OECD 2004)[29]を提示している。すなわち、

(1)相互理解(mutual understanding)：人的移動・知的交流により相互の理解が深まる
(2)インフラ移転(capacity building)：高等教育のインフラの発達を促進する
(3)収入源の開拓(revenue generation)：新たな留学生の授業料・生活コストが消費される
(4)知的移民(skilled migration)：受け入れ国の科学技術の発展に刺激を与える人材が流入する

というものである。しかし、この理念のうち(1)と(4)は通常の伝統的留学によっても推進されうるものであり、トランスナショナル教育だけの効用とは言えない。そこで、本書の成果によって得られた知見を元に、トランスナショナル教育独自の効用をホスト国および学生と学位授与国に分けて整理してみると次のようになる。

[A]トランスナショナル高等教育の効用(ホスト国・学生にとって)

(1)機会の拡大・選択肢の拡大

自国では得られない、得にくい分野・レベルの教育を、自国の教育環境において体験できるという意味で、より多くの選択肢を提供し、国内学生の学習機会を拡大する。

(2)高等教育ノウハウやインフラコストの削減

教育機関は外国の高等教育・研究・経営ノウハウなどを学ぶことができ、また自国で、通常インフラから積み上げる高等教育の初期コストをスキップすることができる。

(3) 雇用の創出・地域の活性化

　有名外国教育機関とのリンクにより国内地方の大学やカレッジへの人気を高め、学生がそこに生活することにより、地域雇用を創出し、地域を活性化する。

(4) 外貨流出の抑制

　外国留学につぎ込まれていた膨大な教育コストや外国での生活コストを軽減し、個人的には経済的節約を行い、国家的には外貨の流出を抑制する。

(5) 頭脳流出の抑制・異文化からの防衛

　伝統的留学と異なり、プログラムや教育機関が移動する場合には、学生が母国にとどまるため、頭脳流出のリスクを抑えられる。また先進国文化、キリスト教文化などへの抵抗のある国においては、若者を「悪影響」に晒すのを防ぐことができる。

(6) グローバル化による淘汰からの防衛

　教育のグローバル化により国内規制が取り払われた場合、外国大学との直接競争を避けて、国内市場を守ることができる。

[B] トランスナショナル高等教育の効用（学位授与国にとって）

(1) ライセンス収入など追加収益の創出

　プログラムの配信権や学位の授与権をホスト国教育機関に与えることにより、それによるライセンス収入を新たな収入源とすることができる。

(2) 雇用の創出

　自国の高等教育の外国輸出により、自国人の（に有利な）ポストを増設させ、新たな職場と雇用を外国に創出する。

(3) 高等教育ネットワークの形成

　世界各地のプロバイダーや協力校、分校を拠点とした、人的、知的、教育的ネットワークが形成されやすい。

(4) 高等教育インフラの輸出

　自国の高等教育制度や経営方法を輸出することにより、共通のシステムや風土を持った地域圏を拡大し、教育的国際競争において優位な地位を維持す

る。
(5) 言語的戦略

自国の言語を授業言語とする高等教育機関や高等教育圏を拡大し、自国言語や文化の世界展開に貢献する。

一方、トランスナショナル高等教育の持つ課題や限界については次のようにまとめられる。

[C] トランスナショナル高等教育の課題[30]
(1) 学位の質保証の問題

同一の学位、資格、単位を授与する複数の教育サテライトを運営するために、両者のコース、プログラムが同等であることを異なる環境において実現しなくてはならない。

(2) 学位の価値の下落

同一の学位、資格、単位を授与するプロバイダーが増加するため、それらの学位、資格、単位の間にヒエラルキーが生じたり、過剰な乱発により価値の低落をまねくこと。

(3) ホスト国の高等教育市場の圧迫

ホスト国の高等教育がまだ十分な国際競争力を持たないとき、外国の有名大学の分校や提携学位コースが流入すると、弱体な国内教育機関が市場を失う。

(4) ホスト国の教育・文化風土との衝突

欧米英語圏で発達した高等教育の経営風土、教育風土、文化風土が、そうではない国の高等教育に流入するため、ホスト国のシステム、慣習、理念、文化的傾向と合わずに衝突する可能性がある。

以上のように、トランスナショナル高等教育はこれまでの留学概念を根底から突き崩すような新たな形態の国際教育であり、プログラムの輸出者だけでなく、一定の条件にある国や学生(学習者)には、大きな効用をもたらすシステムである。しかしその運用には、これまでの人的移動による留学には機能していた質のコントロールや価値の保全が、遠く異なる教育環境で、無条件には保持できないという危険性がある。またトランスナショナル高等教育

のマーケットは、ホスト国の高等教育と伝統的な留学のコストの差において生まれた需要であるので、高等教育の国際化の理念とはもともと別個のものである。それを混同して、トランスナショナル高等教育への参加こそが国際化への潮流であるかのように考えるべきではない。自国の教育水準が十分なレベルにあり、かつ国内において多様な高等教育需要への対応が可能な国においては、必ずしも必要はないし、また望ましい教育方法であるともいえない。しかしまた、この潮流は世界において間違いなく存在しており、我々もそれに関わらずに国際教育をデザインすることも難しくなってきている。国境の周りに高い教育的貿易障壁を巡らせて、その中で安眠することはもはやできない以上、トランスナショナル高等教育が受容される背景や求められているものを、既存の高等教育や留学制度のなかに実現してゆく可能性を検討すべきであろう。

注
1 広辞苑(第二版増補版)、岩波書店。
2 出入国管理及び難民認定法、http://law.e-gov.go.jp/htmldata/S26/S26SE319.html
3 文部科学省、制度・教育部会、留学生ワーキンググループ、議事録、http://www.mext.go.jp/b_menu/shingi/chukyo/chukyo4/019/gijiroku/08011108.htm
4 OECD Education at a Glance,
5 UNESCO, Global Education Digest 2011, Students who have crossed a national or territorial border for the purpose of education and are now enrolled outside their country of origin.
6 International Institution of Education, Open Doors, 各年度版。
7 British Council, *Statistics of Students from Abroad in the United Kingdom*, London, 各年度版。
8 International Student Mobility; Patterns and Trends, 2007, World Education News and Reviews, http://www.wes.org/educators/pdf/StudentMobility.pdf
9 IDP Education Australia, 2005, *Global Students Mobility 2005 Report: Forecasts of the global demand for international Education.*
10 McBurnie, Grant and Christopher Ziguras, 2007, *Transnational Education: Issues and trends in offshore higher education*, pp.21-30, Routledge, London.
11 大森不二雄、2008、「高等教育の海外進出と国家―イギリスとオーストラリアの事例」塚原修一編著、『高等教育市場の国際化』、玉川大学出版部、p.134。

12 杉浦章介、2009、『トランスナショナル化する世界―経済地理学の視点から』慶應義塾大学出版会、pp.85-105。
13 鳥井康照、2008、塚原修一編著『前掲書』、pp.187-213。
14 杉本均、2004、「マレーシア―高等教育政策の歴史的転換」馬越徹編、『アジア・オセアニアの高等教育』玉川大学出版部、pp.95-96。
15 UNESCO and Council Europe, 2001, *Code of Good Practice in the Provision of Transnational Education*, Bucharest, UNESCO-CEPES, (http://www.cepes.ro/hed/recogn/groups/transnat/code.htm)
16 Knight, Jane, 2005, Borderless, offshore, transnational and cross-border education: Definition and data dilemma, *Observatory on Borderless Higher Education*, London.
17 Knight, Jane, 2011, Higher Education Crossing Borders: A Framework and Overview of New Developments and Issues, Sakamoto, Robin and David W. Chapman eds., *Cross-border Partnerships in Higher Education: Strategies and Issues*, p.18, Routledge London.
18 OECD-World Bank, 2007, *Cross-border Tertiary Education: A Way Towards Capacity Development*, pp.28-29, OECD publishing.
19 *Ibid.*, pp.29-30.
20 Macaranas, Federico M., 2010, Business Models in Asia-Pacific Transnational Education, pp.152-153, Christopher Findlay and William G. Tierney eds., *Globalisation and Tertiary Education in the Asia-Pacific: The Changing Nature of a Dynamic Market*, World Scientific, Singapore.
21 Knight, Jane, 2011, *op. cit.*, p.23.
22 Becker, Rosa, 2010, International Branch Campuses: New Trends and Directions, pp.3-4, *International Higher Education*, No.58, Winter 2010, The Boston College Center for International Higher Education.
23 大森不二雄、2008、『前掲書』、p.136。
24 Becker, Rosa, 2010, *op cit.*, p.4.
25 *Ibid.*, p.4.
26 Thuwayba Al-berwani, Hana Ameen and David W. Chapman, 2011, Cross-border Collaboration for Quality Assurance in Oman, Sakamoto and Chapman eds., *op cit.*, pp.140-141.
27 Teichler, Ulrich, 2004, The debate on internationalization of higher education *Higher Education*, 48, p.12. Kluwer Academic Publishers.
28 Macmillan, M., 2006, *Higher Education in the World 2006: the Financing of Universities*, Basingstoke, p.108.
29 OECD, 2004, *Internationalization and trade of higher education: Cross-border challenge*, Paris, OECD.
30 Confederation of European Union Rectors' Conferences, 2001, *Transnational Education Project, Report and Recommendations*, March 2001, Stephen Adam, University of Westminster を参考にした。

第Ⅰ編

トランスナショナル高等教育の提供国

- ○ イギリス
- ○ アメリカ
- ○ オーストラリア

第2章　イギリスにおけるトランスナショナル高等教育

秦　由美子

1．昨今の教育サービスの国際貿易の状況

　本章では、イギリス(United Kingdom)におけるトランスナショナル高等教育(transnational higher education: TNHE)[1]の現状と問題点について論ずる。

　まず、昨今の教育サービスの国際貿易の状況について述べると、教育サービスの国際貿易は特に中等教育後の教育において重要性を増しつつある。中でもTNHEのプログラムとプログラム提供者(provider)が多数現われ、学生の教育機会の拡大に貢献している。国境を越えて提供される高等教育の規模は、情報通信技術や交通手段の発達等によって年々拡大し、エデュケーション・オーストラリア(IDP Education Australia)[2]によれば、国境を越えた教育の修学者数は2000年の180万人から2025年には720万人にまで増加すると予測されている(IDP, 2002)。拡大の理由として従来から指摘されてきたものは、1)母国では才能を伸ばしきれない者が広い教育体験を受ける機会を持てること、2)世界的に認知された資格を取得できること、3)高収入に直結した資格を取得でき、その結果職につきやすくなること、4)文化的に豊かになり、言語能力も身につくこと、5)国際共同研究の進展により研究の地平が拡大されること、といったものが挙げられる(塚原、2008; Waters, 1995; Sklair, 1991; Featheston, 1990; Strange, 1986)。

　他に1980年代以降のTNHEの拡大理由として、教育の国際化と市場化という二つの傾向が挙げられる(江渕、1991)。教育の国際化に関しては、TNHEのプロバイダーが増加すると共に、学生、研究者、教員、教材、プログラム、提供者、知識等の国家間での移動が促進され、それに伴い教育サ

ービスの国際化が活発となった。また並行して、教育に関する新しい貿易形態、新しい教育プログラムの提供者や伝達方法、そして新しい協力形態も同時に伸展し、その結果教育サービス輸出国の歳入の増加に繋がった。

教育の市場化に関しては、公的な説明責任と政府の規制を受けつつも、市場メカニズムが教育に導入され、擬似市場化が進んでいる。教育に配分される公的資金の減少を受け、外部資金を確保する必要性から自国の教育、特に高等教育があたかも購買物として扱われ、市場的価値を有するようになった。イギリスにおいても1980年代には高等教育と市場とを結び付けた中央政府主導の経済政策が取り入れられ、外貨獲得のための海外留学生の受け入れや、世界クラスの大学数を維持するために[3]国内外の諸機関との産学連携の促進が図られ、その結果、大学の収益も増加した。これら二つによる増収は今尚見られる現象である。

2．イギリスの高等教育機関によるTNHE

TNHEの契約形態には、学生がパートナー校あるいはパートナー校と共同で契約する場合(学生A)と、学生が個人で英国の高等教育機関(Higher Education Institution: HEI)と契約する場合(学生B)の二形態がある。またTNHEの受講形態には、単位互換協力、フランチャイズ、ジョイントディグリー、ダブルディグリー、認可、部分単位認定、教員の国内／国外出張(In country/flying faculty)、通信・遠隔教育(Distance learning：DL)、混合型(Blended delivery)がある[4]。海外留学生もまたTNHEの一形態であり、イギリスでは混合型が徐々にTNHEの一般形となりつつある。混合型とは、イギリスのHEIからの教員の国外出張、地元のパートナー校の個人指導サポートと通信教育を混合させたもので、通常はUKのHEIのヴァーチャルな学習環境を使用する。

さらには、相互提携やフランチャイズ型の発展形態として海外分校がある。例えばロンドン大学教育研究所(Institute of Education)とマレーシアのバンダー・ウタマ(Bandar Utama)・カレッジが友好協定を結び、大学相互の教育提携(twinning arrangements)を行っている。他にもTNHE推進派であるノッティン

ガム (Nottingham) 大学[5]は 1999 年にマレーシアに分校を設立すると、2005 年にはクアラルンプール国際空港近接地に、また 2006 年には中国に、分校を開設し、アジア全域を視野に入れた学生募集を展開し始めた。他に、次の HEI、即ちユニヴァーシティー・カレッジ・ロンドン、マンチェスター・ビジネス・スクール、ニューカッスル (Newcastle) 大学、クイーン・マーガレット大学、ヘリオット・ワット (Heriot-Watt) 大学、ミドルセックス (Middlesex) 大学、エグゼター (Exeter) 大学、ボルトン (Bolton) 大学はキャンパスを海外に設け、本国と同等の学位を授与している[6]。分校の形態は、アジア諸国以外にも発展途上国や東ヨーロッパ諸国に多く見受けられ、また本形態の主な輸出国は、アメリカ、オーストラリア、イギリス、ドイツ、フランス、スペインである(黄、2008)。

　TNHE を推進する理由としてノッティンガム大学のキャンベル (Collin Campbell) 学長は、高等教育の国際協力は学界と社会に世界的な広がりと多大な利益をもたらし、経済効果のみならず国籍や文化を超えて優秀な人材をイギリスに集めることだと主張する一方で、海外進出に慎重な態度をとるセント・アンドリューズ大学[7]のラング (Brian Lang) 学長は、学習と授業のスタイルは大学の根源的な在り方にかかわる問題であり、教員と学生が向かい合って学ぶことこそセント・アンドリューズ大学のスタイルであり、当該大学は教員と学生との当地での共同体的な在り方に大きな価値を置くものであると論じた。つまり大学のみならず、大学を取り囲む環境も学びと等しく重要であるということになる。また海外進出は学位の水準と質の維持が容易ではなく、イギリス国内と同質の海外版の大学の設立は不可能であること、また TNHE のための人事や財務は複雑かつ維持が高くつく等の理由により、セント・アンドリューズ大学は TNHE による海外進出よりも優秀な教授陣を集めることを優先するとした[8]。

3．イギリスで学ぶ海外留学生

(1) 海外留学生への公的補助金

　かつて多くの欧州諸国では、高等教育を受けるフルタイムの第一学位専攻

学生は、国籍にかかわらず公的補助金が給付されていた。イギリスでも同様に 1980 年前半までは、本国学生に対する支給額よりも低い額ではあるが、留学生に公的補助金が支給されていた。ところが留学生が急増し、1978 年には留学生に対する補助金が 1 億ポンドを超えたため (Williams, 1992)、政府は 1980/81 年度には方針を改め、特定の専門分野や特定国の留学生を対象とした奨学金制度に移行し、併せて費用の全額を留学生が支払う制度を 1983 年から導入した (Clark, 2006)。その結果、それまでは無償でイギリスの大学に進学していたイギリスの旧植民地で形成されていたコモンウェルス (British Commonwealth、現在は Commonwealth of Nations) からイギリスへの留学生数が減少し、代わりにコモンウェルス諸国においてイギリスの TNHE が進展している例も見受けられる (Scott, 1998)。なお 1998 年度からはフルタイムで第一学位を専攻する自国学生に対しても授業料徴収が開始されると、EU 加盟国の留学生 (フルタイム第一学位専攻者のみ) に対しても UK の学生と同額の授業料が課されることになった。並行して一定額の収入がない家庭の自国・EU 学生に対しても、地方教育当局 (Local Education Authorities: LEAs) の審査に基づく授業料の減免措置が取られている。しかし、EU 諸国外からの留学生にはその措置は適用されない。

(2) ブレア政権時の留学生政策

EU による単一市場の形成や 1999 年のボローニャ宣言を受けて、ブレア (Tony Blair) 元首相は留学生の拡大を目指す首相構想 (Prime Minister's Initiative: PMI) を 1999 年に発表した (Blair, 1999)。その主な内容は、国費留学生に支給するチーヴニング (Chevening) 奨学金の拡大 (Foreign and Commonwealth Office, 1999)、入国手続きの簡素化、留学生の英国内における就労規制の緩和、国際展開のための広報活動であり、これらは主に英国文化振興会 (British Council: BC) が実施主体となった国家戦略事業である。海外留学生への奨学金は、国際開発省 (Department for International Development)、イングランド高等教育財政審議会 (Higher Education Funding Council of England: HEFCE)、国際教育審議会 (The Council for International Education: UKCOSA)、及び BC により拠出されている。

(3) イギリスにおける海外留学生の概況

海外からイギリスへの留学生数はアメリカに次いで二位であるが、ドイツとアメリカは減少傾向にある。アメリカへの留学生数の減少に関しては、2001年のアメリカ同時多発テロ事件とその後のビザの取得制限の影響が大きい。

表2－1より過去5年間のイギリスの留学生数の推移を時系列でみると、ボローニャ・プロセスの進展によりイギリス以外のEU諸国内での学生の移動が大幅に増加したために、EU大陸部諸国からイギリスの高等教育機関への留学生数は伸び悩んでいる。一方で、一年間で修了できるイギリスの授業履修型大学院の人気により、EU圏外からのイギリスの高等教育機関への留学生は大幅に増加している。

表2－1 イギリスのHEIにおける国内学生数および海外留学生数

	2000/01	2001/02	2002/03	2003/04	2004/05	変化率(%)
国内学生	1,759,755	1,843,320	1,899,850	1,947,385	1,969,140	11.9
EU	94,575	90,135	90,580	89,545	100,005	5.7
諸外国からの留学生	136,290	152,625	184,685	210,510	218,395	60.2
合　計	1,990,625	2,086,080	2,175,115	2,247,440	2,287,540	14.9

出典：HESA: *Standard Registration Population*. (2006) Cheltenham: HESA. をもとに作成。％表示は、2000/01と2004/05の変化を示している。

性別ではイギリスのTNHE受講生は女性よりも男性が多く(17,690人、58.7％)、年代別では30歳以上の学生の割合が最大(11,868人)であり、38.7％を占める(オープン・ユニヴァーシティー(OU)の学生とTNHE以外の大規模プログラムに参加している学生は除外)。

1994年の高等教育情報サービス・トラスト(Higher Education Information Serviced Trust: HEIT)による14ヶ国のEU諸国の学部生1,206名を対象として実施された調査結果によると、イギリスが選択される主な理由は、まず使用言語が英語であること、次に高等教育の質の高さと世界での認知度であった(Bruch and Barty, 1998)。イギリスの大学は歴史的に学部生を尊重することで知られているが、第三には、その結果による教育環境の充実が挙げられた。さらに、エ

ラスムス計画に参加した学生は、イングランドとアイルランドの教授陣の優れた指導と事務・行政の総合的な支援を高く評価した(Teichler and Steube, 1991; Teichler and Maiworm, 1997; Teichler,1998)。他に、3年間という短期間の学士課程、高い修了率と就職率、資格に対応した就職後の給与面での厚遇、各大学の市場拡大のための努力(Becher and Koga, 1980)、加えて全教員の20％を国際的な教員集団が占めること等が考えられる(Cemmell and Bekhradnia, unpublished paper)。

4．イギリスのTNHE

2007年に教育技能省(Department for Education and Skills: DfES)の委託によりシェフィールド・ハラム(Sheffield Hallam)大学の研究・評価・包括的教育センター(Centre for Research, and Evaluation and Centre for Education and Inclusion Research : CRE)が実施したTNHE調査の結果がまとめられ、2008年には改革・大学・技能省(Department for Innovation, Universities and Skills: DIUS[9])によって『国境を越えた教育と高等教育機関 －高等教育機関の活動の類型調査』(*Transnational Education and Higher Education Institutions: Exploring Patterns of HE Institutional Activity*) (2003)として公刊された。同報告書はイギリスにおける初の大規模なTNHE調査結果の集大成である。そこで本節では、イギリスのHEIが実施するTNHEの実態はいかなるものか、上述の報告書を基に明らかにする。なお表2－2以下、表及び提示する数値は全て上記報告書に依拠している。

回答のあった135のHEIのうち、65.2％がTNHEを実施しており、特に北アイルランドは75％とTNHEの実施率が高い。またHEIをタイプ別に分類すると、ポスト92(1992年以降に大学に昇格したHEI)のHEIが最も多くTNHEを提供しており(85.1％)、続いてプレ92(1992年以前からの大学)のHEIであった(70.4％)。特別研究所や一般カレッジ(以下、SI/GC)の実施は30％以下となっている。

HEIを規模別に比較すると、規模が大きいHEIほどTNHEを実施する傾向にある(大規模HEI(学生数が20,000人以上)の91％がTNHEを実施)。中規模HEI(学生数が8,000人から19,999人)では約70％、小規模HEI(学生数が7,999

人以下)では約35％の実施である。さらに、TNHEを持つHEIのタイプと規模の関係を調べると、大規模ポスト92HEIが最もTNHEの実施率が高い。これは大規模HEIがTNHEを実施するだけの財源を有することに加えて、TNHEを実施することによって大学運営費不足分の財源確保を試みているものと考えられる。

(1) TNHEの実施形態

TNHEの受講形態を調べると(表2-2)、フランチャイズ型、認可型、DL型を受講する学生が多く、学生A(第2節参照)はDL型とフランチャイズ型、学生Bは認可型とフランチャイズ型が多い。学生Bに関しては共同学位を取得できるものの、ダブルディグリーと国外キャンパスでのプログラム受講者はいない。ダブルディグリーと国外キャンパスでのプログラムの受講には国同士の契約が必要なため、イギリスと契約を結んでいないHEIの学生Bは受講できないことになるためである。

表2-2 採用モデルごとのTNHEの数と割合

モデル	現在の プログラム		学生A		学生B		計画中の プログラム	
	数	%	数	%	数	%	数	%
単位互換協力	147	9.6	862	1.1	92	0.8	12	5.4
混合型	49	3.2	3,613	4.8	1,419	11.6	13	5.9
通信・遠隔	213	13.9	40,456	53.3	22	0.2	32	14.4
ダブルディグリー	25	1.6	425	0.6	0.0	0.0	13	5.9
フランチャイズ	430	28.0	13,304	17.5	2,937	24.1	88	39.6
教職員の国内外出張	140	9.1	4,099	5.4	1,026	8.4	28	12.6
ジョイントディグリー	23	1.5	442	0.6	285	2.3	3	1.4
国外キャンパスでのプログラム	89	5.8	2,490	3.3	0.0	0.0	2	0.9
認可	309	20.1	7,413	9.8	6,331	51.9	22	9.9
未確認	86	5.6	2,616	0.2	3	0.0	8	3.6
その他	25	1.6	143	3.4	88	0.7	1	0.5
合計	1,536	100.0	75,863	100.0	12,203	100.0	222	100.0

次に、3分類されたHEI(プレ92、ポスト92、SI/GC)が採用しているTNHE

の形態を比較すると、SC/GC と小規模な HEI では DL を採用する率が非常に高くなっている(それぞれ 65.5%、71.4%)。DL の方が簡便でコストが安くなるため、小規模な HEI は DL を選択するのであるが、ダブルディグリー授与、共同学位授与、教職員の国内外出張型は費用が掛かることから両機関で採用される例が少ない。フランチャイズ型は、ポスト 92 及び中規模 HEI で最も多く採用されている(各 36% と 46.6%)。大規模なプレ 92 の HEI に限って述べると、DL 型(24.1%)と外国にキャンパスを置く傾向(16.4%)が目立つ。

　HEI のタイプ別では、プレ 92 の HEI でフランチャイズ型 TNHE を提供する機関が多い。フランチャイズ型が好まれる理由は、輸出国(イギリス)及び輸入国の利害が一致したためと考えられる。すなわち 1992 年以前から大学として存立していたプレ 92 の HEI にとっては、自らの機関が大学として学位制度が整っており、学位の質も維持されているため、TNHE 輸入国の高等教育機関をパートナーとして選択する際にも、同格の機関を選ぶことになる。また、TNHE 輸入国もイギリスのプレ 92 の HEI が教育及び学位の質が安定していることが重要となる。プレ 92 の HEI では、高等教育の質保証審査もイギリス同様、あるいはそれ以上に厳しく実施されており、質保証の担保が確実となる。その結果、TNHE 輸入国で実施されるプログラムもイギリスと同レベルで教授されると共に輸入国の学生は英国に留学した学生と同等の評価を国内外で得ることになる。

(2) イギリス内地域別教育課程

　イギリスの各地域で実施されているプログラムを比較すると、ウェールズではフランチャイズ型(57.1%)が、スコットランドでは相互提携型(37.9%)とフランチャイズ型(28.8%)が多い。また 2007/08 年度に開講が予定されているプログラム数は、イングランドではフランチャイズ型が最も多く(70 コース)、イングランドとスコットランドではフルタイム課程で学ぶ学生の割合が高い(44% と 50%)。ウェールズでは夜間課程(35.1%)、北アイルランドでは DL(45.2%)が多いがその理由としては、提携先のパートナー所在国や分校所在国に成人就労学生が多いことが掲げられる。DL は、それぞれの学生

の状況に合わせやすい学習形態であり、働きながら、あるいは家事をしながら学ぶ学生にとっては受講しやすい学習形態となっている。DLの有効活用については、イギリスではすでにオープン・ユニヴァーシティーの汎用によって生涯学習を進める上での土台は形成されているが、生涯学習を視野に入れなければならない国々にとっては有益な示唆となろう。

(3) 研究レベル別TNHE

TNHEは学部(55.2%)と同じく大学院レベル(40.6%)でも多数実施されている。しかし、大学院での研究型プログラムを受講する学生数は少ない(1.1%)。研究型大学院は理系では実験重視であり、また文系、理系共に指導教員との密接な指導体制が不可欠であるため、TNHEでは実施しにくく、受講学生数も少なくなるものと考えられる。

イギリス内の地域別及び研究レベル別TNHEの割合を比較すると(表2-3)、ウェールズと北アイルランドの大学院は研究型ではなく、短期間で修了する授業履修型のTNHEを採用する割合が高い(それぞれ50.6%と74.2%)。

表2-3 イギリス内地域別に見る研究レベル別現在のTNHEの数と割合

	イングランド		スコットランド		ウェールズ		北アイルランド		OU	
	数	%	数	%	数	%	数	%	数	%
学部	705	55.6	40	60.6	35	45.5	16	25.8	52	81.3
大学院授業履修型	496	39.1	16	24.2	39	50.6	46	74.2	12	18.8
大学院研究型	14	1.1	1	1.5	0.0	0.0	0.0	0.0	0	0.0
その他	43	3.4	0	0.0	1	1.3	0.0	0.0	0	0.0
記録なし	9	0.7	9	13.6	2	2.6	0.0	0.0	0	0.0
合計	1,267	100	66	100	77	100	62	100	64	100

HEIのタイプ別に研究レベルを調べると、ポスト92とSI/GCでは学部レベルのプログラムが主流である一方(60.4%と77.4%)、授業履修型大学院はポスト92のHEIに比べて(34.2%)、プレ92のHEIで多数実施されている(54.1%)。研究型大学院はプレ92のHEIでのみ実施されており、全機関数の3.1%に相当する。

(4) 学科ごと及び HEI のタイプ別にみる TNHE

　TNHE がどの学科において実施されているかを比較する。ビジネス・経営学が学生から人気のある学科で(38.8%)、将来的にも開講される割合が最も高い(41%)。次いで数学とコンピュータ科学(11.6%)、クリエイティブ・アート及びデザイン(10.2%)、工学、医学関連学科(5.9%)と続く。この 5 学科以外の学科では学生数が少ない。この数値は実務系を学びたい学生が多いことを示しており、また実務系はプレ 92(特に伝統的大学)で余り提供されていない分野でもある。例えば、HEI のタイプ別に TNHE を比較すると、ビジネス・経営学の TNHE プログラムはポスト 92 の HEI が全プログラム中 44.2%、SI/GC の HEI が全プログラム中 41.5% を占めるのに対し、プレ 92 の HEI は伝統的に実学系教科を余り提供してこなかった過去の経緯から、他機関と比較しても全プログラム中 26% の占有率でしかない。しかし、継続教育機関でビジネス・経営学を学ぶ学生数が多いことからも推察されるように、高等教育機関でのビジネス・経営学の潜在的専攻希望者は多数であるとが予測される。

　ビジネス・経営学を学ぶ学生 A の割合が最も高く(43.4%)、学生のほぼ半数が本学科に集中している。他に法律(プログラム数の 2.4%、学生数の 17.2%)と社会学(3.9%、8.2%)も学生数が多いといえる。また規模と予算の潤沢なプレ 92 の HEI では、医・歯・薬系のプログラム受講生が少数ではあるが存在している(1.7%)。

　それにもかかわらず経費節減の為、一方で 2012 年度に政府は 1 万人の学籍数の削減を予定しており、政府は今後私立の教育機関[10]を大学として認可し、潜在的大学進学希望者の受け入れに当てたいと考えている。しかし学生数も提供するカリキュラムも政府の認可を必要としない私立機関に学位授与権を与えるとするならば、これら私立機関は現在の大学と同等、同格の水準を維持するための質保証審査を受ける必要があるのではないかといった疑問や、入学基準の低下による進学者の質の低下が起こり、最終的にはイギリスの高等教育の名声を落とすことになるのではないか、といった疑問も生じてきているのが現状である(2013 年 2 月現在、学位授与権を有する私立機関も存在するようになった)。

5．TNHE が展開されている地域について

「世界各国(Worldwide)」[11]では、プログラム数が少ないが(12.2％)、学生 A の数が多い(53.8％、表2－4)。この理由は、世界各国で行われる TNHE が DL 中心であるためである。DL は多数の学生が同時に多地域で受講できる。それゆえイギリスがどの国でどの様な TNHE を展開しているかを把握するためには、DL を受講する「世界各国」の学生数は除外し、それ以外の地域での TNHE を比較することが有効であろう。

TNHE はアジア地域で最も多く実施されている(43.6％)。学生数の割合も 22.4％と他国と比較すると最も高い(表2-4)。アジアに次いでヨーロッパでのプログラム実施数が多く 28.3％である。またヨーロッパでは学生 B が多数を占める。

表2－4　TNHE：世界各地域での実施場所

各地域	現在のプログラム		学生				計画中のプログラム	
			A		B			
	数	％	数	％	数	％	数	％
ヨーロッパ	435	28.3	7,044	9.3	4,681	38.4	64	28.8
アフリカ	59	3.8	2,270	3.0	2,341	19.2	11	5.0
アジア	670	43.6	16,961	22.4	4,095	33.6	68	30.6
オーストラリア	1	0.1	2	0.0	0	0.0	0	0.0
中東	95	6.2	4,362	5.7	244	2.0	18	8.1
北アメリカ	23	1.5	447	0.6	0	0.0	7	3.2
南アメリカ	21	1.4	1,718	2.3	0	0.0	0	0.0
その他	44	2.9	2,257	3.0	209	1.7	23	10.4
世界各国	188	12.2	40,802	53.8	633	5.2	31	14.0
合計	1,536	100.0	75,863	100.0	12,203	100.0	222	100.0

*アウトライアー(OU 学生と HEI の中でまた別の大規模なプログラムに参加している学生)は除外している。
**アウトライアーを含めると、学生 A の合計は 238,777、学生 B は 37,988 になる。

イギリスの地域ごとに提携国が異なる傾向があるため、TNHE が実施されている地域を調べると、ウェールズと北アイルランドの HEI の TNHE はヨーロッパで行われている率が高く、スコットランドは中東地域での実施率

が高い。またポスト92のHEIの方が、プレ92のHEIよりもヨーロッパでの実施率が高い（それぞれ34.4%と19.5%）。

6．TNHEのパートナー機関

　一般に私立カレッジや公立大学がイギリスのHEIとのパートナー機関となっている。その他の機関としては、民間の教育会社や公立カレッジなどが挙げられる。ポスト92のHEIは私立カレッジのパートナーを持つ傾向にあるが、プレ92のHEIは国公立大学をパートナーに持つ傾向がある（表2－5）。

　学部レベルの教育制度が充実していない地域では、学位授与資格を有さない私立カレッジがパートナーとしてイギリスのHEIと提携を結ぶ例が多々見受けられる。大学院授業履修型の拡大に重点を置いているイギリスのHEIでは、相手機関に大学を選ぶ場合が多い。また、TNHE輸入国によっては卒業生が就職するに際して私立大学ではなく国公立大学の学位保有者のみ雇用する企業もあるため、学位の質が同レベルのイギリスのHEIを選択する場合も多々ある。輸出国であるイギリスのプレ92のHEIの中には学位の質が同レベルでなければ提携しない機関もある。

表2－5　イギリスのHEIのタイプ別に見るTNHEのパートナーの数と割合

パートナーのタイプ	数	%	ポスト92 数	ポスト92 %	プレ92 数	プレ92 %	SI/GC 数	SI/GC %
企業主	1	0.2	—	—	1	0.8	—	—
私立カレッジ	107	22.5	92	28.7	14	11.2	1	6.3
私立大学	27	5.7	21	6.5	5	4.0	1	6.3
民間教育会社	46	9.7	27	8.4	17	13.6	2	12.5
専門職団体	7	1.5	2	0.6	4	3.2	1	6.3
国公立大学	102	21.4	56	17.4	40	32.0	6	37.5
公立カレッジ	51	10.7	40	12.5	9	7.2	2	12.5
その他	32	6.7	17	5.3	15	12.0	—	—
不明	89	18.7	66	20.6	20	16.0	3	18.8
合計	452	100.0	321	100.0	125	100.0	16	100.0

　アジア地域では企業主を除く全タイプの機関とパートナーを結んでおり、

その中でも私立カレッジと国公立大学との提携が多い。ヨーロッパでは国公立大学・カレッジと民間の教育会社との提携が多い。南米ではTNHE自体が少ないので、パートナーも少数となる。各地域でのTNHEに対する見解の違い（学部を拡大させるのか、大学院を充実させるのか）、国の規制、教育システムや伝統の違いが、パートナーの選択に大きくかかわることになる。

7．おわりに

　中央政府は大学の制度上の主導権を強化するという目的で管理執行部の力を強大化し、大学に産学連携といった起業性を促すことで市場に対応しやすくした。しかし、大学は元来学外資金を獲得する力に乏しかったため、不足する資金は補助金制度を通して補填する必要性が絶えず生ずることとなった。そしてこの国庫補助金の配分を通じての政府による大学の管理運営への介入が、法人経営としての大学自治を高めたものの、教授会自治の形骸化を引き起こすことになった。特に1992年以降の新大学では、企業を模倣したトップ・ダウン方式での会議が増し、教授会の有名無実化が生じてきている。大学は法人としての存立を維持するために、経営面での合理化や効率化を通して外部資金獲得にさらに力を入れることになった。

　ペンシルバニア州立大学のフェラー(Irwin Feller)は1970年代に、「大学は市場に左右される機関となり、そこでは知識は社会に役立つ、目に見えるものでなくてはならない。また（大学は）その時代の企業が期待する利益を生むものでなくてはならない機関となった」と慨嘆したが(Tasker and Packham, 1994)、現在大学はイギリスのみならず先進諸国のいずれにおいても、1970年代以上に経済市場に支配される機関となっている。このような状況下において、TNHEは高等教育の新たな輸出形態として海外留学生からの収益と共に大学の財源の一つとして重要な役割を果たすようになった。しかしTNHEが果たす役割が増大するにつれ、TNHEも経済市場の影響を大きく受けることになり、それと同時に財源確保のツールと化しやすくなったのである。それにより懸念されることは、TNHEによる教育目的が見失われ、

質の高い TNHE を提供できなくなることである。

　一方で、TNHE は新たな可能性も秘めている。例えば TNHE のパートナー機関や地域の多様性に鑑みた場合、TNHE の汎用性の高さがうかがわれる。つまり相手機関や国・地域によって TNHE をカスタマイズすることで、TNHE の一層の拡大が予測できるものと考える。

　さらには、現状では研究型大学院の TNHE が機能していない点が問題点の一つとして挙げられるが、これも従来の学習形態を見直し、修正を加えることで大幅な進展が期待される。つまり、大学教育の中核と看做されてきたイギリスの「学部教育の質の高さ」を維持しつつ、TNHE 輸入国での制度と基盤の確立が望まれる一方で、更なる TNHE の伸展のためには研究型大学院の TNHE の輸出の可能性についての議論を深めることが不可欠となろう。議論の過程の中で、TNHE は「研究の地平の拡大」(第1節)に貢献するものとして育っていくに相違ない。他方、行き過ぎた市場化は大学の存在意義にかかるものである。そのためにも、原理的な部分で大学自治を守りつつ、大学をいかに有効に機能させ、運営していくためにはどうしたらよいのか。大学経営の問題を含め、いずれの国においても、今後の課題といえる。

注

1　本章では、トランスナショナル高等教育は TNHE と略記する。また、本文中の TNHE とは「あらゆるタイプの高等教育学習プログラム、学習課程、学位を授与する本務校から離れた国にいる学習者が受講する教育サービス(通信教育を含む)」(UNESCO/Council of Europe, 2000)と定義する。このようなプログラムは本部がある国ではない国の教育システムに属しているか、あるいは国家の教育システムから独立して運営されている可能性がある。
2　'Welcome to IDP' available from http://www.idp.com/about_idp/about_us/welcome_to_idp.aspx; Internet; accessed 10 August 2008. IDP は 1969 年にオーストラリア・アジア大学協力計画(Australian-Asian Universities' Cooperation Scheme: AAUCS)の一環としてオーストラリア政府の援助を受け、設立された企業である。
3　前年度に対して 2006/07 年度の海外留学生数は 6％増で、2007/08 年度はさらに 6％増となった(Higher Education Funding Council for England,1996)。
4　TNHE の形態については、本書第 1 章、杉本均、「トランスナショナル高等教育の展開と課題」を参照のこと。

5 研究型大学の一つで、18世紀末の成人学校に起源をもち、1948年には勅許状(Royal Charter)により大学となった。同大学は、人文科学、法律・社会科学、工学、理学、教育、医学・保健の6学部、35学科となっている。
6 The University of Nottingham. *International Office*. Nottingham University. Available from http://www.nottingham.ac.uk/InternationalOffice/index.aspx; Internet; accessed 10 January 2011.
7 スコットランドで最古(1411年創設)の大学で、神学、人文、科学の3学部、15学科を有する。
8 Brian Lang. 'Speech: The internationalization of higher education'. Available from:http://www.guardian.co.uk/education/2002/jun/20/highereducation.internationaleducationnews?INTCMP=SRCH. Internet; accessed 5 January 2011.
9 現在、DIUSはビジネス・改革・技能省(Department for Business, Innovation and Skills: BIS)に代わっている。
10 現時点(2011年)では、BPPユニヴァーシティー・カレッジ他校十校がUKにおいて企業立の私立大学である。
11 「世界各国(Worldwide)」とは、特定の国や地域に限定せず、多国間・他地域で実施する国々のことを意味する。

文献

Blair, T. (1999) 'Attracting More International Students'. The speech was made at the LSE on 18th June. Available from: http://www.number-10.gov.uk/output/p.3369.asp. Accessed on 10 March, 2011.

Bruch, T. and Barty, A. (1998) "Internationalizing British Higher Education: Students and Institutions" in the *Globalization of Higher Education*. ed. Peter Scott, 19. Buckingham: SRHE.

Becher, T. and Koga, M. (1980) *Process and Structure in Higher Education*, London: Heinemann.

Cemmell, J. and Bekhradnia, B. *The Bologna process and the UK's international student market* (unpublished paper).

Centre for Research and Evaluation and Centre for Education and Inclusion Research, Sheffield Hallam University. (2008) *Trans-national Education and Higher Education Institutions: Exploring Patterns of HE Institutional Activity* (DIUS Research Report 08 07), London: DIUS.

Clark, T. (2006) *OECD Thematic Review of Tertiary Education: Country Report: United Kingdom*. London: Department for Education and Science, p.77.

江渕一公(1991)『ヨーロッパにおける留学生受入れのシステムと現状―独・仏・英国

現地調査報告』広島大学大学教育研究センター。

Featherstone, M. (ed.) (1990) *Global Culture: Nationalism, Globalization, and Modernity: A Theory, Culture & Society Special Issue*, London: Sage Publications.

Foreign and Commonwealth Office (1999) *Chevening Programme: Annual Report 1998-1999*, Lonond: FCO.

Higher Education Funding Council for England (1996). *Challenge and Achievement: Annual Report 1995-96*, Bristol: HEFCE, p.3.

IDP. (2002) *Global Student Mobility 2025 Report*, Australia: IDP.

黄福涛(2008)「マレーシアにおけるトランスナショナル高等教育について－政策、実態、結果と課題」『大学論集』第40集　広島大学高等教育研究開発センター、p.33-48、p.42.

Scott, P. (1998) *The Globalization of Higher Education*. Buckingham: SRHE/OUP.

Sklair, L. (1991) *Sociology of the Global System*, Baltimore: Johns Hopkins University Press.

Strange, S. (1986) *Casino Capitalism*, Oxford: Blackwell.

Tasker, M. & Packham, D. (1994) "Government, Higher Education and the Industrial Ethic." In *Higher Education Quarterly* vol.48, no. 3, pp.182-193, p.182.

Teichler, U. (1998) The Role of the European Union in the Internationalization of Higher Education in P. Scott (ed.) *The Globalization of Higher Education*, Buckingham: SRHE & OUP.

Teichler, U.and Maiworm, F. (1997) *The ERASMUS Experience : Major Findings of the ERASMUS Evaluation Project*, Luxembourg: Office for Official Publications of the European Communities.

Teichler, U.a nd Steube, W. (1991) The logics of study abroad programmes and their impacts. *Higher Education*, 21 (3), pp.325-49.

塚原修一(編著)(2008)『高等教育市場の国際化』玉川大学出版部。

UNESCO/Council of Europe (2000) *Code of Good Practice in the Provision of Transnational Education*, Bucharest: UNESCO-CEPES.)

Waters, M. (1995) *Globalization*, London: Roultedge/Falmer.

Williams, G. (1992) *Changing Patterns of Finance in Higher Education*, Buckingham: SRHE/OUP, p.65.

第3章　アメリカのトランスナショナル高等教育と国際化

山田　礼子

はじめに

　近年、国境を越えて提供される高等教育が急速に進展している。ユネスコ/OECDによる「国境を越えて提供される高等教育の質保証に関するガイドライン」[1]では、国境を越えて提供される高等教育は、教員、学生、プログラム、教育機関・提供者、または教材が国境を越えて提供されることと定義されており、その方法には、学生の海外留学、海外分校での学び、遠隔教育など多様な形態が含まれている。Jane Knight(2005)は国境を越えて提供される教育をクロスボーダー・エデュケーションという用語であらわし、「法的な国境や地域を越えて、人々、知識、プログラム、提供者、政策、思考、カリキュラム、プロジェクト、研究およびサービスが移動すること」と定義している[2]。

　高等教育の国際化は、従来から喫緊の課題として、多くの国々において取り上げられてきたが、かつての高等教育の国際化動向と現在の動向の差異の一つとして、国境を越えて大学同士が提携しあう大学の増加があげられる。ある国の大学が別の国に海外分校を開校し、ホスト国学生のみならず第三国の学生が海外分校で学ぶといった新しい留学形態の登場や海外の大学との連携によって学生が両方の大学から学位を取得できるといった共同学位制度等が具体例である。

　連携による学位にはさらに様々な形態が含まれる。従来は、留学先の大学から学生は学位を取得するケースが通常であったが、現在では、学生が留学先の大学が提供するプログラムの一部を学生の所在している国の大学が引き継ぎ学位を授与するような形態も誕生している。それらの学位は部分学位プ

ログラム(Twining Degree, Split Degree Program)と呼ばれている。学生の所在国等の学校がプログラムのすべてを請け負い、学生は大学在学中の全期間を本国においてプログラムを履修するという形態も存在している。この形態を通じて取得した学位は外国機関提携学位(Partner-supported Delivery)と呼ばれている。

杉本は、学生が国境を越えて移動し海外の高等教育機関で学ぶ伝統的留学と、学生が国境を越えて移動するのではなく、むしろ、教育プログラムあるいは大学が国境を越えて移動するケースを非伝統的留学と整理、トランスナショナル教育と定義している[3]。本章では、国境を越えて提供される高等教育をトランスナショナル高等教育(Transnational Higher Education 以下TNHE)と同義で使用する。

国境を越えて提供される高等教育の急速な進展の背景には、3,000億ドル以上にも及ぶ巨大産業である高等教育の国際市場の存在がある。そのなかでもヨーロッパの国際市場は、1990年代後半から現在にかけて年率7％の割合で成長しているとも言われ、イギリスの大学のTNHEの進展はとりわけ進展していると指摘されている。

本章では、留学生の受け入れに代表されるように従来から教育の国際化に積極的であったアメリカのTNHEの状況について、データから概観し、TNHEの進展と並行して多様化しているスタディ・アブロードプログラムをグローバル化した社会において、アメリカの高等教育機関がどのように位置づけ、対応している状況を検討する。

1．アメリカへの留学生の現状

本節では、TNHEだけに焦点化するのではなく、アメリカの高等教育の国際化の現状をデータから概観してみる。Institute of International Education(以下IIE)は、1919年に設立されて以来、フルブライト留学プログラムに代表される留学プログラムを運営しているなど国際教育に幅広く従事している代表的なNPO国際教育機関である。IIEは様々な国際教育に関連するデータをまとめ公表している。本節では、IIEによるOpen Doors 2010Fast Factsの

データを参照する。

　アメリカにおける留学生の総数は2009/10年度においては、690,923人となっており、前年度と比べて2.9％の増加であった。2009/10年度の新規留学生は202,970人となっており、前年度比1.3％の増加であった。しかし、2001年の9・11以降、それまで留学生の受け入れが最も多かったアメリカは留学生の受け入れに対して厳しい条件を付加したり、アメリカに滞在している外国人留学生や交換訪問者の滞在資格情報をより効果的に管理するためのSEVIS（Student and Exchange Visitor Information System）プログラムが発足したこともあり[4]、2003年のF-1ビザ（留学生ビザ）取得者は9・11以前に比べて27％減少した。その結果、2003/04年度においてはアメリカへの留学生数は、前年度比2.4％の減少、2004/05年度は前年度比1.3％の減少となった。2006/07年度以降には順調に回復し、増加傾向を示している（表3－1を参照）。学士課程段階での留学生と大学院段階での留学生の総数については、近年若干大学院段階での留学生数が増加している傾向が散見される。

　2009/10年度において、留学生の送り出し国の第1位は、中国（127,628人）、第2位インド（104,897人）、第3位韓国（72,153人）、第4位カナダ（28,145人）、第5位台湾（26,685人）、第6位日本（24,842人）とその多くがアジアからの留学生であり、同年度の上位5位までの留学生数だけで全体数690,923人の52％を占めている。

　アジアの国からの留学生が多いという現状は、アジアの国々における高等教育の需要が急速に高まっているということの裏返しでもあるともとらえられる。こうしたアジア諸国における高等教育の需要の高まりが、高等教育の国際市場の拡大にもつながっており、アメリカの高等教育機関が近年海外に進出する背景でもある。

　表3－2にはアメリカへの留学生の専攻分野の内訳を示しているが、経営学、工学分野が突出して高く、物理・生命科学、数学、コンピュータ・サイエンス等理系への集中も見られる。その次に、社会科学全般が続いている。

　留学生獲得には、授業料による収入面のインセンティブが大きいことは否定できない。すなわち、留学生への授業料と自国民学生の授業料の二重価格

表3-1 アメリカにおける留学生の動向

年度	留学生総数	変化率	高等教育全体の登録者数	留学生比率	学士課程の留学生登録者数	変化率	大学院の留学生登録者数	変化率
2000・01	547,867	6.4	15,312,000	3.6	254,429	7.3	238,497	9.3
2001・02	582,996	6.4	15,928,000	3.7	261,079	2.6	264,749	11.0
2002・03	586,323	0.6	16,612,000	3.5	260,103	-0.4	267,876	1.2
2003・04	572,509	-2.4	16,911,000	3.4	248,200	-4.6	274,310	2.4
2004・05	565,039	-1.3	17,272,000	3.3	239,212	-3.6	264,410	-3.6
2005・06	564,766	-0.05	17,487,000	3.2	236,342	-1.2	259,717	-1.8
2006・07	582,984	3.2	17,759,000	3.3	238,050	0.7	264,288	1.8
2007・08	623,805	7.0	18,248,000	3.4	243,360	2.2	276,842	4.8
2008・09	671,616	7.7	19,103,000	3.5	269,874	10.9	283,329	2.3
2009・10	690,923	2.9	19,562,000	3.5	274,431	1.7	293,885	3.7

出典：IIE, Open Doors 2010 Fast Facts より。

表3-2 アメリカ高等教育機関の専攻分野別留学生比率

分野	2009・10年度留学生数	全体に占める比率（％）
経営学	145,514	21.1
工学	127,441	18.4
物理・生命科学	61,285	8.9
数学・コンピュータ・サイエンス	60,780	8.8
社会科学	59,865	8.7
芸術パフォーマンス	35,802	5.2
医療関連	32,111	4.6
集中英語	26,075	3.8
教育学	18,299	2.6
人文学	17,985	2.6
農学	10,317	1.5
その他	76,743	11.1
不明	18,707	2.7

出典：IIE, Open Doors 2010 Fast Facts より。

制がイギリスやオーストラリアなどの国で導入されているように[5]、留学生を獲得することにより、高等教育機関での収入面での増加が期待できるからである。一方、アメリカの多くの州立大学では、授業料の二重価格制は、留学生と自国民学生だけに限らず、自国民学生においても、州民学生と州外学生の間でも異なる授業料体系が導入されている。しかし、1年間州立大学の所在州で学生として過ごすことにより、翌年からの授業料は州民扱いの授業

料が適応されることから、授業料の二重価格制は自国民学生と留学生の間では継続的に存在することになる。

1年間におおよそ50万人の留学生が110億ドルの費用を授業料、生活費などに支払うことがOpen Doors上で報告されているが、これらの費用の多くはアメリカでの奨学金ではなく、約3分の2が自国の親族からの仕送りによるものとされている[6]。留学生が支払う金額はアメリカ全体にとってもかなり大きな収入になっていることは否定できない。

2．アメリカのTNHEの動向

(1)海外分校の展開

本節ではTNHEの教育機関の移動形態の一つである海外分校に焦点をあてる。

表3－3には、IIEのOpen Doorsが2007年に海外分校を進展させているアメリカの高等教育機関を対象に実施した海外分校での学生数に関する調査結果を示している。調査対象者のおおよそ40％が本調査に回答しているとされているが、本調査での海外分校の定義は、(1)外国機関による海外での分校としてオフショアで運営されているか、海外の機関の名前のもとで、パートナーである機関との合弁を通じてオフショアで運営されている。(2)学生が教育プログラム終了の際には、外国機関から学位を授与されるか、という二点にまとめられている。

アメリカの海外分校は、中近東、ヨーロッパ、アジアと北米(メキシコ含む)への展開傾向が高く[7]、学位と非学位課程の両方を提供しているケースが多く、大多数の学生は学士課程段階に登録していることが回答結果から得られた。

Rumbley and Altbachはアメリカの海外分校の動向について、1950年代から自国学生のためのスタディ・アブロードプログラムのための拠点もしくは海外に駐屯する軍人の教育機会の拠点として展開してきたが、1990年代以降大規模に海外での留学生獲得や分校所在国の学生を獲得することを目的と

表3-3 IIE調査回答校によるアメリカの海外分校所在地と学生数の内訳

海外分校名	分校所在国	登録者総数	留学生数	留学生比率(%)
Carnegie Mellon University Heinz School	オーストラリア	56	20	35.7
Boston University	ベルギー	149	145	97.3
Fairleigh Dickinson University	カナダ	18	15	83.3
Johns Hopkins-Nanjing University Center for Chinese and American Studies	中国	134	58	43.3
Liaoning Normal University-Missouri State University College of International Business	中国	813	113	13.9
Mcdaniel College	ハンガリー	103	89	86.4
Clark University	イスラエル	300	300	100
Temple University	日本	3,000	840	28
Alliant International University	メキシコ	120	100	83.3
Endicott College	メキシコ	43	9	20.9
Webster University	オランダ	350	250	71.4
University of Northern Virginia	キプロス	47	43	91.5
Florida State University	パナマ	690	161	23.3
Carnegie Mellon University	カタール	166	100	60.2
Georgetown University School of Foreign Service	カタール	107	59	55.1
Virginia Commonwealth University	カタール	193	79	40.9
University of Nevada, Las Vegas	シンガポール	125	42	33.6
American University	U.A.E	2,858	2,448	85.7
George Mason University	U.A.E	85	46	54.1
		9,357	4,917	52.5

出典：IIE Open Doorsの2007年調査書より。
http://www.opendoors.iienetwork.org/file_depot (7/23/2011).

して展開するようになってきたと分析している[8]。その背景には、連邦政府や州政府による高等教育への財政補助が厳しくなったことが要因として存在している。一方、開発国や新興国のなかには、急激な進学率の上昇に自国の高等教育機関の設置だけでは対処しきれないために、既存の外国の高等教育機関の海外分校を誘致することに積極的である国も少なくない。2009/10年度のアメリカへの留学生送り出し国第2位のインドを例にすれば、留学生の多くが工学やコンピュータ・サイエンスなどの先端理系分野を学ぶためにアメリカに留学する。しかし、修士号あるいは博士号取得後、本国に帰国しな

いインド人留学生も多く、自国の産業発展に向けて留学生の頭脳や技能に期待しているインドのような新興国では「頭脳流出」問題は決して軽視されるべきではないという見方が多い。一方、インド国内における高等教育の発展に向けての政府の強化策が導入されるようになってきているものの、急速な需要増には追いつくことは容易ではない。そうした状況に教育プログラムの充実した外国大学の海外分校が迅速に応えるのであれば、インドのような新興国にとっては大いに魅力的であるといえるだろう。それゆえ、比較的歴史の長い既存の海外分校は、自己資金により分校を設置している場合が多いが、近年展開する海外分校は、ホスト国から外部資金や土地や施設の提供を受けて、設置するケースが多くなってきている。

　IIEによる調査結果では、カーネギー・メロン大学、ジョージタウン大学・国際関係学部、バージニア・コモンウェルス大学の3大学がカタールに海外分校を展開していることが示されているが、中東産油国には、潤沢な資金を利用して世界中の研究者を集める高等教育・研究機関の集結地域が存在する。そうした事例の一つがカタールのEducation Cityである。Education Cityは1995年に、設立されたカタール教育科学、コミュニティ開発財団の一部である。現在、アメリカからは先述した3大学に加えて、テキサスT&M大学とウェイル・コーネル医科大学、ノースウェスタン大学(コミュニケーション、ジャーナリズム学部)の6高等教育機関がEducation Cityに分校を設置している。財団がアメリカ大学の分校設置に際してすべての費用を負担し、施設等の提供も行っている。カタール側としては、レベルの高いアメリカの大学のハイテク分野を誘致することにより、自国の科学技術の発展と頭脳流出の歯止めを意図しているといえよう。

　カタール国籍の学生は授業料を支払うが、カタール政府や将来の雇用者からのローンにより授業料を支払う仕組みも導入されている。そうしたローンは、卒業後数年間カタール国内で仕事に従事すれば、返済が免除される仕組みとなっており、カタールの頭脳流出を抑えるインセンティブとなっている[9]。2010年8月23日付ガルフ・タイムズ紙は、先ほどのアメリカの6高等教育機関のなかでも、テキサスA&M大学のカタール分校の新入生数

が特に多いことを報じており、新規登録者数123名のうちカタール人学生が64名であった。同分校を含めてカタールのアメリカ大学海外分校アメリカは本校との間で学生交換プログラムを持っており、アメリカからの学生がスタディ・アブロードプログラムの一環としてカタール分校で一定の期間学び、逆にカタール分校の学生がアメリカ本校のキャンパスで一定期間学ぶという仕組みを提供している。アメリカ人学生にとってのスタディ・アブロードプログラムの意義については後述する。

　中近東地域においては、カタール以外にも、UAEのアブダビのUniversity City、やドバイのKnowledge Villageが同様の機能を果たしており、前者にはジョンズ・ホプキンス大学とMIT、ニューヨーク大学が、後者にはボストン大学、ハーバード国際医学部、ミシガン州立大学、ロチェスター工科大学がそれぞれ分校を展開している。

　ホスト国としては、いずれも、海外分校を誘致することにより、前述した自国の科学技術の発展と頭脳流出の歯止めのみならず、将来的には周辺地域からの学生の移動およびハイテク産業の集中も意図する教育的なハブとしての役割拡大をも企図していることが特徴的である[10]。これら中近東諸国にとっては、集結地域を整備することは、アラブ諸国やインド、パキスタンなどの諸国の学生をアメリカまで留学しなくても、より近い中近東に位置するキャンパスで学ぶことを可能にすることで、より多くの外国人学生を獲得するという国際戦略として位置付けていると言えるだろう。つまり、アラブ首長国連邦のキャンパスで学んだ後、アメリカの本校キャンパスで学び学位を取得すれば、それだけ留学費用のコストは低く抑えられるし、海外キャンパスで学んだ後に、大学院のみをアメリカのキャンパスで学べば、留学費用は安く抑えられるからである[11]。

(2) ダブルディグリー、ジョイントディグリーの動向

　杉本は、主なTNHEのプログラムの移動形態を、(1)A国の大学がB国のプロバイダーに自らのコース、プログラム、サービスをB国内もしくは第三国で提供する権限を与える形態であるフランチャイズと、(2)A国の大学と

B国のプロバイダーの連携により、学生がA国とB国の双方またはどちらかに滞在し、双方が提供する授業単位を取得し、A国の大学の学位の授与がされる接続システムであるトゥイニング(Twinning)と本節で提示するダブル／ジョイントディグリー(Double/Joint degree)に分類している[12]。ダブルディグリー(二重学位)は、異なる国に設置されている高等教育機関が連携・協力し、開発した教育プログラムを通じて、学生が双方の機関から二つの学位を取得することであり、ジョイントディグリーは、連携・協力している二つの機関による連名で学位が授与されることを意味している。

2008年にEUとアメリカの高等教育機関の連携により、Transatlantic Degree Programs(TDP) Inventory Project[13]と呼ばれるプロジェクトが発足し、その一環としてダブルディグリーとジョイントディグリーに関する調査が実施された[14]。アメリカとEUの高等教育機関180校を対象に、EUとアメリカの高等教育機関が具体的にいかにダブルディグリーとジョイントディグリーに代表される共同学位プログラムに向けての連携がなされているかの現状を把握することが調査の趣旨であった。調査結果の概要は次のようにまとめられる。

・ダブルディグリーがジョイントディグリーよりも両国、地域において共通して授与されている。ヨーロッパの高等教育機関は概してアメリカ機関よりもダブルディグリーおよびジョイントディグリーの授与に積極的である。
・EUおよびアメリカの高等教育機関のいずれも他の地域よりもヨーロッパの提携機関と学位プログラムの連携を進展させている。ヨーロッパの高等教育機関の上位5位までの連携国は、アメリカ、フランス、スペイン、ドイツ、イギリスである。アメリカの上位5位までの連携国は、ドイツ、中国、フランス、メキシコ、韓国とスペイン(同順位)である。
・アメリカの高等教育機関はダブルディグリーおよびジョイントディグリーを学士課程段階で授与する傾向が高いが、EU諸国の高等教育機関は大学院段階でダブルディグリーおよびジョイントディグリーを授与する傾向が高い。

- アメリカおよびEU諸国の高等教育機関にとって、共同学位プログラム（ダブルディグリーおよびジョイントディグリー）が最も普及している学問分野は、経営管理と工学である。
- アメリカの高等教育機関はEUの高等教育機関よりも共同学位プログラムにかかる費用を学生から徴収する傾向が高い。EUの高等教育機関は大学独自の予算あるいは政府や財団などの外部資金から資金を準備する傾向が高い。
- 英語が最も一般的な共同学位プログラムでの使用言語である。
- アメリカおよびEU諸国の高等教育機関が将来さらに共同学位プログラムを進展させる意図を持っている。
- アメリカおよびEU諸国の高等教育機関が共同学位プログラムの展開に積極的な理由は、共同学位プログラムが、キャンパスの国際化を進展させ、かつ国際的に機関の存在を可視化し、機関の威信を高めることに有意義であるとみなしているからである。
- アメリカおよびEU諸国の高等教育機関のいずれもが共同学位プログラムの資金を確保し、プログラムを持続させていくことが大きな課題であると回答している。アメリカの高等教育機関は、提供機関の支援を確保することと学生獲得が課題であるとしている。一方EU諸国の高等教育機関はカリキュラム・デザインの困難性と互換単位の認定に向けての賛同が課題であると回答している[15]。

　上記の調査結果からは、ボローニャプロセス以降、EU諸国の高等教育機関が国際化を推進する一つの方策として、共同学位プログラムの展開に積極的であること、アメリカの高等教育機関も、自国のキャンパスや学生の国際化を進展させるため、そしてボローニャプロセスを契機としたEU諸国の協働体制の展開に乗り遅れないためにも、共同学位プログラムの進展に積極的であることが読み取れ、今後のさらなる共同学位プログラムの増加が予想できる。

3．アメリカのスタディ・アブロードプログラム

　本節では、伝統的なアメリカの大学の国際化の象徴でもあるスタディ・アブロードプログラムについて、データを概観したのち、スタディ・アブロードプログラムがアメリカの学生の学習成果でいかなる意味を持っているのかについて検討する。その後、具体的な事例を提示する。

　表３－４にはスタディ・アブロードプログラムに参加した学生の滞在国の上位15位までを提示している。2007/08年度にスタディ・アブロードプログラムに参加した学生総数は若干2006/07年度と比較すると減少している。学生の滞在国上位第4位まではヨーロッパの国々であり、第1位のイギリスは英語が使用言語の国である。上位15位までにランクされている国のうち、8ヵ国がヨーロッパ諸国である。アジア圏の国では第5位に中国が入り、第11位に日本がランクしているが、中国に滞在するアメリカ人学生の増加率は顕著である。

　表３－５にはスタディ・アブロードプログラムに参加する学生の専攻分野を2005/06年度から提示しているが、社会科学、経営管理、人文学を専攻する学生の参加率が継続して高く、これら三つの分野で過半数を占めていることが示されている。一方、理系の分野を専攻する学生のスタディ・アブロードプログラムの参加率は相対的に低い。また、参加機関は夏期あるいは1セメスターという短期プログラムに参加する学生の割合が高いことが2005/06年度から2009/2010年度まで一貫した傾向である。2009/2010年度を参考にすると両期間だけで70％（夏期35.8％、1セメスター 37.3％）を越えている。ヨーロッパにスタディ・アブロードプログラムで滞在する学生の比率は現在でも高い[16]。しかし、1990/01年度の62％という高い割合と比較すると近年は徐々にその割合が低下しており、他の地域にアメリカ人学生が関心を持ち、実際に選択するようになってきていることが近年の傾向であるといえよう。

（1）グローバル化に対応した学習成果とスタディ・アブロードプログラムの関係性
　現在、特に先進国においては「知識基盤社会」を構築すべく、社会システム

表3-4　スタディ・アブロード参加学生の滞在国内訳

順位	行く先国	2007・08	2008・09	2008・09%of Total	変化率
	総計	262,416	260,327	100%	-0.8
1	イギリス	33,333	31,342	12.0	-6.0
2	イタリア	30,570	27,362	10.5	-10.8
3	スペイン	25,212	24,169	9.3	-4.1
4	フランス	17,336	16,910	6.5	-2.5
5	中国	13,165	13,674	5.3	3.9
6	オーストラリア	11,042	11,140	4.3	0.9
7	ドイツ	8,253	8,330	3.2	0.9
8	メキシコ	9,928	7,320	2.8	-26.3
9	アイルランド	6,881	6,858	2.6	-0.3
10	コスタリカ	6,096	6,363	2.4	4.4
11	日本	5,710	5,784	2.2	1.3
12	アルゼンチン	4,109	4,705	1.8	14.5
13	南アフリカ	3,700	4,160	1.6	12.4
14	チェコ	3,417	3,664	1.4	7.2
15	ギリシャ	3,847	3,616	1.4	-6.0

出典：IIE Opendoors 2010 fast facts より

表3-5　スタディ・アブロードプログラム参加学生の専攻分野別内訳(%)

分野	2005・06(%)	2006・07(%)	2007・08(%)	2008・09(%)
社会科学	21.7	21.4	21.5	20.7
経営管理	17.7	19.1	20.2	19.5
人文学	14.2	13.2	13.3	12.3
芸術パフォーマンス	7.5	7.7	8.4	7.3
物理学・生命科学	6.9	7.3	7.2	7.3
外国語	7.8	7.2	6.2	6.1
健康科学	3.8	4.1	4.5	4.5
教育	4.1	4.2	4.1	4.0
工学	2.9	3.1	3.1	3.2
数学、コンピューターサイエンス	1.5	1.5	1.6	1.6
農学	1.3	1.5	1.2	1.1
不明	3.4	3.1	3.3	3.5
その他	7.2	6.6	5.4	8.9
総計	223,534	241,791	262,416	260,327

出　典：IIE. (2010). "Fields of study of U.S.Study Abroad Students, 1999/00-2008/09" Open Doors Report on International Educactional Exchange より

の変革、高等教育や人材育成システムの変革を目指して既存のシステムを再構築し、政策も科学技術を支える高等教育や産業への進展を重点的に進めることが共通して、進展している。アメリカをはじめとするOECD諸国に共通の高等教育政策が見出され、そうした政策に基づき、高等教育の改革が推進されている。その背景に最も大きな影響を与えているのが近年急速に進展してきた「グローバル化」である。

　高等教育政策や大学改革の方向性は、グローバル化からもたらされる国家間の競争、人材育成、人の移動、知識の移動を所与のものとして、それらの動向に左右されているのが世界の大学の現状でもある。高等教育の発展段階の違い、経済成長度に差異があったとしても、資源や富をめぐっての競争や競争に優位になるための科学技術の振興とそうした人材の育成は、多くの国にとって、21世紀のグローバル化した社会での必須事項とみなされる。高等教育機関に焦点を絞れば、機関の卓越性、利便性、魅力等も世界中の人々の目にさらされるだけでなく、評価されることになる。したがって、従来は一国あるいは一地域の特性や文化、制度、言語等の枠組みのなかで、制度設計をし、教育のコンテンツも一国の言語で提供することを考慮していたことが、「国際通用性」を基準に進展していくことが求められるようになる。別の言葉で表現すれば、「国際化の進展」が地球規模で求められている。このことが「普遍性」であり、高等教育機関はこれを前提として「変容」していかなければならない。

　研究の国際化については、すでに理系分野ではアウトプットのみならず研究者の評価も、国際学会、国際ジャーナルを中心になされ、研究者の移動も国際的になっている。優れた研究を成果として生み出している機関や、優れた研究環境を整えている大学は世界中から優れた人材が集まっている。それゆえ、研究者の予備軍を養成する大学院の学生についても、自国だけでなく、世界中から留学生を確保することが重要な戦略になっている。

　ボローニャプロセス以後のヨーロッパの高等教育機関は、国際化を意識した改革を進展してきているが、アメリカも同様に国際化に向けての戦略性という点では、共同学位プログラムや海外分校の展開などTNEの展開にも注

力するようになっている。同時に、自国の学生の国際化に力を注ぐようになってきている。具体的には、グローバル化の対応として多くの大学が学生に短期、中期、そして長期の海外体験をさせるようになってきていることが最近の動向である。したがって、こうした新しい教育方法や教育プログラムの成果が学生のラーニング・アウトカムの目標として掲げられているようにもなってきている。アメリカの多くの高等教育機関においては、「多文化・異文化に関する知識の理解や体験」は大学生が身につけるべき重要な力としてみなされている。例えば、ハーバード大学が2006年に明らかにした一般教育対策本部による報告書においても世界の他の文化や文化的多様性を理解することの重要性が指摘されている[17]。そうした動向を反映して、アメリカでもスタディ・アブロードプログラムの充実が図られ、学生自身も大学の支援を受けて、プログラムに参加するようになってきている。海外分校をスタディ・アブロードプログラムとして活用するアメリカの高等教育機関も少なくない。カタールにあるテキサスA&M大学の分校には、アメリカの本校からの学生が一定期間滞在して、分校の学生とともに学ぶことは前述した。その目的は、分校でカタール人学生や他の留学生とともに学び、異文化・多文化体験を通じて、アメリカ人学生の21世紀に不可欠な市民としての国際性を身につけさせることでもある。自国の学生がアラブ諸国の文化を学び、外交や政策立案にとってしばしば大きな障害となる偏見や文化的衝突を和らげるための文化の多様性を学ぶことができる[18]。

(2) 多様なスタディ・アブロードプログラムの事例

スタディ・アブロードプログラムは、近年のグローバル化と知識基盤社会で求められる学生の学習成果を獲得するうえで、教育方法として効果的であるとする論者は少なくない[19]。特に、スタディ・アブロードプログラムは、「異文化や多文化の知識の獲得、体験」という学習成果の有効な獲得方法として、多くの国の高等教育機関では位置づけられているといえる。近年のアメリカの高等教育機関にとっても、より多くの学生にスタディ・アブロードプログラムを体験させることが重要となってきている。その結果として、短期間で

のスタディ・アブロードプログラムへの参加学生が増加している。

①The Associated Kyoto Program（AKP）の事例

　一方、伝統的なスタディ・アブロードプログラムは、現在でも、事前に十分な現地の言語や文化を学生達に学習させた後、1年間という比較的長期間を現地国に滞在させ、現地で再度語学や文化、あるいは専門領域を学ばせることにより、文化交流の懸け橋となる人材あるいは滞在国の政治、社会、文化の将来の専門家や研究者を養成する機能を果たしている。本節では、伝統的なスタディ・アブロードプログラムの一つである日本語、日本文化などを学ぶ日本学教育を目的としたスタディ・アブロードプログラムを取り上げる。アメリカの大学の日本へのスタディ・アブロードプログラムとして、アメリカを代表する15の名門のリベラルアーツ・カレッジが設置したプログラムがThe Associated Kyoto Program（AKP）である[20]。

　毎年40人ほどの学生が日本語の集中的な学習と英語で日本に関連した授業を受講しながら、2学期間京都の同志社大学を拠点として学習する。AKPに加盟している大学は、アーモスト大学、ベイツ大学、バックネル大学、カールトン大学、コルビー大学、コネチカット大学、ミッドベリー大学、マウントホリヨーク大学、オベリン大学、ポモナ大学、スミス大学、ウェズリー大学、ウェズリアン大学、ウィリアムス大学、ウィットマン大学の15のリベラルアーツ大学であるが、リベラルアーツ大学によるスタディ・アブロードプログラムという特徴が主に人文系や社会科学系を中心とした授業内容に反映されている。本プログラムは、1972年に開設されて以来、1,300名の留学生が日本文化を体験し、日本に関する見識を深めてアメリカにおける日本理解に大きな貢献を果たしてきている。

　AKPプログラムは日本語プログラムと選択授業からなる合計32単位のプログラムである[21]。日本語プログラムでは、学生のコミュニケーション技能と文章作成技能の習得に力が注がれているだけでなく、日本料理、書道、アニメ、漫画、新聞の読み方などのワークショップも開かれており、体験をしながら日本語を習得するように工夫されている。選択科目は、1学期に2科

目を英語で受講するように構成されている。担当する教員は、アメリカから来ている加盟大学の教員と同志社大学の教員等である。授業は、理論や知識を座学で学ぶことに加えて、具体的には、フィールドトリップ、ゲストスピーカーによる授業、フィールドリサーチなどを盛り込むことで、体験を通じて日本文化を学べるような工夫がこらされている。ユニークな授業はジョイントセミナーと呼ばれる形式の授業であるが、これはAKP参加学生と同志社大学の学生がともに学ぶ授業で、英語で提供されている。同志社大学の学生がこの授業に参加する場合には、TOEFLの得点や上級レベルの英語の授業の履修経歴を審査されたうえで参加が認められるが、日本人学生にとってもアメリカ人の学生とともに学ぶことを通じて、自国にいながら異文化を体験できる意味は大きいと好評である。

②アーケディア大学のスタディ・アブロードプログラムの事例

次に、各大学の個性やミッションという点から学生の海外での体験を通じてグローバルマインドや知識の習得をラーニング・アウトカムとして掲げているペンシルバニア州アーケディア大学を取り上げる。ペンシルバニア州グレンスライドにあるアーケディア大学は学生数4,000人ほどの中規模私立大学であり、教員と学生比率は13対1という少人数教育を大学の長所として掲げ、実際の平均クラスサイズは学生数16人である。この大学は全米の高等教育機関の学生を対象とした海外教育プログラムと自校の学生を対象とした海外教育プログラムの両方を提供しており、学生の国際化を大学のミッションの一つとして設定し、そのためのプログラムを積極的に展開している大学である[22]。

産業界、一般人が利用する大学ランキングの一つにU.S. News & World Report誌が毎年行うランキングがある。2008年度版ランキングにおいてアーケディア大学は北部地区の修士号授与大学のベスト25大学の一つ、そしてベストスタディ・アブロードプログラム提供大学として選定されている。U.S. Newsランキングは、複数の研究や教育の質を評価する指標をもとに算出されている。そうした指標は、同僚制による大学同士によるピアーレビュ

一、学生のリテンション率、教員集団の質、学生の選抜度、財務の健全度等から構成されている。アメリカにおいてはアクレディテーション機関も一般的なランキングを無視しているということはなく、大学がミッションと目標を立てて、それに基づいて機関の効果(Institutional Effectiveness)を評価する際には、その優れた点をアセスメントするということになるため、しばしば一般的なランキングとアクレディテーション機関による評価が重なることも少なくない。

　アーケディア大学の強みは、大学が目標として打ち立てている学生への国際化プログラムの充実に沿って、学生がグローバルな視点や教養を獲得しているということにある。国際化プログラムの特徴は、①初年次生や転入・編入学生の多くがロンドン、スコットランド、アイルランドで海外研修を経験する、②短期間から長期間の多様な海外体験あるいは留学プログラムを提供しているため、学生は目的やニーズに合わせて多様なプログラムのなかから選択することができる、③単に体験だけで終わらせないために、事前知識の習得と体験、事後学習をすることによって、学生がアウトカムを獲得できるような教育課程を提供している。という三点にまとめられる。

　特に③については、学生が個別の海外体験プログラムを海外研修アドバイザーとの相談のうえ、組んでもらうことも可能であること、教員が提供している海外研修に行く国に関する科目を履修することにより体験と知識を統合するような設計がされている。具体的には、例えば環境やビジネスというテーマのもとで、パナマを事例に学生が学ぶことを考えている場合、どのようにこうした知識と体験の一体化は進められていくのだろうか。学生は事前学習として中南米の経済を専門とする教員が提供しているパナマスタディ・アブロード関連科目という知識に関する科目を履修する。この科目では、パナマ経済やパナマ社会等についての基本的な知識とアメリカの産業との関連性について学ぶ。次に、海外研修プログラムに参加するが、知識に相当する科目を担当している教員が同行してパナマで実際に何週間かを体験する。現地にはプログラムコーディネータと呼ばれる職員が駐在しており、その職員が現地での体験学習の場をセッティングし、学生はその研修の場に参加する。

現地に進出しているアメリカ企業のビジネスの現場や多国籍企業の活動状況などを見ることによって、グローバル化した企業活動という視点で学習する場合もあれば、現地社会や現地の人々への多国籍企業の影響や環境問題という批判的な視点からグローバル化した経済を見るといった学習も可能である[23]。先進国よりも途上国への留学・研修プログラムを希望する学生も最近では増加しており、卒業後はアーケディア大学にある平和構築に関する大学院プログラムや国際関係の大学院プログラムに進学する比率も増加しているという。

アーケディア大学の個性ある国際戦略は自大学の学生への留学・研修プログラムにのみとどまっていない。全米の学生のための留学・研修プログラムセンターをアーケディア大学内に設置し、全米の学生のグローバルマインドの育成に向けての情報や留学・研修プログラムを学生のニーズに合わせて提供している。1年間に全米の300に上る高等教育機関から3,000人の学生がアーケディア大学のArcadia's Center for Education Abroad[24]が提供する留学・研修プログラムに参加している。このセンターの提供しているプログラムの特徴は、留学・研修を希望する学生の専門分野や学びたい分野に合わせて専門の職員がプログラムをカスタマイズするという点にある。したがって、お仕着せのプログラムではなく国際経験が豊富なスタッフのアドバイスや支援を受けながら、学生は希望に沿ったテイラーメイドの留学・研修を行うことができる。

アーケディア大学のターゲットを絞った国際化戦略とグローバルマインドの育成というラーニング・アウトカムに焦点を当てた個性的なプログラム構築には管轄アクレディテーション団体である中部州高等教育委員会(Middle States Commission on Higher Education)も、質の保証と学生のラーニング・アウトカムという点から参考にできる点も少なくないと評価している[25]。

4. 質保証の観点からの課題

　国境を越えた教育が進展している現在、教育の質保証についても従来の質保証の枠組みを超えて整備することが求められている。教育プログラムやプログラムの提供機関、教育サービスの受益者である学生や教育サービスの実践者である教員が国境を越えて移動するという新しい形態に対処するような枠組みを質保証という観点から整備している国は決して多くない。特に、機関の認定や学位や職業資格の認証の基準においては、国の制度が異なる場合も多く、質保証の一定の枠組みが整えられているとはいいがたい。共同学位制度を導入する高等教育機関が増加すればするほど、国によって異なる学位の基準、単位認定の方法等をより、可視化して、国際的な通用性が高められない限り、質の保証は逆に低下してしまう危険性がある。近年では、ディグリーミル同様にアクレディテーションミルの存在もしばしば指摘されていることから、国際的に一定のガイドラインを設定することも必然的である。

　2001年には、法的拘束力を有しないが、関係者が国境を越えた高等教育の提供を行う場合や外国の学位等の認証を行う場合に参照することができるような原則を示している文書、「国境を越えた教育提供におけるグッド・プラクティス規約」がユネスコ・欧州評議会によって公表された。

　2005年に公表されたユネスコ・OECDによる「国境を越えた高等教育の質保証に関するガイドライン」は、法的拘束力は持たないまでも、こうした国境を越える教育に対する質保証への関係者の公的な共同責任を確認した文書として意義がある。

　また、本ガイドラインでも言及されているように、国境を越えた教育の質保証の枠組みに関するネットワークの形成も不可欠となる。国際的な質保証枠組みの構築に向けて国際的なネットワークを通じて、教育プログラムの提供機関、学位の基準、職業枠組み等の情報を交換し、協働することが可能となる。国際的な規模のネットワークとしては、International Network for Quality Assurance Agency of Higher Education (INQAAHE) があり、多くの国々のアクレディテーション機関、専門アクレディテーション団体等が加盟して

いる。INQAAHEの「質保証におけるグッド・プラクティスのガイドライン」では、様々な認証評価に関する団体との協同と国境を越えた教育に関する活動へのガイドラインが示されている。

アメリカにおいても、2008年にアクレディテーションと高等教育機会に関する法(Accreditation and the Higher Education Opportunity Act of 2008)が施行された[26]。本章では、あまり触れてはいないが、国境を越えて提供される教育形態の一つである遠隔教育についてのアクレディテーション条項が本法に付け加えられた。多くの機関が、遠隔教育を導入するようになってきているだけでなく、遠隔教育が国境を越えて移動することも普遍的な現象となっている。アメリカの機関アクレディテーション団体である地区基準協会も積極的に遠隔教育を評価する方法の開発に踏み出す契機が本条項の付加であるといえるだろう。

2009年に訪問調査を行った中部州高等教育委員会(Middle States Commission on Higher Education)のホームページにおいても、中部州高等教育委員会の管轄内にある高等教育機関の海外分校の学位授与や教育活動についての基準認定においても、国内の基準認定と同様の基準やプロセスを通じて認定が行われる旨が記述されている[27]。

中北部大学学校協会高等教育委員会(Higher Learning Commission)と中部州高等教育委員会の両地区基準協会を2009年に訪問し、国境を超える高等教育(TNHE)についてのアクレディテーションの対応、プロセス、基準等について調査した際には、両基準協会ともに、まだ明確な方針を設定しているとはいえず、方法や基準についての模索中であるとの回答を得た。しかし、その間にも、TNHEの展開は想像を超えて活発化してきており、そうしたTNHEへの対応や質保証の枠組み作りの国際連携も並行して進展してきた。従来から、高等教育の国際化においては比較的長い歴史を持ち、一歩リードしてきたアメリカも欧州諸国やオーストラリアにその展開や質保証の枠組み作りにおいては、後塵を拝していると言えなくもない。Council for Higher Education Accreditation(CHEA)を頂点として、地区基準協会および様々な専門アクレディテーション機関が連携をしながら、より確立した(TNHE)対応の質保証の枠組み作りを展開しつつある段階にあると言えるだろう。

国境を越えて移動する教育(TNE)はグローバル化の象徴ともいえる現象と言えなくもない。従来一国の枠組みを中心に進展させてきた「教育」全般の設計思想が、グローバル化の進展によって、もはや一国のなかでの通用性だけではなく、国際的な通用性がより重視される場合も必然となる。その際、国際ネットワークの形成、連携、協働といった概念がより現実的な重みを持つ。アメリカがはたしてこうしたネットワーク形成や連携にどう関与し、実行していくかが、次のステップに向けて問われている。

注

1 ユネスコ/OECD、2005「国境を越えて提供される高等教育の質保証に関するガイドライン」日本語訳　http://www.mext.go.jp/a_menu/koutou/shitu/06032412/002.htm
  最終アクセス日　7/10/2011.
2 Knight, Jane, 2005, *Borderless、Offshore、Transnational and Cross-border Education: Definition and Data Dilemma*, Observatory on Borderless Higher Education, London.
3 杉本均、2011、「トランスナショナル高等教育－新たな留学概念の登場」『比較教育学研究』43、3-15頁。
4 http://www.ice.gov/doclib/sevis/pdf/sevis_japanese_fs.pdf
  最終アクセス日　7/15/2011.
5 米澤彰純、2011、「アジアにおける高等教育の国際連携と日本－イニシアティブの多極化とその行方－」『比較教育学研究』43、75-87頁。
6 Altbach, Philip G., 2002, Change Perspectives on International Higher Education, *Change*, May/Jun 2002: 34, 3: 29-31.
7 American Council on Education (ACE)も2006年に88機関(197分校)を対象に海外分校に関する調査を実施し、40の海外分校を展開している20機関から回答を得た。その結果を見ると、回答校のうち40％(16分校)がアジ化地域、38％(15校)がヨーロッパ地域、18％(7校)が中近東地域、5％(2校)が北米地域(メキシコ含む)となっている。回答数は異なるが、進出地域の類似性が高いことが確認できる。
8 Rumbley, Laura E. and Altbach, Philip G., 2007, *International Branch Campus Issues*, pp.1-13.
  http://www.international.ac.uk/resources/Branch%20Campus%20Issues.pdf
  最終アクセス日8/17/2011.
9 Dessoff, Alan, 2007, Branching Out, *International Educator*, Mar/Apr, 16, 2. pp.24-30.
10 Knight, Jane. 2011, Education Hubs; A Fad, a Brand, an Innovation?, *Journal of Studies*

in International Education, Vol. 15: 3, pp. 221-240.
11 2009年9月にDePaul Universityを訪問調査した際のJ.D. Bindenagel氏とGerald McLaughlins氏とのインタビュー内容を参照している。
12 杉本均、2011、前掲書、6頁。
13 本プロジェクトはEU-US Atlantis Program of U.S. Department of Education's Fund for the Improvement of Postsecondary Education (FIPSE) and the European Commissionによって資金が提供されている。
14 ダブルディグリーとジョイントディグリーを総称して本章では共同学位として扱いたい。
15 Institute of International Education, *Joint and Double Degree Programs in the Transatlantic Context: A Survey Report*, 2009, pp.43.
16 IIE. (2010). "Duration of U.S.Study Abroad, 1999/00-2008/09" Open Doors Report on International Educactional Exchange. Retrieved from http://www.iie.org/opendoors 最終アクセス日7/23/2011。
17 Harvard University. Available online at: http://isites.harvard.edu/fs/docs/icb.topic624259.files/report.pdf　最終アクセス日8/12/2011。
18 2009年9月にDePaul Universityを訪問調査した際のJ.D. Bindenagel氏のインタビュー内容を参照している。同校もバーレーンでMBAプログラムを展開しており、積極的に中近東での展開を意図している。
19 Kelly, Darren, 2010, Student Learning in an International Setting, *New Directions for Higher Education*, No. 150, Summer2010, pp.97-107.
20 http://www.associatedkyotoprogram.org/welcome/theakp.html
　　最終アクセス日8/16/2011.
21 http://www.associatedkyotoprogram.org/akpnow/curriculum.html#0708
　　最終アクセス日8/16/2011.
22 http://www.arcadia.edu/　最終アクセス日8/16/2011.
23 www.arcadia.edu/curriculum　最終アクセス日8/16/2011.
24 www.arcadia.edu/abroad　最終アクセス日8/16/2011.
25 2009年の9月に中部州高等教育委員会(Middle States Commission on Higher Education)を訪問調査した際のリンダ・サスキー氏とのインタビュー内容を参照した。
26 http://www.chea.org/Government/HEAUpdate/CHEA_HEA45.html
　　最終アクセス日8/18/2011.
27 http://www.msche.org/?Nav1=POLICIES&Nav2=INDEX
　　最終アクセス日8/18/2011.

第4章 オーストラリアにおける
トランスナショナル高等教育

― RMIT大学ベトナム校における教育質保証 ―

杉本　和弘

はじめに

　オーストラリアの教育機関は、国内外で積極的に留学生の受け入れを行い、国際教育（international education）の提供において世界をリードする立場にある。オーストラリア国際教育機構（AEI）の最新データによれば、2009/10年度のオーストラリアによる国際教育の経済規模（輸出額）は191億オーストラリアドル、このうち97％（185億オーストラリアドル）がオーストラリア国内（オンショア）に学ぶ留学生が支出する授業料や生活費によるものであり、残りの3パーセント（5億8,100万豪ドル）が国外（オフショア）における教育活動によってもたらされたものであった。このように教育サービスの輸出額という観点から見ると、オーストラリア外で提供される教育規模は必ずしも大きくないが、近年オーストラリアで急速な増加を見せた留学生の約4人に1人がオフショアで学んでいるという事実に目を向ければ、それが無視できない規模に成長しつつあることは確かである[1]。

　このような国境を越えて展開される、トランスナショナル教育（transnational education）[2]と呼ばれる教育形態が近年急速に国際的なプレゼンスを増し、そのなかで中心的なプロバイダーとしてオーストラリアの高等教育機関の動きが活発化してきたことは衆目の一致するところであろう。よく知られているように、近年のトランスナショナル教育に特徴的なのは、学生が国境を越えて自国以外で学ぶという伝統的留学形態に加え、教育プログラムあるいは教育機関が国境を越える形で自国以外において教育が提供されるようになっていることであり、そこには教育受け入れ国以外から学生が集うということも

起こっている。本章で取り上げる事例に即していえば、オーストラリアの大学（王立メルボルン工科大学：RMIT大学）が開設した分校（ベトナム校）に韓国人が学んでオーストラリアの学位を取得することも珍しいことではなくなってきている。

　こうしたトランスナショナル教育のありようは、グローバル化の進行した社会における高等教育の新たな可能性を示している。そこではまさに乗り越えられた国境の存在は後景に退き、国家の枠や管理を越えた新たな環境下で人材育成が展開されているように見える。しかしそうした高等教育の持つ新たな可能性を実質化するうえで問われるべきは、トランスナショナルに提供される教育の質保証である。トランスナショナル教育の質保証体制に不足や欠陥があれば、教育提供（輸出）側にとって当該事業の継続に困難をきたすことはもとより、本国の活動にも影響を与えかねない。受け入れ側にとっても、自国で展開される高等教育の質が保証されていないことは、高質な教育サービスの提供によって学生の成長を保証できないだけでなく自らの国際的名声を大きく傷つけてしまう危険性が高まる。

　こうしたリスクを回避すべく、トランスナショナル教育の質をいかに保証するのか。この問いへの対応はすでに国際的に展開されてきており、2005年にはユネスコおよびOECDによって「国境を越えて提供される高等教育の質保証に関するガイドライン」が策定され、その後ユネスコでは同ガイドラインに基づく「高等教育機関に関する情報ポータル」が構築されている。ただ現在のところ、これらは法的拘束力を有するわけでなく文字通りの指針として機能しているにすぎない。むしろ、実質的な質保証という意味では関係国のナショナルな制度や関係機関の自律的な実践に負うところが大きい。

　そこで本章では、オーストラリアRMIT大学が展開するベトナム校（RMIT University Vietnam）を事例に、提供側であるオーストラリアおよびRMIT大学、受入れ側であるベトナムがいかに質保証に関与しているのかについて考えたい。本章では特に、国境を越えて提供される教育の質の同等性をRMIT大学が機関レベルでいかに担保しようとしているのかについて、2010年12月にRMIT大学ベトナム校で実施した現地調査および関連文献の分析に基づいて

考察する。なお、本章では便宜上、オーストラリアメルボルン（City、Bundoora、Brunswickの各キャンパス）所在のRMIT大学を「本校」、ベトナム（Ho Chi Minh、Hanoiの各キャンパス）所在のRMIT大学を「ベトナム校」と呼ぶこととする。

1．ベトナム高等教育の国際戦略と質保証

　まず、RMIT大学がベトナムで展開するトランスナショナル教育の背景として、ベトナム高等教育の国際戦略とその課題について見ておきたい。

　ベトナムにおいては、1986年末以降のドイモイ（刷新）政策による計画経済から社会主義市場経済への転換を背景に、高等教育分野においても様々な制度改革や規制緩和が実施された結果、大学形態の多様化（国家大学・地方大学・公開大学・短大・民立大学の設置）や高等教育人口の拡大が進んだ。しかしその一方で、量的拡大を経験した21世紀以降のベトナム高等教育では「質保証」が新たな課題として浮上してきている。2001年12月に首相決定された「教育発展戦略2001-2010」も、そうした流れに位置づくものであり、教育の質の保証や向上を主たる目標の一つに定めていた[3]。

　その後の高等教育改革について見ると、ベトナム政府は2005年11月に「高等教育改革アジェンダ」を提示し、2006年から2020年までの15年間で着手すべき32の達成目標を明らかにしている。これは、ベトナム高等教育システムについて総合的な改革を推進しようとするものであり、具体的には、①大学・カレッジの機能分化とネットワーク化、②公立高等教育機関の自治拡大、③非公立機関の拡大、④機関収入の多元化、⑤ナショナルな質保証システムの確立、⑥研究・研究者養成の重点化、⑦高等教育進学者の増大、⑧大学教員の資格改善、⑨大学カリキュラムにおける科学技術の強化、⑩高等教育法の策定、といった多面的かつ野心的な取り組みを求めるものなっている。

　しかしながら、こうした目標を決められた期間内にいかなる方法で実施していくかは不明瞭な点も多く、達成の難しさがすでに指摘されている[4]。上記の高等教育にかかわる目標についてスミスらは、ベトナム社会が現有する

資源・インフラと照らし合わせたとき、「現実を踏まえて抑制し、戦略に基づいてまとめられた統合的な達成目標と言うよりも、ある種の欲しい物リスト (a wish list) の様相を呈している」と評しており、必ずしも現実的な戦略に沿ったものとは言えない部分がある[5]。同様に、ベトナム政府が掲げる世界水準の大学創出目標――今後10年で世界水準の大学を4校、2020年までに世界ランキング200位以内に入る大学を少なくとも2校有すること、そこで質の高い学際的な教育がベトナム語と英語で提供されるようになること等――は確かに野心的ではあるが、やはりその実現には困難がつきまとうことが予想される。課題は機関整備等のハード面だけでなく、それを支える高度人材育成といったソフト面での取り組みにあると指摘されている[6]。

その意味で、ベトナムは今後もしばらくは国際的な関係性の中で高等教育の強化を図っていくことが一つの戦略となることが予想される。ウェルチが指摘するように、ベトナムの高等教育の発展は歴史的に見れば、長期にわたって外国の影響下で形成されてきたのであり、21世紀の知識基盤型社会において高度専門人材の育成が要請されるなか、ベトナム政府は今後も高等教育への外国資本の導入をさらに推進していくと考えてよいだろう[7]。

ベトナムにおけるトランスナショナル教育の導入はこうしたベトナム高等教育の政策的文脈において起こっている。以下で見るように、RMIT大学がベトナム政府の積極的な後押しもあってベトナム校を設立したという事実からは、外国資本による大学設置を、ベトナムにおける高等教育の機会拡大・教育の質向上・国際競争力の強化につなげようとする同政府の政策的意図を垣間見ることができる。

同様に質保証という観点から見ると、ベトナム高等教育政策は依然として発展途上にあり、国際機関や外国の支援を受けながら質保証能力の構築が図られつつある。2000年以降、ベトナム教育訓練省 (MOET) を中心に高等教育質保証への取り組みが進められており、例えばホーチミン市国家大学とハノイ国家大学における質保証センターの設置 (2000年)、アクレディテーション (適格認定) に係る部署 (GDETA) の設置 (2002年)、世界銀行の高等教育プロジェクト (HEP1) (2002-2004年)、オランダ政府による質向上プロジェクト

(ProfQim)(2005-2008年)が推進されてきた[8]。しかし、例えばアクレディテーションを担う第三者評価機関の設置には至っておらず、高等教育における質保証体制の整備・強化は今後の課題となっている。

このように、ベトナムは外国大学の設置を通して国際的な高等教育市場とつながり、自国高等教育の活性化を図ろうとしているが、そこには一定の難しさも抱えている。

2．RMIT大学ベトナム校の設立背景

(1) RMIT大学の概要

RMIT大学は、1887年創立のWorking Men's Collegeに起源を有する大学であり、1992年に現在の「大学」となるまでロイヤル・メルボルン工科インスティチュート(Royal Melbourne Institute of Technology)として長く実践的な職業教育を提供してきた歴史を有する。現在は、高等教育部門とTAFE(技術継続教育)部門を備え、幅広く第三段階教育(tertiary education)を提供する二元制大学(dual-sector university)として知られている。

RMIT大学は、多くの留学生を受け入れており、2009年現在のデータによれば、学生数7万1,604人のうち留学生(オフショア学生を含む)が2万7,457人で全体の38％を占めている。この留学生比率の高さが示唆するように、RMIT大学は理念として学生・教職員に「グローバル・パスポート」を提供し得る大学となることを掲げており、オーストラリアのなかでも国際化や国際教育に積極的に取り組んできた大学の一つである。トランスナショナル教育にも力を入れており、表4－1に示したように、シンガポール・香港・マレーシア等でも提携機関と共同で教育プログラムを提供している。

こうしてトランスナショナル教育に積極的なRMIT大学が海外に設置した唯一の分校がベトナム校であり、ホーチミン(＝サイゴン・サウス・キャンパス)及びハノイにオフショア・キャンパスを有している。

同校のガバナンスは、RMIT本校の学長(Vice-Chancellor)やベトナム校校長(President)をはじめとする執行部の合議に基づく意思決定によってなされて

表4－1　RMIT大学が提供するオフショア・プログラム（2011年2月現在）

国名	提携機関名	提供学位・資格
中国	Shanghai Institute of Foreign Trade (SIFT)	・Bachelor of Business (International Business)
		・Bachelor of Business (Logistics & Supply Chain Management)
		・Diploma of Commerce
香港	Hong Kong Arts Centre	・Bachelor of Arts (Fine Arts)
	Hong Kong Management Association	・Bachelor of Business (Accountancy)
		・Bachelor of Business (Economics and Finance)
		・Bachelor of Business (Management)
	School for Higher and Professional Education, Vocational Training Council	・Bachelor of Engineering (Electrical Engineering)
マレーシア	Taylor's College	・Bachelor of Computer Science
		・Bachelor of Information Technology
シンガポール	Singapore Institute of Management	・Bachelor of Applied Science (Construction Management)
		・Bachelor of Communication (Mass Communication)
		・Bachelor of Communication (Professional Communication)
		・Bachelor of Business (Accountancy)
		・Bachelor of Business (Management)
		・Bachelor of Business (Economics and Finance)
		・Bachelor of Business (Marketing)
		・Bachelor of Design (Communication Design)
		・Diploma of Financial Services
		・Master of Business (Information Technology)
		・Master of Finance
	SIC College of Business and Technology	・Bachelor of Engineering (Mechanical Engineering)
		・Bachelor of Engineering (Aerospace Engineering)
		・Master of Engineering (International Automotive Engineering)
		・Master of Engineering (Management)
		・Master of Engineering (Integrated Logistics Management)
スリランカ	Brandix College of Clothing Technology	・Bachelor of Applied Science (Textile Technology)

出典：RMIT大学サイト（http://www.rmit.org.au/browse;ID=ti7ncp935w3az）より作成（2011年2月20日アクセス）。ただし、今後学生の受け入れがなされないものについては省略した。

おり、ベトナム校執行部は校長を中心に、学術担当副校長やセンター(=ベトナム校の教育組織)の長といった上級管理職によって構成されている。同校長は、RMIT大学の学長補佐(Pro Vice-Chancellor)でもあり、RMIT大学の最高意思決定機関であるカウンシルにも参加している。

ホーチミンの学生数は2008年時点で5,102人であり、その在籍比率は学位課程と英語コースでおよそ半分ずつとなっている。他方、ハノイの学生数は902人であった。ベトナム校で学ぶ学生の約9割はベトナム人、残りの1割がベトナム外からの留学生であり、その多くを韓国人が占めている[9]。ベトナム校における学生の継続率(途中離学せずに大学修了に至る率)は約80～85％と高く、本校に学ぶ国内学生や留学生の約75～80％よりも良好な結果となっている。また、教員数(2008年)はホーチミンでは約250人以上、ハノイは約85人である[10]。

ベトナム校の教育組織は、Centre of Commerce and Management, Centre of Technology, Centre of Language and Learningの主要三組織で構成されており、現在提供されているプログラムは、学士課程レベルが「商学」「工学(IT、マルチメディア・デザイン)」「会計」「ビジネス情報システム」「プロフェッショナル・コミュニケーション」、修士課程レベルが「ビジネス経営(MBA, Executive MBA)」「工学(Master of Engineering)」となっている。

(2)ベトナム校設立の経緯

それでは次に、ベトナム校がなぜ設立されるに至ったのか、その背景と経緯について見ておきたい。

ベトナム校設立は複合的な要因によって実現しているが、最も強力な誘因となったのは、国際大学(international university)の設置を望むベトナム政府から直接招致がなされたことである[11]。

そもそもRMITは、ベトナム校設置以前からすでにベトナムの高等教育機関との間に強い関係性を有していた。1994年8月にハノイ国家大学と機関提携を結び、共同でシステム開発センターの設置(1995年)、International Cooperation Houseの建設(1996年)を行っており、同センターからは約80名

がRMITの工学修士号(システム工学)を取得している。さらに、RMITは他の高等教育機関と提携して、ベトナムで事業展開を行うフォードやテルストラ等の主要企業における管理職養成にも関与していた。

こうした背景のもと、RMITは1996年5月にベトナム政府から「国際大学」設置の打診を受けて活動申請を行った。1998年1月には暫定的な活動認可を取得し、本格的な市場調査が開始されている。そして1999年8月の設置申請を経て、2000年4月にはベトナム計画・投資省(MPI)からベトナム外国投資法に基づく50年間の投資ライセンスが与えられている。同校設置に際しては、アジア開発銀行(ADB)や国際金融公社(IFC)からの融資(それぞれ1,350万オーストラリアドル)、米財団のアトランティック・フィランソロピーからの寄附(2,760万オーストラリアドル相当)、その他の借款が導入された[12]。こうして2001年1月、学士課程・大学院課程の教育を提供する国際大学としてベトナム校がホーチミンで開校した。現在はホーチミン郊外にキャンパスを有する一方、2004年にはハノイにもキャンパス(ただし、建物の一部利用)が開設されている。

ベトナム政府が積極的にRMIT大学に働きかけてベトナム校設置に動いた背景には、職業教育で実績を有するRMIT大学の設立が一つの契機となってベトナム高等教育のさらなる発展を刺激しうると考えたこと、それによって高等教育が国際的な経済競争力に貢献する人材育成を行えるようにすることにあった。他方で、RMIT側においてもベトナム校設立は機関独自の国際戦略を推進する好機であった[13]。リドル校長(President M. Liddell)は、同校設置の理由が、経済的な利益獲得を目的としたものでない(オーストラリア側に配当がなされているわけではない)ことを強調したうえで、RMITが東南アジアや世界において国際的あるいはグローバルな大学として広く認知されることや、高等教育機会の拡大を含め、ベトナムにおいて地域社会との連携を図ってRMITの足跡を残していくことの重要性を指摘している[14]。

3．RMIT大学ベトナム校における教育質保証

(1) 質保証に関わるアクター

　ベトナム校における質保証に関して、同校のウェブサイトには次のような宣伝文を見ることができる。

　　RMIT大学ベトナム校は、メルボルンにあるRMIT大学によって質が統制された教育プログラムを提供しています。そこで授与される公的資格は同一のものです。RMIT大学ベトナム校が授与する学位に要する費用はこれまでになく割安です。同じ高い質を有する国際的学位がオーストラリアでもベトナムでも提供されていますが、授業料はRMIT大学ベトナム校のほうがはるかに割安です。オーストラリアで同じ学位課程で学ぶ費用はベトナム校の少なくとも2倍はかかります。例えば、RMIT大学ベトナム校で学士号取得に要する費用は、生活費を除いて2万2,000〜2万8,000米ドルほどで、オーストラリアで取得するよりはるかに割安なのです。一般的な生活費もまたベトナムのほうが割安である[15]。

　ここでは繰り返し生活費を含む学位取得費用の安さが強調され、ベトナム校で学ぶことの経済的利点を伝える内容となっている。それと同時に強調されているのは、ベトナム校の提供する教育プログラムの質が統制され、結果として授与される資格（学位）がオーストラリアのそれと同一だという点である。安価に外国学位の取得が可能なことは学生やその関係者にとっては魅力的ではあるが、その前提として教育の質がしっかりと担保されていることがきわめて重要である。

　実際のベトナム校における教育質保証プロセスに関わる主たるアクターとしては、ベトナム政府（教育訓練省）、オーストラリア政府・オーストラリア大学質保証機構(AUQA)[16]、RMIT大学（本校・ベトナム校）をあげることができる。このうちベトナム政府による質保証としては、教育訓練省による年次評価の一環として担当者が本校やベトナム校を訪問して、教育プログラムの水準同

等性を点検している。ただ、ベトナム校ではベトナム政府による点検評価がさほど難しくなくクリアできるレベルであると認識されており、実質的には機関内部の質保証システムを効果的に機能させることのほうにより重点が置かれている。

その一方で近年、オーストラリア政府も自国の各機関が自律的かつ戦略的に進めてきたトランスナショナル教育の質を担保するための取り組みを展開しており、2005年には連邦・州政府の教育大臣によってトランスナショナル高等教育に関して四つの原則からなる質保証戦略(TQS)[17]が提示(2007年に改良)されたほか、それに基づいて2008年にはオーストラリア学位・資格の授与を行う機関や教育プログラムの登録制度(AusLIST)[18]が構築され、海外の学生への情報提供が進められてきた。また、オーストラリア政府はオーストラリア国際教育協会(IEAA)と共同で、各機関向けにトランスナショナル教育の提供や質保証マネジメントに関する優良事例を提供する取り組みも行っている[19]。さらに、AUQAによるオーディット(機関監査)も機能しており、RMIT大学は2009年にオーディットを受審している。AUQAの第二周期オーディットでは第一周期のフォローアップと二つのテーマに基づく評価が行われており[20]、RMIT大学におけるテーマの一つも「国際化」が設定された。この中でベトナム校を含むRMIT大学のトランスナショナル教育に対しても訪問調査が実施されている[21]。

ベトナム校における機関内部の質保証については、基本的にRMIT大学が全学レベルで策定している質保証関連の方針や手続き(policies and/or procedures)が同様に適用されている。これは、本校との密接な関係性の中で質保証がなされていること、そこではRMIT全体として基本的に同一の方針・手続きが運用されていることを意味している[22]。そこで以下では特に、質保証の要諦をなす英語教育と教育プログラムの質保証について見ておくこととしたい。

(2) 英語教育の提供と学生支援

ベトナム校における教授言語は英語であり、同校で提供される教育プログ

ラム(ディプロマ・学士・修士)を受講するには十分な英語力が必要となる。

RMIT大学では、留学生の英語力について、全学統一の「学生選抜・入学方針」において教育プログラムの履修レベルに応じた英語力要件が明記されており、例えば学士課程プログラムの入学には最低基準としてIELTSのバンド6.5以上が必要と規定されている。

この入学要件はベトナム校においても同様に適用されており、そのために必要な英語力を習得する英語プログラムが、英語研修ユニットであるRMIT English Worldwide(本部はメルボルン)によって開発・提供されている。提供を担う教員は具体的には、学士課程・修士課程への進学を目的としたAcademic English Program(AEP)と、商業およびデザイン分野のディプロマ(Diploma)課程の一部として提供されるConcurrent English Program(CEP)が提供され、AEPは中級から上級に至る五つのモジュール(各250時間、ただし最上級のAdvanced 2のみ125時間)で構成されている。Advanced 2レベルを修了することができればIELTS 6.5以上と同等の英語力を持つものと見なされ、学士課程や修士課程への進学要件を満たすとされている。

ベトナムでは幼いころから英語学校に通い、一定の英語力を身につけている学生もいる。しかし、ベトナムという立地条件ゆえに学生の英語力向上には地道な取り組みも必要になっている。筆者が2010年12月にベトナム校を訪問した際には、IEU(I English Youの意でEnglishを動詞的に使用)と銘打ったProfessional Communication専攻の学生らによる英語推進キャンペーンが展開されていた。前述の通りベトナム校の在籍者はその9割をベトナム人が占めており、教室以外のキャンパス内外ではどうしてもベトナム語が使用されてしまう。IEUは、そうした環境を少しでも改善すべく英語力の持続的向上に向けて英語を話す機会を増やそうという草の根の取り組みだが、教育プログラムにおいて一定レベル以上の成果を上げるために英語力がきわめて重要な要素であることを考えれば、質保証への大切な第一歩であるとも言える。

(3) 教育プログラムの質保証

教育プログラムの質保証においては、全学的な「教育プログラム質保証方

針」「成績評価方針」「教授言語方針」等が適用されている。ベトナム校で提供される教育プログラムはすべて本校に置かれた学術評議会(Academic Board)で認証を受けたものであり、基本的にメルボルンのプログラムと同等の学習成果に到達することが担保されている。

さらに、成績評価に関してもメルボルンとベトナムの間で同等性を確保する必要性から成績評価の適正化プロセスが機能している。そのための学内方針・規則として、「成績評価の適正化・検証方針」「高等教育領域における成績評価の適正化・検証に関する手続き」に加えて、「RMITベトナム校における成績評価(高等教育部門)の適正化・検証に関する手続き」が規定されている[23]。この手続きが目的とするのは、ベトナム校において提供される高等教育プログラムやコースに対する適正化プロセスを厳格かつ一貫したものとすることであり、成績評価の公平性・一貫性・信頼性を担保することであることが明記されている。

ベトナム校で提供されるコースに対する責任は、多くの場合メルボルンにいるコース調整にかかわる主担当者(Principal Course Coordinator)が担っており、ベトナム校の副担当者(Associate Course Coordinator)と緊密な連絡を取り合って調整が進められている。成績評価の方法決定や最終評価結果の適正化も、主としてこの両者のやりとりを経てなされることになる。特に成績評価の適正化については、ベトナム校内部で採点者間での適正化・調整を進めたのち、メルボルン側においてベトナム校で実施された試験答案等の抜き取り調査(spot check)を行って、成績分布も含めた適正な成績評価がなされているかを確認し、質の確保に努めている[24]。最終的に、こうしたプロセスを通して明らかになった成績評価の課題等は、学部(School)が行う教育プログラムの年次レビューにも反映されることになっている。

加えて、こうして提供されたプログラムがもたらす学習成果の測定についても、RMIT大学全体で実施されている学生満足度に関する調査等がベトナムでも実施されている[25]。主として機関調査ユニット(ORQDU)が学生・教員・財政等に関する様々なデータ収集を行い、その結果はベトナム校が提供する教育の質検証だけでなく、メルボルンにも提供されて全学レベルのデータと

して用いられている。

　このように質保証の観点から教育プログラムおよび成績評価基準について取り組みが行われている以上、その実施にあたる教員の水準維持が必要となるが、教員採用に関しても特に教育・研究職については本校と同じ基準が使われている。また、選考時にベトナムで組織される選考委員会にはメルボルンからスタッフが参加して選考にあたることになっており、この点でも本校による質保証機能が作用している。

おわりに

　本章では、オーストラリアの大学によるトランスナショナル教育の展開に関して、特にRMIT大学が設立したベトナム校の置かれた状況と、そこで提供される教育の質保証がいかになされているのかという視座から考察してきた。

　トランスナショナル教育の質保証には、その受け入れ国および提供国に関係する複数のアクターが関わっている。しかしその関わり方は、教育の提供形態——例えば、現地提携機関との共同による教育プログラムなのか、海外分校なのか、オンラインによるのか——によって一様ではない。ベトナム校はRMIT大学が独立して運営する海外分校であり、その意味では運営・教学両面において一貫して本校のガバナンス下にあるといえ、質保証に関してはオーストラリアが実施するAUQAのオーディットと、とりわけ本校の主導による自律的な機関内部の質保証が強く作用していた。

　もちろんそれと同時に、ベトナム校の設立経緯を想起すれば明らかなように、教育提供のライセンスはベトナム計画・投資省から与えられており、すなわちベトナム政府による一定の質保証が機能していると言えるが、ベトナム高等教育における質保証体制自体が依然として未成熟な段階にあることからこれまでのところ例えばアクレディテーションという確立された形で作用しているわけではない。このことは、受け入れ国によるトランスナショナル教育の質保証としてはまだ課題を残していると言わざるをえない。本章で取

り上げたオーストラリアの場合、国家レベルでもトランスナショナル教育に対する質保証体制の整備を進めて機関レベルの戦略的な教育展開を後押しし、各機関がそれを後ろ盾に自律的な質保証システムの構築・強化に動いており[26]、一定の信頼を獲得し得ていることは確かである。しかしベトナムがそれに一義的に依存することはリスクを伴う。問われているのは、国内で展開されるトランスナショナル高等教育を、その質保証を含めてどこまで統制し、自らの高等教育戦略にいかに位置づけるのかである[27]。

トランスナショナル教育の形態やそこに関与するアクターが多様であることから教育の質保証に関する唯一の最適解を導き出すことはできない。しかし、確実な質保証がトランスナショナル教育の成功要件であることは間違いなく、そのためにもその受け入れ国・提供国がともにシステム・レベル、機関レベルの多様な質保証アプローチを整備していくことがきわめて重要である。ベトナムにおけるRMIT大学ベトナム校の事例は、そうした厳格な質保証がどこまで実現しており、依然としてどこに課題を抱えているのかを見定める作業が重要であることをいみじくも示している。

注

1 オフショアにおける教育展開が、より収益性の高いオンショアにおける(すなわち、伝統的な留学形態による)留学生確保を促進するための「客寄せ商品(loss leaders)」として機能している側面のあることも指摘されている(Marginson, S. and van der Wende, M., 2007, *Globalisation and Higher Education, Education*, Working Paper No.8, OECD, p.41)。

2 オーストラリアやニュージーランドの文脈では教育機関が海外で行う活動に言及する場合、オフショア(offshore)と形容されることが多いが、現在はトランスナショナル(transnational)という表現も一般化している(McBurnie, G. and Ziguras, C., 2007, *Transnational Education: Issues and Trends in Offshore Higher Education*, Routledge, p.22)。

3 近田政博、2004「ベトナム―高等教育100万人時代の質保証―」馬越徹編『アジア・オセアニアの高等教育』玉川大学出版部、124-148頁。

さらにベトナムでは、1998年教育法が「2005年教育法」として全面的に改正され、2006年1月から施行されている。これまで市場経済化のなかで拡大してきた「教育の質や水準をどのように高めるかという性格」が強まったことが指摘されて

いる（近田政博「ベトナム2005年教育法（抜粋）」『トランスナショナル・エデュケーションに関する総合的国際研究（中間報告）』平成20-22年度科学研究費補助金基盤研究（B）、研究代表者：杉本均、2010年、95頁）。

4　Hayden, M. and Lam, Q.T., 2006, A 2020 Vision for Higher Education in Vietnam, *International Higher Education*, No.44, pp.11-13; Smith, L and Nguyen, Q.D., 2010, Processes for Strategic Planning in Vietnam's Higher Education System, Harman, G. et al.（eds.）*Reforming Higher Education in Vietnam*, Higher Education Dynamics 29, Springer, pp.143-154.

5　Smith and Nguyen, *op.cit.*, pp.146-147.

6　McCornac, D.C., 2009, Vietnam's Strategy on Higher Education: The Hardware Needs the Software, *International Higher Education*, No.56, p.20.

7　Welch, A., 2010, Internationalisation of Vietnamese Higher Education: Retrospect and Prospect, Harman, G. et al.（eds.）*Reforming Higher Education in Vietnam*, Higher Education Dynamics 29, Springer, p.210.

8　Westerheijden, D.F. et al., 2010, Accreditation in Vietnam's Higher Education System, Harman, G. et al.（eds.）*Reforming Higher Education in Vietnam*, Higher Education Dynamics 29, Springer, pp.183-195.

9　元学術担当副校長であるA・スコーン氏（Andrew Scown）によれば、これは韓国企業の進出を背景に、ホーチミン居住の韓国人人口が多いことに起因しているという（2010年12月13日インタビュー）。

10　AUQA, 2009, Report of a Joint Audit of RMIT University, Australian Universities Quality Agency, July, p.22 & p.45.

11　Welch, *op.cit.*, pp.205-206.

12　*Ibid.*, p.207.

13　Wilmoth, D., 2004, RMIT Vietnam and Vietnam's Development: Risk and Responsibility, *Journal of Studies in International Education*, 8(2), 186-206.

14　M・リドル校長へのインタビューによる（2010年12月14日）。

15　RMIT大学ベトナム校サイト'Why Study in Vietnam?'（http://www. rmit.edu.vn/262_ENG_HTML.htm）より訳出（2011年2月23日アクセス）。

16　AUQAは、2012年1月に高等教育質水準機構（Tertiary Education Quality and Standards Agency）へと発展的に統合された。2011年6月、2011年高等教育質基準機構設置法（Tertiary Education Quality and Standards Agency Act 2011）が成立し、2012年1月からTEQSAが本格的に活動しており、水準（standards）を重視した質保証が強まることが予想されている。

17　TQSの四つの原則は以下の通りである。①オーストラリアの質保証体制は国際的に十分な理解としかるべき評価を得なければならない、②提供者及び消費者がト

ランスナショナル教育・訓練の提供・質保証において求められるアカウンタビリティについて明確に理解できなければならない、③質保証の機能は効果的で効率的でなければならない、④オーストラリア国内およびトランスナショナルに提供されるコース／プログラムは、全国的に認められた質保証体制で定められているように、コースの提供及び成果の水準において同等でなければならない。

18 http://www.auslist.deewr.gov.au/ を参照のこと。
19 IEAA, 2008, *Good Practice in Offshore Delivery: A Guide for Australian Providers*, International Education Association of Australia.
20 AUQAの行う第二周期オーディットの詳細に関しては、杉本和弘「オーストラリア大学質保証機構によるオーディット型評価―その原理・方法と新たな展開―」大学評価・学位授与機構編『大学評価・学位研究』第9号、2009年、1-18頁を参照のこと。
21 AUQA, *op.cit.*, pp.22-25.
22 リドル校長は、メルボルン本校との関係性を示す例として、校長(president)を(当初はそうではなかったが)教員が務めるようになり、校長がRMIT執行部の一員として機能していることの重要性を指摘している(2010年12月14日インタビュー)。
23 RMIT, 2007, Assessment: Moderation and Validation of Assessment (Higher Education) at RMIT Vietnam Procedure, Approved by the Academic Board in 2007 and reviewed in 2009.
24 A・スコーン氏へのインタビューによる(2010年12月13日)。しかし、こうした一連のプロセスには時間を要し、学生への成績通知の遅れを引き起こしがちである。この点については、2009年のAUQAオーディットが改善点(recommendation)の一つにあげ、至急対応を図る必要性を指摘している(AUQA, *op.cit.*, p.24)。
25 ただし、ベトナム校では、オーストラリアで全国共通に各大学が実施するコース経験質問紙調査(CEQ)は実施されていない。
26 RMIT大学にとっても自らの質保証体制の改善・強化は継続的な課題である。そうした課題への取り組みの一例として、例えば、College of Businessが本校、ベトナム校、シンガポール提携校(Singapore Institute of Management)の異なる三ヵ所で提供する同一コース(Business Computing)の同等性を担保しようとするプロジェクトも動いている(Gopal, S., Palaska, T., Richarson, J. and Smith, R., 2010, A Model for Achieving Equivalence and Comparability in Higher Education Courses Offered Transnationally by RMIT's College of Business, Steel, C.H., Keppell, M.J., Gerbic, P. and Housego, S. (eds.) *Curriculum, Technology & Transformation for an Unknown Future*, Proceedings ascilite Sydney 2010, pp.395-398)。
27 今後ベトナム政府による高等教育質保証の体制が整えば、ベトナム校に対する質保証も強化される可能性は十分にある。ベトナムは2008年に設立されたアセアン質保証ネットワーク(AQAN)の一員でもあり、質保証体制の確立・強化を推進していくことが予想される。

第5章　国際化をめぐるトランスナショナル高等教育の機能と新たな高等教育像
―モナシュ大学の「国際高等教育」戦略の事例―

杉村　美紀

はじめに

　今日、高等教育の分野では、国境を越えて提供されるトランスナショナル高等教育が様々な形で普及している。こうしたトランスナショナル高等教育は、従来の留学モデルと二つの点でその性質を異にしている。第一に、留学モデルでは、プログラム実施国と学位を授与する高等教育機関が同一の国や地域にあり、留学先で一定の科目を履修すると学位や資格が授与されるのが一般的であった。それに対してトランスナショナル高等教育は、必ずしもプログラムの実施国・地域と、学位授与機関の所在国とが一致しないことを特徴とし、学生は学位授与機関の所在する国・地域の場合によっては全く滞在しない場合もある。例えばプログラム履修国で一定の期間を学び、残りを学位授与教育機関がある第三国で履修する部分学位プログラムや、そもそも留学自体が出身国にとどまったまま、学位授与機関の分校や、そこでのカリキュラムを履修することで学位取得を目指すプログラムが見られる。

　第二に、トランスナショナル高等教育では、その実施主体が国家や教育機関、あるいは国際組織と様々なアクターを主体とし、かつ多様な目的で実施されており、しかもプログラムの提携先が一カ所にとどまらないため、学び手は非常に多様な関係のなかでプログラムを履修することになる。従来の留学モデルでは、例えば国費留学であれば、国家が実施主体となり、自国の発展に資する人材育成や技術の獲得を目的として、それに見合う相手先との間で留学プログラムを組織する。また私費留学についても、基本的には留学先国や地域のプログラムであり、そこでは自国と相手国との間の二国間の関係

だけが論点となるが、トランスナショナル高等教育では、プログラムにかかわる複数の国・地域との関係が問題とされ、従来の各国の教育政策の枠組みだけでは分析できない事例も登場している。

こうしたトランスナショナル高等教育をめぐる動向は、これまでの教育研究が「国際化」にかかわる研究で国家を分析単位としてきたのとは異なり、それ以外の新たな分析単位を必要としていることを示唆している。そこで本章では、その一例として、国家ではなく教育機関が国境を越えて個別に展開している教育の戦略と実際に焦点をあてることで、国際教育市場のなかでトランスナショナル高等教育がどのような機能を持っているのか、またそれは、今日の高等教育にどのような分析枠組みを提供するのかを、オーストラリアに基点を置くモナシュ大学の海外教育展開を事例として明らかにする。

1．トランスナショナル高等教育の機能と特徴

(1) トランスナショナル高等教育の二つの機能：「高等教育の国際化」と「国際高等教育」

今日、「高等教育の国際化」(Internationalization of Higher Education) についてはすでに様々な議論が展開されている。1990年代以降、グローバル化が進むなかで、ヒトやモノ、情報、資本が国境を越えて盛んに移動するようになり、教育においても留学生やプログラムの移動が活発化している。留学生移動は、それが国際社会における国際交流拠点の指標となり、経済的にも外貨収入の獲得による成長戦略になりうるといった政治上・経済上の理由から、各国や地域の国家発展手段の一つとみなされ、結果として人材育成のための留学生獲得競争を激化させている。各国政府は留学生を獲得するために、高等教育を「国際化」し、国際教育市場に開かれた「国際的な高等教育機関」を整備・拡充して、英語を教授用語とするプログラムを重視するようになっている。こうした考え方は、時として、「国際化＝英語を中心とする欧米の外国語によるプログラムの実施と留学生の受け入れ」という一面的な見方としてとらえられることも多い。いずれにしても、こうした考え方の根底には、も

もと各国で展開されてきた既存の高等教育像があり、そこに従来はなかった「国際化」へ向けての諸要素を取り入れていこうとする「高等教育の国際化」という発想がある。そして、こうした国際化促進のために、各国あるいは各高等教育機関が既存の高等教育の枠組みをもとに、他国の教育機関との連携や協力を行うことによってプログラムを構成する場合に、「国境を越える教育」という意味でトランスナショナル高等教育という表現が用いられる。

これに対して、同じように「国境を越える教育」の動きとされながら、高等教育の機能を別の側面からとらえる動きがある。それは、「高等教育の国際化」ではなく、教育プログラムのビジョンや方法、内容などを構成するうえで、高等教育の在り方そのものを根本的にとらえ直そうとする「国際高等教育」(International Higher Education)の動向である。「国際高等教育」の考え方においては、人材育成という点では「高等教育の国際化」と共通の目的を掲げながらも、これまでの高等教育のように、一国の国民教育の枠組みのなかで高等教育にとらわれることなく、国境を越えた教育システムによって次世代の人材を高等教育サービスという枠組みのなかで育てようとする新たな高等教育像が模索されている。こうした「国際高等教育」という考え方もまた、トランスナショナル高等教育としてしばしば取り上げられる。

このように、トランスナショナル高等教育は二つの機能をあわせ持っており、一方では国家の教育政策の手段として取り上げられるのに対し、国家の枠組みとは関係なく国境を越えて展開される教育サービスプログラムを説明する際にも用いられる。今日、トランスナショナル高等教育が注目を集めているのは、そうした新たな高等教育像という可能性を含むものであるからである。

(2) トランスナショナル高等教育のアクターと特徴

以上述べたトランスナショナル高等教育の二つの機能を考えた時、留意しなければならないのは、教育を実施するアクターによってその目指す方向性が異なり、国家が教育政策に基づいて計画する場合と、各高等教育機関が独自に計画する場合とでは、その意味づけが異なるという点である。国家が行

うトランスナショナル高等教育は、あくまでも国家政策のための手段であり、「高等教育の国際化」を進めるための方策として用いられる。この意味では、トランスナショナル高等教育は「高等教育の国際化」の一側面ととらえられる。

それに対して、各高等教育機関が独自に展開しているトランスナショナル高等教育は、必ずしも、同機関が所在する国家の戦略を反映しているものとは限らない。世界貿易機構(WTO)の「サービス貿易に関する一般協定」(GATS)により、教育もサービス条項として定められ、国際教育市場のなかでの高等教育の在り方が模索されるようになっている。こうした状況のなかで、各高等教育機関のトランスナショナル高等教育は、それぞれの機関の教育プログラムの実施方法の一つであると同時に、運営および経営戦略となっており、そこではビジネスのように教育プログラムが計画され、効率的な実利の獲得が大きな活動目標とされている。

McBurnie and Zigrus(2007)は、こうしたトランスナショナル高等教育が高等教育分野に根源的な変化をもたらしつつあると述べている。すなわち、トランスナショナル高等教育は、①消費者志向に合わせた教育を提供すること、②様々な学生に、様々な時空間でいろいろな教師から学びうるカリキュラムを海外(offshore)で展開すること、③海外展開にあっては、フランチャイズ方式プログラムが行う国際規模でのアウトソーシングに代表されるとおり、様々な契約関係が経営戦略によって網の目のように張り巡らされていること、④国が行う高等教育が質保証の問題に敏感であるのに対し、トランスナショナル高等教育ではしばしば、だれがそうした質保証規制を行うだけの能力と責任があると言えるのかといった疑問が呈されるとしている[1]。これら四つの特徴は、国家が主体となって行ってきた旧来型の高等教育にはみられず、サービス産業としての様相を色濃く打ち出した教育形態であることをよく示している。従来の高等教育において、たとえばトゥイニング・プログラムにより、自国と相手国の大学でそれぞれ一定期間ずつ学ぶことにより学位取得を目指すといった海外大学との連携や協力を行う場合は、あくまでもトランスナショナル高等教育のなかの「高等教育の国際化」として行うことを意味する。それに対し、同じようにトゥイニング・プログラムを展開するとしても、それ

をもし上記のように学生＝消費者志向に合わせ、国家や公の教育政策として行うのではない場合には、その展開は「国際高等教育」としてのトランスナショナル高等教育ととらえられる。

そこで以下では、トランスナショナル高等教育を「国際高等教育」として展開しているオーストラリアのモナシュ大学の事例を分析し、その可能性と課題を明らかにする。

2．高等教育機関による「国際高等教育」の展開
― オーストラリアに基点を置くモナシュ大学の事例 ―

(1) モナシュ大学の国際戦略

モナシュ大学 (Monash University) は、1958年にオーストラリアのヴィクトリア州に設立された。設立当初、1961年に最初に受け入れた学生数はわずかに347人であったが、1967年にはそれが7,000人を越えるまでに急成長し、その後、人文学部、商学部、工学部、教育学部、法学部、医学部、理学部、芸術学部を順次拡充した。1990年代にはいると、大学発祥のクレイトンキャンパスのほかに、オーストラリア国内に五つのキャンパスを設置した。

モナシュ大学の今日の教育理念は、「研究」、「教育」、「国際貢献」の三つの視点から成る。「研究」分野においては、世界をリードする研究拠点として、新領域や学際領域の開拓と、産学連携とコミュニティ連携を重視した研究体制を整備している。特にオーストラリアの医科学系分野においては1970年代よりその卓越した実績が評価されており、次世代への研究発展にも力を入れている。また「教育」及び「国際貢献」分野においては、教育こそが個々人の能力を引き出し、世界に貢献するための「パスポート」であると位置づけ、教員ならびに学生の研究教育活動を様々な表彰制度等を通じて積極的に支援している。

しかしながら、今日のモナシュ大学を特徴づける大きな理念は、その国際戦略にあると言えよう。モナシュ大学の教育理念には、学問横断的で、かつ複数の国にあるキャンパスでの活動を通じ、教育と研究のいずれにおいても優れた成果を達成させるために戦略的な方法をとっていると述べられている。

そこでは、国境の持つ意味が重要なものではなくなりつつある今日、学生たちには、異文化や経済、仕事の実際を理解することが求められているが、モナシュの学生たちは、世界中にいる仲間との協力を通じて有利な立場にあるというのである[2]。実際、モナシュの卒業生はすでに23万5千人余りとなっている[3]。

　こうした国際戦略は、モナシュ大学の将来構想にも強く打ち出されている。将来構想では、2025年までに教育・研究面にともに重点を置いた世界トップクラスの大学の一つになること、また研究面のみならず実践にも力を置いた教育活動を展開することといった目標とともに、国際的な大学となることが掲げられており、異文化コミュニケーションと多様性を重視し、世界的な教育ネットワークを生かした教育活動を展開するとしている[4]。

　「国際貢献」にかかわる教育理念には、豊かな学習経験をオーストラリアのみならずグローバルに展開し、21世紀の国際社会にあって、健康や気候変動、平和、安全保障といった地球規模の課題に資する国際的な人材養成を担うことがうたわれている。実際、モナシュ大学は、2010年現在、世界170カ国から7,000人の教職員と56,000人の学生を擁しており、そのうちの3分の1の19,000人は留学生である。また、学生の交換留学プログラムは世界25カ国115の大学と結んでいる。特に共同研究や学生ならびに教職員の交流を行うパートナー大学は、イギリスのウォーリック大学(Warwick University)、中国の四川大学(Sichuan University)、インドのインド工科大学(Indian Institute of Technology, Bombay)など、北米、ヨーロッパ、アフリカ、アジアにわたり全部で16大学となっており、それぞれの地域とオーストラリアを結ぶ拠点となっている[5]。こうして、かつてわずか400人足らずの学生数で、ヴィクトリア州2番目の大学として創設されたモナシュ大学は、半世紀の間にグローバルな大学に成長したと自己を評価している。

(2) モナシュ大学の「国際高等教育」ネットワーク

　モナシュ大学の国際戦略を具体的に支えているのは、オーストラリアのほか、アジア、南アフリカ、ヨーロッパに展開されつつあるトランスナショナ

ル高等教育のネットワークである。モナシュ大学の海外分校は、海外にあるキャンパス(Offshore-Campus)と称され、モナシュ大学の国際戦略を象徴する「世界がキャンパス(The World is your campus)」というキャッチコピーを実体化するものとなっている。モナシュ大学のウェブサイトを見ると、キャンパスの紹介として、オーストラリア国内にある6つのキャンパス(Berwick、Caulfield、Clayton、Goppsland、Parkville、Peninsulaのほかに、それと全く同等の位置づけを持つものとしてマレーシア校(Monash University, Bandar, Sunway)、南アフリカ校(Monash University, Ruimsig, South Africa)がある[6]。モナシュ大学がこうした海外分校を設けたのは、1998年のマレーシア校が最初であり、次いで2001年に南アフリカに開設した。

このうちマレーシア校と南アフリカ校は、それぞれマレーシアと南アフリカにある外国大学の分校としての位置づけを持ち、当該国の高等教育機関として学位取得プログラムを提供しているほか、他国からの留学生ならびに他国にあるモナシュ大学の学生のトランスナショナル高等教育の場としての機能を持っている。

またこれら以外に、今日ではモナシュ・カレッジ(Monash College)と呼ばれる教育提携機関もある。それらは、オーストリアのクレイトンにあるカレッジのほか、シンガポール(シンガポール)、ジャカルタ(インドネシア)、広州(中国)、コロンボ(スリランカ)に設けられている。こうしたカレッジは、主として1年間の大学準備教育を行い、オーストラリアのモナシュ大学か、あるいはマレーシア校ないし南アフリカ校のいずれかへの進学準備を行う1年間の基礎コース(Foundation Year)、ないし大学2年次編入を可能にするディプロマを授与するコースを設けている。

さらにイタリアにはモナシュの海外文化拠点と言えるプラトーセンター(Prato Centre)が設けられている。同センターは、モナシュ大学にとってのヨーロッパへの窓口であると同時に、ヨーロッパの研究者や学生がモナシュやオーストラリアとの連携を図るための教育文化活動拠点として開設されているものである[7](図5-1参照)。

こうした国際的なネットワークにより、モナシュ大学の教育は様々な連携

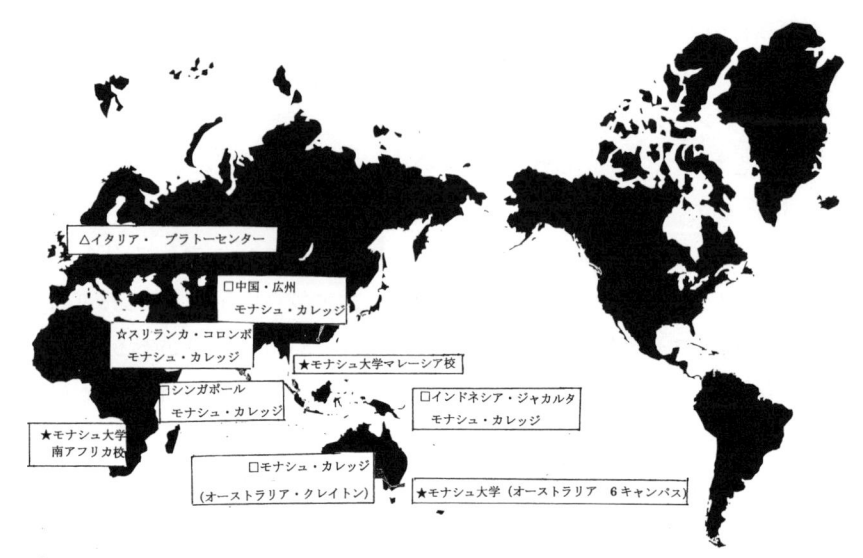

出典：Monash Collloge Pty, 2010, Monash College Programs in Sri Lanka, Course Guige, p.10.をもとに作成。

図5-1　オーストラリアに基点を持つモナシュ大学の海外分校およびカレッジ

を生んでいる。従来からある留学のように、オーストラリアにあるキャンパスで学んだ学生たちが、交換留学プログラムや国際インターンシップなどを利用して海外に留学するのは言うまでもないが、モナシュ大学が設けているマレーシアや南アフリカの海外分校ならびにカレッジやセンターは、国外にありながらもあくまでも「自分の大学」であり、一般の交換留学や協定校の場合には「別の大学」であるのとは意味が異なる。大学のガバナンスの点でも、そこでの連携は一本化されており、海外分校およびカレッジは、オーストラリアにあるモナシュ大学の本部で決めた教学や経営上の方針に基づいて運営されている[8]。

そうしたトランスナショナル高等教育のネットワークは学生たちにより多様な学びの選択肢を与える。例えばモナシュ大学マレーシア校でコンピューター科学の学士号ならびに情報技術の修士号を取得した学生は、在学中、オーストラリアのメルボルンにあるモナシュ大学コフィールド（Caulfield）校でのプログラムにも参加した。こうした経験は、単にプログラムの内容だけで

なく、オーストラリアの文化や人々との交流を経験する機会にもなり、なおかつマレーシアからオーストラリアという移動を体験しながらも、引き続き同じ教育目標に向かって勉強することができるという点で意義深いものであったと述べている。この学生はその後、マレーシアに戻り、イギリスの会社であるBritish Telecomの上級研究員として仕事をしているが、同時に、モナシュ大学に戻り経営学の博士号取得を目指している[9]。

こうした学生たちの移動や受け入れをより進めやすくするために、モナシュでは履修要件を様々なかたちで提供している。たとえば、前述の学生が修了したモナシュ大学のマレーシア校の情報技術学部の場合、入学のための中等教育修了に関する要件が様々な教育資格のスコアで示されている。そこには、マレーシア校が持つ、大学準備教育プログラム (Sunway University College Foundation) といったモナシュの分校やカレッジで出される準備教育プログラム (Monash University Foundation Year) をはじめ、マレーシアの後期中等教育資格試験STPM、GCEのAレベル、オンタリオ・グレード (Ontario Grade)、インターナショナル・バカロレア (IB) のディプロマ、オーストラリアの中等教育修了資格、スリランカやインド、インドネシア、南アフリカの各教育資格と多岐にわたる認定項目が含まれている[10]。

3．「国際高等教育」のネットワークが生み出すもの
―スリランカのモナシュ・カレッジの事例―

以上見たように、トランスナショナル高等教育は、国境を越えたキャンパスを構想するという点ではまさに従来の高等教育にはなかった教育形態である。こうしたモナシュ大学のような国際戦略とそれによるトランスナショナルなプログラムは、それを展開している教育機関、ならびに関係国・地域にどのような影響を与えているのだろうか。以下では、モナシュ・カレッジが開設されているスリランカを事例に取り上げ、トランスナショナル高等教育による「国際高等教育」がどのような影響を及ぼしているのかを明らかにする。

(1) 高等教育ネットワークを通じた「国際高等教育」戦略

スリランカのモナシュ・カレッジは、オーストラリアに本部のある「モナシュ・カレッジ株式会社」(Monash College Pty Ltd, 略称MCPL)によって1994年に設立されたもので、①モナシュ・カレッジ、②モナシュ大学進学のための基礎コース(Monash University Foundation Year)、③モナシュ大学英語センター、④オーストラリアへの専門職進学コースの4部門から成っている。しかしながら、実際に、スリランカのコロンボ市にあるモナシュ・カレッジの本部は、ANCエデュケーション(ANC Education)というスリランカの民間法人教育組織が請け負っている。このANCエデュケーションは、American National Collegeという名称が示す通り、従来はアメリカの高等教育機関へのトランスファー・プログラムを展開していたが、今日ではそれに加え、イギリス、オーストラリア、マレーシア、カナダの高等教育機関への留学を前提に、2年間のコースを提供し、その後、提携機関への留学をサポートするプロバイダーとして発展している。モナシュ・カレッジはこのうちのオーストラリアへの留学機会として開設されたものである[11]。

スリランカのモナシュ・カレッジのプログラムは、他国のモナシュ・カレッジと同様に大学準備教育プログラム(Foundation Year)とディプロマ課程に分かれている。前者は、1年間のプログラムであり、GCEのOレベルを取得した学生(ならびにそれに相当する者)が、モナシュ大学の第1学年に入学するための準備教育を行う[12]。

他方、後者のディプロマは、GCEのAレベルが履修できるもので、ディプロマ取得後は、モナシュ大学の2年次に編入することができる。現時点での選択コースは、芸術・デザイン、人文、ビジネス、技術教育、情報技術であり、入学時期は、6月、10月、2月の年3回となっている[13]。

スリランカのモナシュ・カレッジからの学生の進学先としては、オーストラリアにあるモナシュ大学のほか、マレーシア校、南アフリカ校が選択できるが、現実にスリランカ人学生が選択するのは、文化的な差異を考慮して、マレーシアないしオーストラリアである場合がほとんどである[14]。

こうしたカレッジのガバナンスは、すべてモナシュ・カレッジ株式会社

(MCPL)を軸とするオーストラリアのモナシュ大学本部によって管理されており、モナシュ大学への経路(pathway)として位置づけられている。教職員の研修はもちろん、カリキュラムはすべてオーストラリアにある本部が一律のプログラムを用意し、それに従って現地では教育が行われる。ただし、少なくともスリランカの場合には、教員はオーストラリアの大学本部から来た教師が常時駐在しているわけではなく、地元スリランカの教員が、国立大学等の他大学の教員の兼職を含めて実際の活動に携わっているのが実態である[15]。

ここに見られるモナシュ大学とANCエデュケーションというスリランカのプロバイダーの関係は、双方の利害が一致して実現したものと解釈できる。すなわち、国際教育市場を舞台に、世界の幅広い地域から学生を獲得したいモナシュ大学側と、後述するように、まだまだ発展途上にありながらも人材育成と国家発展のために高等教育機会の拡充を図ろうとしているスリランカの教育需要が合致して、スリランカ人学生のトランスナショナル高等教育への糸口ができたのである。このことは、スリランカのモナシュ・カレッジが示している今後の発展計画にもよく表れている。同カレッジは、そのミッションとして、スリランカ社会の教育要求やその多様性に考慮しつつ、併せてモナシュ大学の国際的なコミュニティ(Monash University Community)の発展にも寄与することを掲げている[16]。

しかも、モナシュ大学が提供するプログラムは、単にオーストラリアへの留学のみならず、モナシュ大学がマレーシアや南アフリカにも分校を持っていることで、第三国におけるトランスナショナル高等教育を可能にしている。またそうした留学先では、例えばマレーシア校に、中国やインドネシア、シンガポールといった他のモナシュ・カレッジからの留学生が来ることで、さらに多様な教育環境が提供され、新たな魅力を創出するという構造ができあがっている。こうした多層的なトランスナショナル高等教育の展開は、教育機関側にとっての国際展開戦略を如実に反映したものといえよう。

実際に、スリランカのモナシュ・カレッジでビジネスのディプロマコースを修了し、オーストラリアのモナシュ大学商学部に進学した学生によれば、モナシュ・カレッジは多様な文化にあふれ、多様な国から学生が集まってい

るので、学びあう機会がたくさんあり、またカレッジでの学習は柔軟な考え方と学び方を再考するうえで本当に重要なものであったと述べている[17]。また、同じくモナシュ・カレッジの技術教育のディプロマコースを経てモナシュ大学の工学部に進学した学生は、カレッジでの学びがオーストラリアでの大学進学に直接役立ったと述懐している[18]。

(2) トランスナショナル高等教育の展開と関係国・地域への影響

このような外国の大学の運営によるモナシュ・カレッジが果たす機能は、スリランカの高等教育にとっても今日、大きな影響を持つようになってきている。スリランカは1948年に英領から自治領として独立後、1983年から2009年まで続いた民族紛争が続いていたが、2009年の内戦終結後は、低所得国から中所得国への移行、ならびに平和構築を主要国家目標とし、そのための人材育成が大きな課題となっている。識字率は90.8％(2006年)と高いものの、事実上の義務教育機関である初等教育5年、中等教育6年までで約70％が教育を終え、成績優秀者のみが高校2年に進学、さらにそのうちの2割弱だけが大学へ進学できるため、国内にある大学15校(すべて国立)への進学は大変厳しい状況にある[19]。近年では、大学も門戸を広げ、少しでも多くの高等教育機会を提供しようとしているものの、例えば、2005年の時点で、大学入学資格にあたるGCE試験の資格保有者11万7,435人のうち、大学に入学できたのはわずかに16,292人であり、約86％の学生は大学に入学できなかった[20]。このため都市部の富裕者層は、初等・中等教育より私立のインターナショナルスクールに入学させ、海外の大学に進学させることが多い[21]。モナシュ・カレッジならびにそれを実質的に運営しているANCエデュケーションといった民間セクターの高等教育プロバイダーが展開するトランスナショナル高等教育が、国外の教育機関との提携によりスリランカ人学生に高等教育への機会を提供するのは、こうした国内の高等教育事情を反映してのことである。

民間の高等教育プロバイダーは、本章で取り上げたANCエデュケーション以外にも様々なものがあり、スリランカの新聞の記事や広告には、プロバ

イダーが欧米の高等教育機関と提携して実施しているプログラムがしばしば取り上げられている。その多くは、ビジネスや経営、情報、技術、IT関係といった実学志向のものであり、紛争後の経済復興を急務とする現在のスリランカ社会で最も求められている分野である。

　しかしながら、こうした民間セクターを中心とするトランスナショナル高等教育の発展については、高等教育進学機会の拡充を、自力で行うのと比べはるかに少ない予算で量的には実現できるものの、一方で、国外との連携教育に依存することが深刻な負の影響を及ぼすことを指摘する声も出ている。世界銀行が2009年にまとめたスリランカの高等教育政策の実状と課題に関する報告書によれば、高等教育を受けている人々のうち、約60％は海外の学位取得プログラムに参加しているが、こうした国外のプログラムの質の悪さや、国外の学位・資格を持っている人々の増加が、今日では深刻な高等教育修了者の失業問題を引き起こしており、かつ、国内に私立高等教育機関を増やして高等教育を活性化させようとする機運を失わせていることを指摘している[22]。

　またトランスナショナル高等教育の活発化に伴い、留学によるスリランカから海外に向けての資産の流出を懸念する指摘もある。スリランカ中央銀行の2008年の調査によれば、2007年に国外での教育のために銀行経由で送金された額は280億スリランカルピー（日本円で約212億円）に上る。このほか実際には自動送金機（ATM）による送金が年間350億スリランカルピー（約266億円）となっており、さらに海外で高等教育を受けさせるための外貨貯蓄もあり、総額では約800億スリランカルピー（約608億円）が海外での教育に使われているという。特にそのうち高等教育に使われるのは600億スリランカルピー（456億円）にも上る。この額は、スリランカの大学教育にあてる国家支出がわずかに170億スリランカルピー（129億円）であったことを考えると、個人が海外での教育に費やす費用との間に信じがたいほどの差である[23]。

　こうした実態をふまえ、スリランカ政府は、民間セクターを活用した国内の高等教育の活性化と拡充を図ろうとしている。すなわち、高等教育はスリランカの国家発展戦略の要であるとした上で、教育の質改善、官民協力を含

んだ民営化、民間セクターや海外の大学との提携による国立大学の民営化と独立採算制の実現、外国人留学生の招致を目指し、そのためにプログラムの認証評価制度の確立、教育に関連した海外への資産流出の抑制、海外プログラムの斡旋を行う教育プロバイダーに対する規制を行うとしている。ここには、スリランカ国内の高等教育の内容と質を高め、国内の高等教育需要に応じるとともに、海外との連携を深めながら、今後は、留学送り出し国ではなく、逆に海外からの留学生を受け入れるだけの基盤を築く新政策に舵をきろうとしている様相がみてとれる[24]。

　実際、筆者が2010年11月に高等教育省を訪問した際に、ディサナヤケ高等教育大臣(当時)が盛んに言及していたのも外国大学の誘致であり、スリランカでの分校開設に関心がある海外の大学には、土地を提供するなど積極的にサポートするつもりであることを指摘している[25]。また、教育プロバイダーのANCエデュケーション(前述)も、スリランカ人学生の海外送り出しに熱心である一方、最近では、例えばアメリカ人学生がリゾート施設や観光経営を学ぶために、スリランカに留学に来るケースが出始めていると述べていた[26]。スリランカ側は特に、インド、中国、ベトナム、ネパール、モルディブ、中東諸国などからの留学生受け入れを企図しているといわれる[27]。

　こうしたなかで、スリランカ政府の政策指針のなかに、海外プログラムの斡旋を行う教育プロバイダーに対する規制という項目が含まれていることは留意すべき点であろう。今後、高等教育の質を保証し、国際教育市場のなかでスリランカの高等教育を位置づけようとする際に、ANCエデュケーションのような教育プロバイダーの存在は海外の教育機関との連携を図り、国内に不足している進学先を補ううえではたしかに重要な役割を果たしているが、他方、トランスナショナル高等教育の隆盛とそれに伴うスリランカ人学生の海外流出という点では、スリランカの人材開発にマイナスの要因ともなっている。スリランカでは、こうした海外高等教育への資産や人材の流出を、教育産業のグローバル化に伴って生じた「犠牲」ととらえ、スリランカはその被害者なのだという見方をしている[28]。ここには、一方で国際教育市場のなかに自国の高等教育を位置づける必要性を感じながら、それに翻弄され、本来

の高等教育の発展になかなか結びついていかないスリランカ側のジレンマが示されている。

4．おわりに
―トランスナショナル高等教育がもたらす新たな「国際高等教育」―

　本章では、トランスナショナル高等教育がもつ二つの機能のうち、特に「国際高等教育」の側面に焦点をあて、オーストラリアに基点を置くモナシュ大学を事例に、高等教育機関の戦略が「国際高等教育」の展開に持つ可能性と課題について述べた。モナシュ大学の国際戦略が示すように、同大学が展開するトランスナショナル高等教育は、あくまでも教育機関の経営発展戦略であり、かつ世界をキャンパスとした新たな大学の在り方であり、特定の国の教育発展戦略とは明らかに異なる。世界の各地にキャンパスや準備プログラムを設け、国境を越えて学生たちの学びをサポートしようとするトランスナショナル高等教育は、従来の高等教育がそれぞれの国や地域の公教育の一環として、その国や地域の人材政策と結びついたエリート教育であったことと比べると、非常に柔軟性があり、かつより多くの「普通の人々」がプログラムを享受できるようになっている点に大きな特徴がある。それはまた、国の政策とは別の次元でプログラムが構築されているということもあり、特定の国や地域のための人材育成ではなく、むしろその教育機関のビジョンに基づくグローバルな視点を持った人材を育成できるという点でも、「国際高等教育」の新たな担い手として意義深い。

　しかしながら、その一方で留意すべきことは、そうした利点を持つトランスナショナル高等教育は、実際にはそれに参加する国や地域の教育需要と密接な関連があり、場合によっては、当該国の高等教育の在り方をも左右してしまう影響力があるということである。本章で取り上げたスリランカの事例はその一例である。すなわち、トランスナショナル高等教育は、スリランカのように、予算規模も大学側の対応力がまだ十分でない国にとって、とりあえず、高等教育のプログラムを整備するには利便性が高い。特に、海外の教育機関との連携を図ることで、小規模な予算により、高まる高等教育需要へ

の対応と拡充を行うことができ、併せて連携先とのつながりや個人の選択が重視されるとともに、民間セクターの活動の活発化を促す。しかし、スリランカで示されているように、自国学生の海外留学増加に伴う資産の流出や、トランスナショナル・プログラムの流入・普及により、本来は教育課程の中心にあるべき自国の高等教育プログラムやその質保証問題がなおざりにされてしまうという問題がある。ここには、国際化に対応しようとすればトランスナショナル高等教育に頼らざるをえず、かといってそれだけに依存すると、それぞれの国本来が持っている政策方針や計画を変更せざるをえないジレンマが示されている。

　このことは、トランスナショナル高等教育が、冒頭で述べたように、一方で「高等教育の国際化」という側面を持ちつつ、他方で「国際高等教育」という別次元の側面も併せ持っているために起きている課題といえよう。スリランカ政府が求めようとしているのは、あくまでも自国の高等教育政策を柱にした「高等教育の国際化」であるのに対し、実際には、個別の教育機関が海外経営戦略として展開する「国際高等教育」の勢いに巻き込まれる形で、自らの高等教育を教育産業のグローバル化に伴う「犠牲」と表現しなければならないような課題状況に置かれているのである。類似の状況はスリランカに限らず、例えばトランスナショナル高等教育を積極的に先行させているマレーシアなどの国にも見られる。マレーシアは、トランスナショナル高等教育を積極的に導入して留学生を招致し、国際教育交流のハブとなろうとしている一方、留学生にとってはマレーシアが単に欧米先進国への再留学を狙うためのトランジット・ポイントになっており、そこでもまた質保証が大きな問題となっている[29]。既述の通り、モナシュ大学はマレーシア校を有しており、マレーシアにおけるモナシュがどのような機能を果たし、かつそれがスリランカの事例とどう比較できるかについては別稿での検討にゆずるが、以上述べたことから、トランスナショナル高等教育は、それが持つ「高等教育の国際化」と「国際高等教育」の二つの側面において、高等教育の変容に二重のインパクトを与えていることが指摘できる。それらはいずれも、旧来の高等教育にはなかった新たな教育形態や可能性を期待させるものであるが、他方、教育サー

ビス産業としての効率性ばかりが強調されるようになった場合には、高等教育が本来担うべき、知の創造や相互交流といった役割がどのように担保されうるのかということが懸念される。高等教育の発展にとって、トランスナショナル高等教育が示す新しい高等教育像が今後どのような役割を果たしうるかは、そうした根源的な問題との対峙を経て初めてその真価が明らかになるといえる。

注

1 McBurnie and Zigrus ,2007, *Transnational Education: Issues and Trends in Offshoring Higher Education*, Routledge, London and New York, p.2..
2 モナシュ大学ウェブサイト http://www.ita.monash.edu/about/aims.html（2011年1月10日閲覧）
3 Monash University, 2010, *2011 Course Guide*, p.3.
4 モナシュ大学ウェブサイト http://www.monash.edu.au/about/monash-directions/directions.html（2011年1月14日閲覧）
5 Monash University, 2010, *2011 Course Guide*, p.3.
6 モナシュ大学ウェブサイト http://www.monash.edu.au/campuses/（2011年1月10日閲覧）
7 モナシュ大学プラトーセンターウェブサイト http://www.ita.monash.edu/centre/courses.html（2011年1月14日閲覧）
8 モナシュ大学のガバナンスについては、マレーシア校を事例とした我妻鉄也「マレーシアにおけるオフショアプログラムの受入れ―豪州大学の分校を事例として―」杉村美紀（研究代表）『アジア・オセアニアにおける留学生移動と教育のボーダーレス化に関する実証的比較研究』(2007～2009年度科学研究費補助金研究最終報告書、2011年)にて詳細な検討がなされている。
9 Monash University, *Sunway Campus Undergraduate Course Guide 2010*, p.27. Wong Chin Chin氏のインタビュー記事による。
10 *Ibid.*, p.27. 入学要件は各学部ごとに定められている。いずれの学部でもマレーシア以外の海外の中等教育修了資格を認めているが、スコアは学部によって異なる。モナシュ大学ウェブサイト http://www.monash.edu.my/advancement/studentrecruitment/degree/index.html（2011年1月14日閲覧）
11 ANCエデュケーションのPunarjeeva Karunanayake博士（経営責任者CEO）へのインタビュー（2010年11月30日、スリランカのコロンボ市にあるMonash College Sri Lanka事務局訪問）による。ANCエデュケーションのアメリカ、カナダ、イギリス、

オーストラリア、マレーシアへの各教育提携についてはhttp://www.ancedu.comを参照。
12 Monash College, *Monash College Programs in Sri Lanka: Course Guide 2011*, pp.6-9. ANCエデュケーションのPunarjeeva Karunanayake博士(経営責任者CEO)へのインタビュー(同上)による。
13 Monash College, *Monash College Programs in Sri Lanka: Course Guide 2011*, pp.6-9.
14 Monash College Sri LankaのMohamed Hamza氏(マーケティング部)、ならびにAsiri Perera氏(履修管理部)へのインタビュー(2010年12月1日、スリランカのコロンボ市にあるMonash College Sri Lanka事務局訪問)による。
15 同上。
16 同上。
17 モナシュ・カレッジ・スリランカ校からオーストラリアのモナシュ大学に進学したIsuri Beneragama氏のインタビュー記事による(Monash College, *Monash College Programs in Sri Lanka: Course Guide 2011*, p16)。
18 モナシュ・カレッジ・スリランカ校からオーストラリアのモナシュ大学に進学したMr.Win Naing Ahmed氏のインタビュー記事による(Monash College, *Monash College Programs in Sri Lanka: Course Guide 2011*, p18)。
19 在スリランカ日本国大使館、2010「スリランカ概況」2010年12月、2頁。
20 Wisma Warnapala(2009), *Higher Education Policy in Sri Lanka: New Perspectives and Change*, p.28.
21 在スリランカ日本国大使館、2010、前掲書、2頁。
22 The World Bank, Human Development Unit, South Asia Region, 2009, *The Towers of Learning: Performance, Peril and Promise of Higher Education in Sri Lanka.*, pp.E8-E9.
23 Gunapala Nanayakkara, 2010, Reforming Higher Education for Economic Development, *Sunday Observer*, November 7, p.9.
24 *Ibid.*, p.9.
25 スリランカ高等教育相Minister of Higher Education, S.B.Dissanayake氏へのインタビュー(2011年11月1日、スリランカ高等教育省訪問)による。
26 ANCエデュケーションのPunarjeeva Karunanayake博士(経営責任者CEO)へのインタビュー(2010年11月30日、スリランカのコロンボ市にあるMonash College Sri Lanka事務局訪問)による。
27 Gunapala Nanayakkara, 2010, *op.cit.*, p.9.
28 *Ibid.*, p.9.
29 杉村美紀、2010「高等教育の国際化と留学生移動の変容：マレーシアにおける留学生移動のトランジット化」『上智大学教育学論集』第44号、37-50頁。

第6章 オーストラリアにおける
トランスナショナル高等教育

―シンガポールへの海外教育展開―

竹腰　千絵

はじめに

　様々な分野においてグローバル化が進展する今日、教育の分野においては、学生や教員が国境を越えて移動するという現象が増加してきている。これまでは学生が国境を越えるという留学が、国際教育流動の伝統的な形態であった。そこには、学生にとって、海外の大学に留学し、留学先国でも母国でも通用する学位が取得でき、異文化経験もできるという利点があった。近年、留学という形態で学生が移動するのではなく、大学やプログラムの方が国境を越えて他国に赴き、教育活動を行うという、トランスナショナル高等教育という新たな形態が見られるようになってきた。学生が母国にいながら外国の大学の学位を取得するというこの形態は、年々その規模を拡大させ、様々な国で展開されてきている。

　大学が国境を越えて教育を展開する際に障壁となるのが、受け入れ国の教育法制である。これに関して、WTO(世界貿易機構)は、教育サービスをめぐる貿易交渉において、教育法制を含む規制を交渉対象にしてきている[1]。つまり、教育法制を含む規制は、緩和される傾向にある。

　大学やプログラムが国境を越える高等教育の形態としては、主に二つある。第一に、大学が海外の教育機関と提携し、当該大学のプログラムを提供する形態(海外提携プログラム)である。海外提携プログラムでは、提携先の現地の教育機関が、学位授与権を持っていないことが多く、複数の大学と提携している場合が多い。第二に、大学が海外に分校を設立し、当該大学の教育を提供する形態(海外分校)である。海外分校では、海外プログラムに比べて本

校からの規制が少なく、自由裁量が大きい。

　国境を越える大学やプログラムを受け入れる国としては、シンガポール、マレーシア、香港(中国)などのアジア諸国が多い[2]。とりわけ、シンガポールでは、国境を越える大学やプログラムを受け入れるだけでなく、そこに他のアジア諸国からの留学生を受け入れるという政策が推進されている。一方、国境を越えて海外教育を展開する国としては、イギリスやオーストラリアの大学(非営利の公的な大学)が有力である。なかでもオーストラリアでは、1990年代以降、高等教育の海外進出が顕著になり、現在ではオーストラリアのほとんどの大学(39大学中37大学)が、海外提携プログラムや海外分校を展開している[3]。

　本章の目的は、オーストラリアの大学が、海外提携プログラムや海外分校という形態で海外教育を展開する背景を明らかにするとともに、そうした教育を展開するうえでの課題と意義について考察することである。

　先行研究においては、例えば大森が、大学やプログラムが移動する際、国境を越えた高等教育の提供者(大学等)と、国民国家の枠組みによる教育システムという二つの視点から、それらがどう作用し合うかを論じている[4]。その中で大森は、国境を越えて教育を提供する大学との関係において、国民国家はグローバル化の影響を明らかに受けていると結論づけている。しかし、そこでは、国家と大学という二つの側面からの考察はされているものの、国境を越える高等教育を受ける学生側からの分析はあまりなされていない。大学やプログラムが国境を越える海外教育展開は、学生からのニーズがなければ成立しない。そこで本章では、先行研究では明らかにされてこなかった学生側の視点も含め、国家、大学、学生の三方向から、大学やプログラムが国境を越えて活発に移動するようになった要因を明らかにする。

　具体的には、第一に、国境を越える高等教育への国家側の政策や対応について見ていく。第二に、オーストラリアの大学がシンガポールで展開する海外提携プログラムと海外分校を事例とし、オーストラリアの大学が実際にどのように国境を越えて高等教育を展開しているのかを考察する。第三に、国境を越える高等教育を受ける学生側の視点から、そのメリットやニーズにつ

いて考察する。

1．海外教育展開への政策と対応

　はじめに、オーストラリアの大学が国境を越えて海外提携プログラムや海外分校を展開する際に基盤となる、オーストラリアとシンガポール両国の海外教育活動をめぐる制度や政策について概観する。

　オーストラリアでは、政府による高等教育への公的助成が削減されたこともあり、各大学はアジアを新たな市場と見据え、海外教育を展開してきている。シンガポール、マレーシア、香港、中国が主要な進出先国であり、約44,000人の学生が学んでいる[5]。

　オーストラリアの大学は、学位授与機関ならびに法人としての自律性がきわめて高い。各大学は、自らの学位授与権に基づき海外分校を展開したり、国内外において他の教育機関と提携して、海外提携プログラムを提供している。こうした海外進出は、大学の自律的な事業展開とみなされており、オーストラリア政府は、オーストラリアの大学が海外に出ていく際に、許認可などの規制をしていない[6]。そのため、大学は、輸入国の法制や環境に柔軟に対応でき、海外教育活動を活発に展開できる。オーストラリアは、アメリカやイギリスなどに比べ、地理的にもシンガポールに近く、時差もあまりないため、シンガポールへの理解やシンガポールとの関係が深い。このような文化的、地理的な背景を巧みに利用し、オーストラリアの大学は、アジアでのプレゼンスを高めようとしている。

　オーストラリア政府は、各大学の海外進出を規制しているわけではないが、海外提携プログラムや海外分校の教育の質を放任しているわけでもない。政府は、海外提携プログラムを、自国の大学の一部として質保証の対象とみなし、各大学自身による質保証の責任に加えて、オーストラリア大学質保証機構(Australian Universities Quality Agency, AUQA)[7]による監査(機関評価)の対象としている。AUQAは、5年ごとに監査を行っており、これが外的な質保証の役割を果たしている。監査の対象は、海外で提供する教育を含めた大学全体

であり、海外への訪問調査が行われることもある。

　オーストラリアの大学が海外で教育を提供する場合、少なくとも、オーストラリア国内で提供する教育内容と同等の水準を維持することが期待されている[8]。2000年に採択された「ナショナル・プロトコルズ」(National Protocols for Higher Education Approval Processes)[9]では、「大学の認定に関する、全国的に合意されたプロトコルズの導入は、オーストラリアの大学の地位を全国的および国際的に守るうえで特に望ましいと思われる」と述べられている。ここから、オーストラリア高等教育の国際的な地位を維持しようとする政策意図がうかがえる。

　次に、オーストラリアの大学の主要な海外進出先である、シンガポールについて見ていく。シンガポールは、大学の設立を法律で厳しく規制しているため、国内に大学が四つしかなく、限られた入学定員をめぐる学生間の競争が激しい。そのため、先進国(特に英語圏)の大学の学位は、シンガポールの大学の学位に代わるものとして需要が高い。ここに、シンガポールが国境を越える高等教育を受け入れる要因がある。シンガポール政府は、世界一流の海外教育機関の誘致に積極的であり、これまでに15校を受け入れてきた。また、2015年までに、留学生15万人を受け入れる計画を立てている[10]。最終的には、アジアにおいて教育的ハブ(education hub)になることを目標としている。それは、海外の頭脳を流入させ、卒業後もシンガポールにとどまってもらい、世界レベルの研究や多国籍企業を誘致するためである[11]。加えて、シンガポールの教授言語が英語であることも、国境を越える高等教育や、近隣のアジア諸国からの留学生が入ってきやすい要因となっている。

　シンガポールでは、海外教育機関が国境を越えて国内に入ってくる際、教育省にプログラム等に関する書類を提出し、認可を受ける必要がある。さらに、シンガポールの質保証機関である、CaseTrustからの認証も必要である。CaseTrustは、2009年から、教育分野の質評価に特化したEduTrustへと移行した。これは、近年の私立教育機関の急増や、そこで学ぶ留学生の急増を受け、シンガポール教育省が導入したものである。EduTrustは、各私立教育機関に対して、学生がどれだけ早く容易に学位が取得できるかということよ

りも質を競うべきであると勧告している。EduTrust への移行により、私立教育機関には、学業プロセスの最低限のスタンダードが求められるようになり、政府への登録を定期的に更新することが義務付けられた[12]。

オーストラリアから国境を越えてシンガポールに入ってくる高等教育機関は、EduTrust からの認証に加えて、シンガポールで提供するコースが、オーストラリアでの機関評価(監査)を経ているものであること、すなわち本校と同じプログラムを提供することが求められる。つまり、国境を越えて提供されるコースは、受け入れ国と輸出国、両国の監査というダブル・チェックを受ける必要があるのである。

シンガポールでは、2009 年に、オーストラリアの大学の海外提携プログラムを偽り、正規の認証を受けていない悪質な教育提供者が、偽学位を出すという問題が起きた。これは、ディグリー・ミル(degree mill)によるものである。ディグリー・ミルは、学位を発行するだけで、教育プログラムは一切提供していない、インターネット上の企業にすぎないことが多い[13]。こうした事態を受け、シンガポール教育省は 2009 年末から、国境を越える高等教育がシンガポールに入ってくる際の規制を厳しくした。

このように、国境を越えて高等教育を展開するオーストラリア側は、国内の高等教育機関への財源を削減したこともあり、国内大学の海外教育展開に対しては寛大である。その一方で、オーストラリアの高等教育の国際的地位を守るため、海外提携プログラムや海外分校に対して、オーストラリア国内と同等の質保証システムを適用させている。一方、国境を越える高等教育の受け入れ国であるシンガポールは、オーストラリアの大学の海外提携プログラムや海外分校を受け入れ、そこにアジア諸国からの学生を受け入れるという政策をとっている。アジアにおける教育的ハブになろうとしているシンガポールにとっても、オーストラリアの大学がシンガポールで海外教育を展開することには、大きなメリットがある。このように、国境を越える高等教育は、教育を輸出する側の国の政策と、受け入れ国の思惑が絡み合い、そのバランスのうえに成り立っているのである。

2. オーストラリアからシンガポールへの海外教育展開

　次に、オーストラリアの大学が実際どのように海外提携プログラムや海外分校を展開しているのかを、事例を通して明らかにする。ここでは、海外教育展開の歴史が長い、西オーストラリア大学の海外提携プログラムと、カーティン工科大学の海外分校を取り上げ、考察する。

(1) 海外プログラムとしての海外教育展開

　西オーストラリア大学(University of Western Australia)は、1911年に創設された、西オーストラリア州最古の大学である。現在では、オーストラリア国内の主要研究大学8校で構成されるGroup of Eightのメンバー校となっている。同大学では、建築、人文科学、ビジネス、教育、工学、法学、体育、医学、農学を学ぶことができる。1960年代から1970年代にかけて、西オーストラリア州にいくつかの高等教育機関が台頭してきたことや、1976年から政府による財源が削減されたことを受け[14]、同大学はアジアの教育機関とのつながりを深めてきた。現在では、シンガポール、中国(香港を含む)、フィリピンで、地元の教育機関と提携し、700人以上の学生に対して海外提携プログラムを提供している[15]。

　西オーストラリア大学がシンガポールにおいて提携しているのは、PSB Academy(以下、PSBとする)という教育機関である。PSBは、1964年に、政府がシンガポール人への教育と訓練のために設立した機関であるが[16]、2006年からは、ドイツの非営利組織であるTUVの傘下にある。経営学、商学、コミュニケーション学、IT、工学、MBAの分野で、5万人の学生が学んでいる[17]。PSBは、西オーストラリア大学の他に、アメリカ、イギリス、オーストラリアの一流大学と提携し、教育を提供している[18]。PSBは、複数の大学と提携しているという海外提携プログラムの特徴を備えた事例である。加えて、学生数が多いことも、本事例に着目した理由である。

　PSBが西オーストラリア大学の海外提携プログラムを提供する際、その運営においては、西オーストラリア大学が学術面(プログラムや試験)を担当し、

PSBがマーケティングと施設の管理を担当している。こうした運営形態は、図6－1のように表すことができる。

　西オーストラリア大学などの各提携先大学は、PSBで提供するプログラムの教授にあたる教員について、本校からの教員と、現地で採用する教員の割合を決める。本校からの教員のみで教育を提供する大学もあるが、西オーストラリア大学は、本校からの教員と現地採用の教員の割合が、51：49になるように設定している。本校からの教員の割合を、現地採用の教員よりも少し高くすることで、プログラムの実施に関して本校が権限を持つことができる。現地での教員採用に関しては、PSBがスクリーニングを行った後、西オーストラリア大学が決定する。

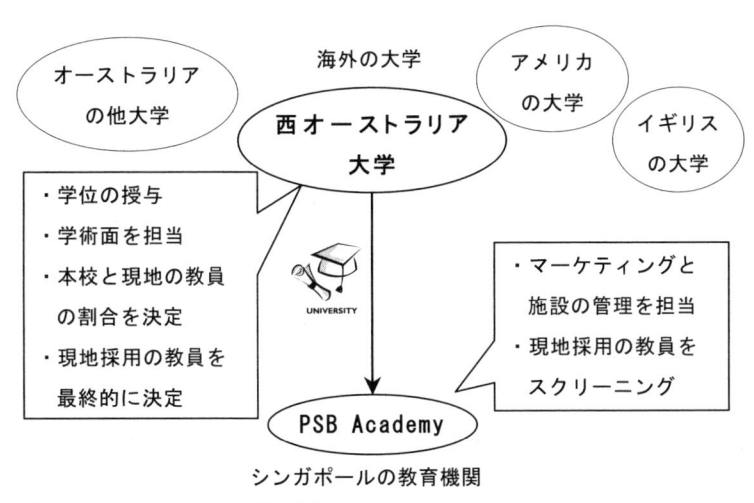

出典：PSBのパンフレットをもとに筆者作成。

図6－1　PSBにおける西オーストラリア大学の海外プログラム

(2) 海外分校としての海外教育展開

　カーティン工科大学（Curtin University of Technology）は、オーストラリア初の工科大学として1987年に創設され、現在では、西オーストラリア州最大の総合大学となっている。2007年には、41,300人の学生が在籍している。カーティン工科大学は、海外教育展開の分野で、オーストラリアにおいて先駆

的な大学であり、現在ではシンガポール、マレーシア、香港、中国、モーリシャスに、海外分校を展開している。

シンガポールにおいては、SIMM(Singapore Institute of Materials Management)、SHRI(Singapore Human Resource Institute)、MIS(Marketing Institute of Singapore)の三つの企業と提携し、1986年から海外提携プログラムを提供してきた[19]。2008年には、海外提携プログラムから海外分校(Curtin Singapore、カーティン・シンガポール分校)へと規模を拡大し、教育活動を展開している。カーティン・シンガポール分校では、会計学、財政学、マーケティング、経営学を学ぶことができる[20]。本事例は、本校からの規制が少なく自由裁量が大きいという、海外分校の特徴を備えており、加えて海外提携プログラムから海外分校へと発展を遂げたという点で興味深い。

運営形態について見てみると、国際的に認可されたグローバルな教育提供機関であるナビタス(Navitas)[21]が、マーケティングと施設の管理を担当し、カーティン・シンガポール分校が、学術面を担当している。さらに、提携企業(SIMM、SHRI、MIS)も、該当分野の教員を提供している。ここから、カーティン側は学術面のみを担当し、それ以外は現地の教育機関(あるいは企業)に委託していることがわかる。運営形態は、図6-2のように表すことができる。

カーティン工科大学(本校)からの教員と、カーティン・シンガポール分校の現地採用の教員の割合は3対7である。カーティン・シンガポール分校は2012年までに、現地採用の教員のみに移行させる方針である(ただし、本校からの監査は実施する)。教員に関しては、提携企業(SIMM、SHRI、MIS)に雇用されている教員が該当分野を担当し、本校からの教員がそれ以外の分野を担当する。教員になるには、修士号を有していることが条件であるが、実際そのうち2割の教員は、博士号を有している。本校からの教員は、集中講義の形態で授業を行い、現地の教員が残りの授業を担当する。コースの内容や試験は、本校のスタッフが決定・作成し、採点までを行う[22]。

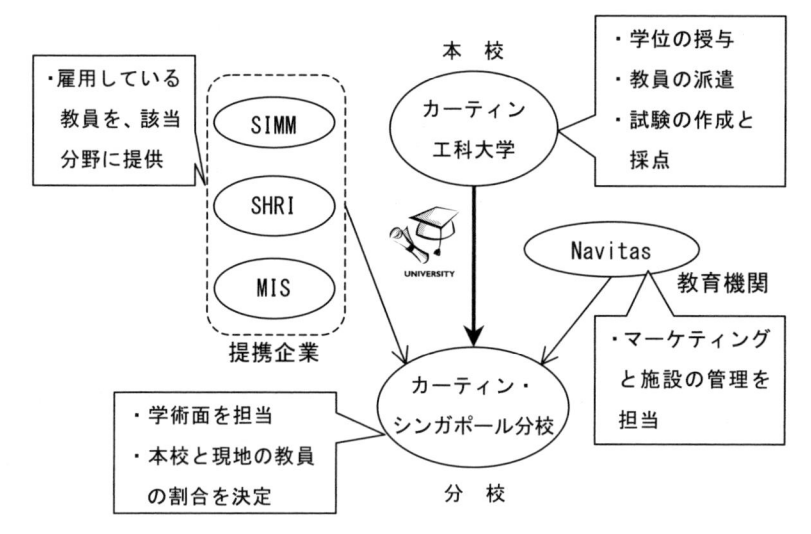

第6章　オーストラリアにおけるトランスナショナル高等教育　113

図6-2　カーティン工科大学のシンガポール分校

出典：カーティン・シンガポールのパンフレットをもとに筆者作成。

(3) 海外提携プログラムと海外分校の比較

ここまで、オーストラリアからシンガポールへの教育展開を、海外提携プログラムと海外分校の事例に着目して明らかにしてきた。

ここで、海外提携プログラムと海外分校の特徴をまとめる。第一に、シンガポールの現地の教育機関にとっては、提携先大学の数が、海外提携プログラムの場合は複数であるが、海外分校の場合は一校に限られる。第二に、本校と現地の教員の割合は、海外提携プログラムの場合は本校が決定するが、海外分校の場合は分校がその割合を自由に決定できる。第三に、今後の展開としては、海外提携プログラムでは新しい分野のコースを導入する際、政府の方針に合わせるが、海外分校ではシンガポールの地理的な特性を活かした、独自のプログラムの構築が検討されている。

ここから、海外提携プログラムでは本校からの規制が大きいが、海外分校では、本校と現地の教員の割合を自由に決定できるなど、本校からの規制が少なく、人事等における裁量が大きいといえる。

海外提携プログラムから海外分校へと発展させたカーティン・シンガポー

ル分校は、図書館、スポーツ施設、中庭などの環境が整備されるとともに、本校からも重要視されるようになった。しかし、その一方で、海外分校になることで、本校にとっても分校にとっても、より積極的に多くの学生を獲得することが重要な課題となる。加えて、現地の提携企業にとっても、提携先の大学が一校に限定されるため、リスクが高まることも事実である。実際に、海外分校を展開したものの、学生が集まらず、1学期で閉鎖を余儀なくされたオーストラリアの大学の分校もある[23]。

一方で、海外提携プログラムを長年展開してきた西オーストラリア大学は、近年、シンガポールにおいて提供していたプログラムの一つを撤退させた。その要因は、本校からの教員と現地採用の教員の割合にあった。本校が権限を持つためには、本校から派遣する教員の割合が半数を越える必要がある。しかし、それだけの教員を本校から派遣するのが困難になったのである。ここに、海外分校ではなく海外提携プログラムとして展開するうえでの限界と課題がある。

国境を越える高等教育が展開される中で、他に懸念される課題として、頭脳流出がある。2006年の統計では、オーストラリアの技術移住ビザ申請者の半数近くが、オーストラリアの大学の学位等を取得している[24]。すなわち、オーストラリアへ伝統的な形態で留学する学生は、卒業後もそのままオーストラリアに残ることが多い。こうした高い滞在率を考慮すると、国境を越えて提供される教育、特に留学による頭脳流出の拡大が懸念されるのはもっともなことである[25]。一方で、プログラムや教育機関が国境を越えて移動する、海外提携プログラムや海外分校の場合には、学生が母国にとどまるため、頭脳流出のリスクを抑えられることが指摘されている[26]。事例として取り上げたPSBでも、コース終了後、提携先大学の国に移る学生は希だという。カーティン・シンガポール分校でも、シンガポールの学生は、ほとんどが国内にとどまり、留学生のほとんどは母国に戻るということである。

3．非伝統的な留学形態—学生からのニーズ—

　ここまで、プログラムや大学が国境を越えて移動する海外教育展開が活発に展開される要因について、事例を用いながら、国と大学という二側面から考察した。ここでは、オーストラリアの大学が、国境を越えて海外教育展開するうえで大きな要因となる、学生という側面から考えてみたい。シンガポールにおいても、海外への留学を選ぶ人は多くいるが、その一方で、国内で学ぶことのできる海外提携プログラムや海外分校を選ぶ人も増えてきている。伝統的な留学ではなく、シンガポールにいながらオーストラリアの大学の学位を取得するという新たな形態、すなわち、非伝統的な留学形態を選ぶ学生が増えてきているのはどうしてなのだろうか。

　学生が海外提携プログラムや海外分校で学ぶ背景には、いくつかの要因がある。第一に、働きながら学位を取得することができる点である。シンガポールでは、学位を持っているかどうかで所得に大きな差が出ることも、学位の需要が高い理由である。学生の就学形態を、前述の二つの事例で見てみると、PSBの学生のうち80％がパートタイムの形態で学んでいる。一方の、カーティン・シンガポールでも、分校になる前は、パートタイム学生が90％であった。

　第二に、留学をした場合と同じスタンダードの教育を、低コストで受けられる点である。低コストでオーストラリアの大学の教育を提供できる理由は、海外提携プログラムの場合は、キャンパスを複数の大学と共有していること、海外分校の場合は、本校と比べ規模が小さく、現地で教員を調達することによって人件費等が削減できることにある。さらに、オーストラリアの大学本校へ留学した場合には、オーストラリア人に比べて割高の学費(International Onshore Fees)が課されるが、シンガポールにあるオーストラリアの大学の海外分校や海外提携プログラムで学ぶ場合には、それが課されないために、コストを抑えられる。

　オーストラリアの海外提携プログラムや海外分校を選ぶのは、シンガポール国内の学生だけではない。ここで学ぶ学生のうち、近隣のアジア諸国から

シンガポールに留学し、オーストラリアの大学の海外分校や海外提携プログラムで学位を取得する留学生が全体の2〜3割を占めている。実際にPSBでは、留学生の割合が20%であり、カーティン・シンガポールでは30%である。留学先にオーストラリアの本校ではなく、シンガポールにあるオーストラリアの大学の分校を選ぶのは、シンガポール国内の学生と同じように、低コストでオーストラリアの学位を取得できることが最大の要因である。加えて、治安の良さ、母国に近いという地理的な特性、アジアという文化的共通性が、シンガポールを留学先国に選ぶ重要な要因となっている。

学生にとって、伝統的な留学形態ではなく、シンガポール国内にあるオーストラリアの大学の海外提携プログラムや海外分校を選ぶとは、どういうことなのだろうか。それは、自国で働きながら、低コストで、外国（しかも英語圏）の学位を取得することができ、それがキャリアアップにつながるということに、学生が高い価値を見出しているということである。一方で、非伝統的な留学は、伝統的な留学と同様の文化的・言語的体験を学生に提供するわけではない、という指摘もある[27]。つまり、非伝統的な留学形態では、シンガポールにいながら外国の学位を取得することはできるが、外国での生活体験を通じて培われる、国際感覚や異文化理解力を身につける機会は得られないのである。しかしそもそも、この非伝統的な形態を選ぶ学生は、果たしてこのような、西洋的な経験を求めているのであろうか。また、近隣のアジア諸国からの留学生の場合、オーストラリアではなくシンガポールに留学しても、国際的な経験ができることに変わりはなく、就職や転職に有利に作用する。また、シンガポールにいながら外国の学位を取得する学生にとっても、合理的で現実的な選択肢であり、そこに、国境を越える高等教育への学生側のニーズがあるといえる。

おわりに

以上、本章では、オーストラリアの大学が、海外提携プログラムや海外分校という形態で海外で教育を展開する背景と課題、学生にとっての意義につ

いて、事例をもとに考察を進めてきた。

　第一に、国境を越える高等教育への、国家側の政策や対応について概観した。高等教育への財源を削減したオーストラリア政府は、大学が海外へ進出し、財源を獲得することを積極的に認めている。一方、受け入れ国であるシンガポールにも、アジアにおける教育的ハブになるという目標がある。このように両国の意図が合致し、海外教育展開が進行していることが明らかとなった。

　第二に、オーストラリアの大学がシンガポールで展開する海外提携プログラムと海外分校を事例とし、オーストラリアの大学が、実際にどのように国境を越えて高等教育を展開しているのかを考察した。そこから、海外提携プログラムに比べ、海外分校では人事権等の裁量が大きいが、その一方で、存続のリスクが高まることも明らかとなった。

　第三に、国境を越える高等教育を受ける学生側の視点から、そのメリットやニーズについて考察した。その結果、学生は、より待遇のよい職に就くために外国の学位を取得するという戦略的な意図をもって、海外提携プログラムや海外分校で学ぶことを選択していることが明らかとなった。

　ここから、国家、大学、学生という三者の思惑が絡み合い、国境を越える高等教育は活発に展開されているということができる。

　今後の展望と課題としては、次の三点が指摘できる。第一に、国境を越える高等教育の受け入れ国では、提供国内の大学の序列とは異なる順位づけがなされることである。オーストラリア国内においては上位に位置づけられる大学であっても、海外分校を展開した際に学生が集まらず、閉鎖に追いやられたという例もある。つまり、シンガポールとの関係を長年築きあげてきたオーストラリアの大学のプログラムや分校が、シンガポールにおいては知名度を上げ、学生を獲得してきたのである。したがって、オーストラリア国内での成功が、海外教育展開に直結するわけではないということがいえる。

　第二に、海外提携プログラムや海外分校で出される学位の質と価値の関係である。事例で取り上げたカーティン工科大学は、アジアに積極的に進出し、アジアにおけるステータスを高めようとしている。学位の質は、輸出国であ

るオーストラリアと、受け入れ国であるシンガポール、両国の質監査によって維持されている。しかし、オーストラリア国内外で学位が頻繁に出されるようになることで、学位の価値は下がると言われている。そこに今後の課題があるといえる。それでも、シンガポールの学生にとっては、彼らが取得する学位が国際的に通用することが重要なのではなく、彼らはそうした学位を取得することによって、シンガポール国内での社会上昇を図ることに価値を見出しているのである。

　第三に、国境を越える高等教育の輸出国と受け入れ国という視点から見た場合、シンガポールはどちらに分類されるのかということである。確かにシンガポールは、オーストラリアの大学の海外教育展開を受け入れているという意味では、受け入れ国である。しかし、そこへ、シンガポール国内の学生だけでなく、近隣のアジア諸国の留学生も受け入れているという意味では、国境を越えて高等教育を輸出していると捉えることもできる。そのためシンガポールは、受け入れ国としての側面と、輸出国としての側面の両面を持ち合わせていると考えられる。このように、輸出国と受け入れ国、両方の機能を果たすような国が存在するということも、今後、トランスナショナル高等教育の動向を探る上で重要な観点となろう。

注
1　大森不二雄、2008「高等教育の海外進出と国家－イギリスとオーストラリアの事例」塚原修一編著『高等教育市場の国際化』玉川大学出版部、135頁。
2　OECD教育研究革新センター／世界銀行編著、2008『国境を越える高等教育－教育の国際化と質保証ガイドライン』明石書店、53頁。
3　大森、2008、前掲書、135頁。
4　同上書、146-147頁。
5　同上書、136頁。
6　同上書、135頁。
7　AUQAは、連邦・各州教育担当大臣会議の合意に基づいて、2000年3月に設立された非営利団体であり、連邦と州政府から運営費を助成されているが、政府からは独立して運営されている（大森、2008、同上書、151頁）。
8　我妻鉄也、2008「オーストラリア高等教育のマレーシアにおけるオフショアプロ

グラム展開-高等教育の質保証を中心に-」『オセアニア教育研究 第14号』オセアニア教育学会、20-35頁。

9 ナショナル・プロトコルズは2007年に改定された。改訂版(National Protocols for Higher Education Approval Processes, as approved 7 July 2006, MCEETYA)では、どのように質を保証していくのか、その仕組みに変更が加えられたものの、海外教育展開をする大学に対して、本国と同じレベルの教育の提供を求めている点では変わらない。

10 Singapore is well on track to becoming the world's education destination. (http://www.nexusacademics.com/eng/index.php?option=com_content&view=article&id=3:singapore-is-well-on-track-to-becoming-the-worlds-education-destination&catid=3:news&Itemid=3、2010/04/12 最終アクセス)
ちなみに、2006年の段階では、シンガポールへの留学生は8万人であった。

11 Gribble C. and Grant M., 2007, Problems within Singapore's Global Schoolhouse, *International Higher Education,* No. 48, pp.3-4. (http://www.bc.edu/bc_org/avp/soe/cihe/newsletter/Number48/p3_Gribble_McBurnie.htm、2010/04/12 最終アクセス)

12 2008 'Enhancing Regulation of the Private Education Sector', Press Release, Ministry of Education Singapore. (http://www.moe.gov.sg/media/press/2008/03/enhancing-regulation-of-the-pr.php、2010/04/12 最終アクセス)

13 OECD 教育研究革新センター／世界銀行、2008、前掲書、31頁。

14 'The University of Western Australia—History of the University' (http://www.uwa.edu.au/university/history、2010/04/12 最終アクセス)

15 'The University of Western Australia—The University' (http://www.uwa.edu.au/university、2010/04/12 最終アクセス)

16 'Discover', PSB Academy broacher.

17 'Wonder how you can experience a truly international education?', PSB Academy broacher.

18 PSB は、アメリカのカリフォルニア州立大学、イギリスのノッティンガム大学、ロンドン大学、ルーボロ大学、オーストラリアの西オーストラリア大学、ニューカッスル大学、ウーロンゴン大学と提携している。

19 'Welcome to Curtin Singapore', Curtin Singapore broacher, 2008/2009.

20 'Where cutting edge meets culture—Why study at Curtin Singapore?', Curtin Singapore broacher, 2008/2009.

21 Navitas は、オーストラリア、カナダ、シンガポール、インドネシア、イギリス、アフリカなどの国々で、計30以上のカレッジやキャンパスを展開している。独自の教育プログラムも提供しているが、学位を授与するプログラムを有していないため、大学と提携し、学位を授与するプログラムを提供している。

22 'Teaching, Curtin courses outside Australia', (http://business.curtin.edu.au/business/

future-students/international-students/study-outs...、2009/04/12 最終アクセス）
23 Gribble C. and Grant M., 2007, *op.cit*, pp.3-4. オーストラリアのニューサウスウェールズ大学（University of New South Wales, UNSW）は、シンガポール政府からの援助も受け、シンガポールに分校を進出させたものの、学生が集まらず財政難に陥り、早々に撤退した。
24 OECD ,2006, *International Migration Outlook, SOPEMI 2006*, OECD, Paris.
25 OECD 教育研究革新センター／世界銀行、2008、前掲書、104 頁。
26 同上書、83 頁。
27 同上書、82 頁。

第7章　国際化に向けた留学生政策

―EUおよびフランスの事例から―

園山　大祐

はじめに

　本章では、高等教育の国際化に向けた留学生政策について述べる。高等教育人口が全世界で伸びているように、留学生数も急激に伸びている。UOE (Unesco, OECD, Eurostat)によれば、2000年には9,200万人いた学生のうち、190万人が留学をしていた。2006年には1億3,500万人のうち、300万人が留学をするようになる。特にアジアの留学生数はほぼ倍増している。2025年には、2億6,300万人の学生と、800万人の留学生を推計している。学生数は、2006年と2025年で比べると95%増で、留学生は176%増と言われている。現在留学生の受け入れ国は、アメリカ合衆国(約60万人)、イギリス(約35万人)、フランス(25万)、ドイツ(21万)の4カ国で、世界の50%を占める。留学生の出身地域は、英語圏においては、中国、インドからが最も多く、フランスはモロッコ、アルジェリア、チュニジア、セネガルといったアフリカ諸国から、そしてドイツはポーランド、トルコ、ロシア、ブルガリアといったヨーロッパ系諸国からの留学生が目立っている。

　上位4カ国に見る総学生数に占める留学生の割合は、アメリカ(3.3%)、イギリス(14.8%)、フランス(11.9%)、ドイツ(12.4%)となっている(CampusFrance: 2009b)。

　こうした世界の学生の行き先として、EU(ヨーロッパ連合)は北米に次いで2番目に人気のある行き先である。OECD(経済協力開発機構)によると、世界の留学生の半分はアジア人(中国、韓国、日本、台湾)であり、24%はヨーロッパ人(うち17%はEU加盟国出身)である。残りは、アフリカ(12%)、南米(6%)、

オセアニアと北米が4%となっている。世界の人口の6%しか占めないヨーロッパ人が、高等教育の留学生では4人に1人というのは大変高い数値と言える。とはいえ、その80%が域内の移動である。また、こうしたユネスコやOECDの統計(留学生の数値)にはほとんど表れないエラスムス学生(半年未満の短期留学生も含めた数値)について、本章では言及したい(EUにおける留学生数は総学生数の2%程度なのに対し、エラスムス学生は約1%未満とされている(Endrizzi, 2010; Eurostat, 2009))。

以下では、EUおよびフランスを事例に、高等教育の国際化政策に注目する。少子高齢化するヨーロッパでは、エリートの人材養成は世界から若者を引きつける努力が必要とされ、選択的な移民として積極的に政策に位置づけている(Endrizzi, 2010; CAS, 2008)。特にEUでは、1987年より実施している留学生事業(ERASMUS)の現況について述べる。次に世界第3位の受け入れ国であるフランスにおける留学生の現状とトランスナショナル・エデュケーションの課題について述べる。

1. 世界のなかにみるEU

2008年現在の世界の留学生数は334万人とされている(OECD, 2010)。そのうちの265万人はOECD諸国の大学に留学している。出身地域の内訳は、アフリカ(11.6%)、ヨーロッパ(23.0%)、アジア(49.9%)、オセアニア(3.1%)、南米(6.0%)、不明(5.3%)である[1]。

EUおよびEFTA[2]とEU加盟候補国トルコでは、表7-1のように外国人学生の比率にばらつきが見られる(学士から博士課程まで含めた数値)。以下は、EUあるいはEFTAないしEU加盟候補国内の移動である。EUでは、2004年に2.2%、401,124人のEU27加盟国出身の学生が、自国籍外の国で1年以上学んでいる。

最も多い(55〜16%)のが、キプロス、リヒテンシュタイン、アイスランドである(太字箇所)。逆に最も少ない(0.6〜1.2%)のは、イギリス、ポーランド、スペインといった国である(下線箇所)。EU加盟国として、国内の大

表7−1　外国人学生の比率（EUあるいはEFTAないしEU加盟候補国内の移動）[3]

EU27	BE	BG	CZ	DE	DK	EE	IE	EL
2.2	2.6	8.6	1.8	1.9	2.5	3.5	8.5	7.3
ES	IT	CY	LV	LT	LU	HU	MT	NL
1.2	1.6	54.8	1.6	2.3	−	1.5	8.4	1.8
AT	PT	RO	SI	SK	UK	FI	SE	FR
5.3	2.7	2.4	2.1	8.2	0.6	2.9	2.2	2.0
PL	IS	LI	NO	TR				
1.2	15.5	34.5	4.7	1.8				

出典：Eurydice, 2007, *Key Data on Higher Education in Europe*, p.113.

学が整備されつつも積極的に留学生を送り出しているのは、ブルガリア、アイルランド、ギリシャ、マルタである。近年（1997年から2003年）顕著な増加傾向が見られる国は、ブルガリア、キプロス、スロバキアである。その逆の状況にあるのは、ギリシャとアイルランドである。

　表7−2では、EUあるいはEFTAないしEU加盟候補国外外国籍の学生比率を示している。最も外国籍の学生を受け入れている（太字箇所）のは、オーストリア（12.5％）、ベルギー（7.1％）、ドイツ（5.7％）あるいはイギリス（5.1％）である。

　博士課程における外国人学生の比率では、イギリス（17.4％）、オーストリア（15.8％）、ベルギー（15.5％）、フランス（9.4％）の順に多い。ただし、実数の違いにも注意する必要がある。男女比では、女性より男性のほうが積極的に留学をしている。学問分野別に見ると、文学・芸術分野と健康・福祉関係が突出して多い。例えば、オーストリアでは文学・芸術分野の学生の4人に1人が留学生である。ベルギー、ハンガリー、スロバキアおよびノルウェーでは、農学・獣医学の分野で、デンマークとイギリスは、エンジニア・土木建築関係に多く、マルタ、ポルトガル、フィンランドでは社会科学・商学・法学に留学生の比率が多く見られる。いかなる国においても教育学における留学生の比率は低かった。こうした現象は、例えば入学選抜が課されているかどうかということも影響を与える。その証左としては、ベルギーの獣医学における無選抜が、フランスの大学の選抜において選ばれなかった学生の多くの選択を誘導していることの影響と考えられる。

表7－2　EUあるいはEFTAないしEU加盟候補国外外国籍の学生比率

EU27	BE	BG	CZ	DE	DK	EE	IE	EL	ES
2.6	**7.1**	2.7	2.8	**5.7**	3.5	0.9	2.6	2.0	0.6
FR	IT	CY	LV	LT	LU	HU	MT	NL	AT
2.4	0.8	3.7	0.6	0.1	－	2.0	1.7	2.3	**12.5**
PL	PT	RO	SI	SK	FI	SE	UK	IS	LI
0.1	0.7	0.3	0.7	0.5	1.0	4.5	**5.1**	2.2	－
NO	TR								
2.4	0.1								

出典：Eurydice, 2007, *Key Data on Higher Education in Europe*, p.115.

　修士・博士課程では、EU平均で10％は学士取得国とは異なる国に在籍している。大学院における留学生の比率が高い国は、ベルギー、ドイツ、オーストリア、イギリス、リヒテンシュタイン、スイス、アンドーラである。逆にその数が1％未満の国は、リトアニア、スロバキア、トルコ、クロアチア、マケドニアである（Eurostat, 2009; 104）。

　他方、若者の移動を促進する目的の事業は、就学前から高等教育、そして教員、研究者を含めた広範囲にわたる様々な事業があるが、1987年からEUが事業母体となって実施している学生の移動を促進する目的でエラスムス（ERASMUS）事業が取り組まれている。最も早くから高等教育の学生の移動を促す目的で、奨学金制度が実施され、現在のヨーロッパの大学の国際交流の礎となっている。表7－3に示した通りこの22年間で、1987年の3,244名から、2008年の198,568名にまで膨れ上がっている。

　単年度で見ると、2008年度の送り出し国では、フランス（14.2％、28,283人）、ドイツ（14％、27,894人）、スペイン（13.8％、27,405人）の順に多く、これら3カ国が突出している。受け入れ国としては、スペイン（16.7％、33,178人）、フランス（12.4％、24,615人）、ドイツ（11％、21,939人）、イギリス（10.5％、20,851人）の順となっている。ここではイタリア、フランス、ドイツからスペインへの留学の人気が目立っている[4]。送り出し（10,826人）と受け入れ（20,851人）のバランスの最も悪い国は、イギリスである。同様のことは、アイルランド、スウェーデン、デンマーク、オランダに言える。こうした北欧などでは、英語による講義の開講あるいは、授業料の安さが要因とされている。

表7−3 エラスムスによる学生の移動

1987	1988	1989	1990	1991	1992	1993	1994
3,244	9,914	19,456	27,906	36,314	51,694	62,362	73,407
1995	1996	1997	1998	1999	2000	2001	2002
84,642	79,874	85,999	97,601	107,666	111,092	115,432	123,957
2003	2004	2005	2006	2007	2008		
135,586	144,037	154,421	159,324	182,697	198,568		

出典：http://www.2e2f.fr/erasmus-statistiques.php

　二国間におけるバランス状況にはそれぞれの特徴が見られる。例えばフランスはドイツ(4,818人)やイギリス(5,681人)からより多く受け入れているが、フランスからはそれぞれ3,412人(ドイツへ)や3,537人(イギリスへ)しか送り出していない。逆に、スペインからフランスに3,714人の入国しか受け入れていないにもかかわらず、6,362人を送り出している(Agence Europe Education Formation France)。

　実数は少ないが2007年度、2008年度と前年度比較20％以上の上昇が見られるのは、ブルガリア、ラトビアである。EU新規加盟国で積極的な国は、その実数および比率においてもポーランド、ついでチェコである。小国の中では、オランダやベルギーなども貢献している。加盟国ではないが、上昇著しいのはトルコである(*ibid.*)。

　近年は30以上の国や地域の大学に移動が可能となっている。今回取り扱わないが、これ以外にテンパス(Tempus)、またはエラスムス・ムンドス(ERASMUS MUNDUS)というヨーロッパ地域外の国々との交流も進められている。1987年当初、11の国家間で始められ、主に英仏独の主導のもとで展開されていた。2000年では、仏西独伊英の順に多く、直近の2008年では仏独西が全体の4割以上を占める。イタリアやポーランドがイギリスを追い抜いているところも興味深い点である。

　22年間のエラスムス事業で、約200万人以上の学生が留学を経験したことになる。その最大の恩恵を受けているのは、ドイツとフランス(それぞれ全体の約14％、29万人)、次にスペイン(13％)、イタリア(10％)、イギリス(8％)の順である。

以上のことから、2005年度EUは、142,000人、つまりヨーロッパの総留学生のうち4人に1人の割合となる。総留学生は総学生の2.2％を占めることから、単年度では0.55％のエラスムス学生を推計することができ、高等教育全体では3.5％になる。エラスムス事業の留学政策への貢献は限定的であるが、高等教育の大衆化においてその貢献度は評価されねばならない[5]。

今後ますます、2004年以降に新規に加盟した12カ国における高等教育の拡大および、加盟国外では、トルコの動向に注視しなければならない。特にトルコは、人口規模がヨーロッパ最大となり、国民に占める若年層の比率が高いため、高等教育市場として魅力となるだろう。

ただし、EUの留学生政策の課題は、ヨーロッパ圏外との流動性をいかにして高めるかということになるだろう。フランス、ベルギー（フラマン語圏）、マルタなどは2020年までに留学生の割合を20％以上にするという目標を設定している。オランダは2013年までに学生の25％を送り出すとしている。ドイツやオーストリアは、2020年までに学生の2人に1人が1セメスター以上を海外で過ごすことを目的としている。同様のことをチェコは2010年までに達成するとしている（Eurydice, 2009: 42）。ボローニャ・プロセスを締結している46ヵ国の場合、2020年までに留学生を20％以上にすることが目標となっている（Communiqué de Louvain-la-Neuve, 2009）。

留学生を受け入れる要因として魅力となるのが、学費が無償の国となる。自国の学生同様に外国人学生にも無償としているのは、ノルウェー、チェコ、スウェーデンである。EU外出身者が、自国学生同様の学費を支払うのは、ドイツ、スペイン、フランス、イタリア、スイスである。そして、自国生より高い学費を納める必要があるのは、オーストリアとイギリスである（CampusFrance; 2007a）。

2．フランス[6]

フランスの留学生数は、1999年度の125,688人、9.0％から2008年度の206,475人、15.4％とこの10年間で増えている。最も受け入れている機関は、

大学であり、次に商業・経営・会計関連の高等教育機関である。STS（上級技術者学校）やIUT（技術短期大学）といった短期高等教育機関には少ない（RERS, 2009[7]）。

フランスを留学先に選ぶ国は、依然として旧植民地諸国からが主流であり、中国は例外となる。上位10カ国を2008年の統計で見ると、モロッコ（30,300人）、中国（27,100人）、アルジェリア（20,800人）、セネガル（9,600人）、ドイツ（8,000人）、カメルーン（6,600人）、イタリア（6,400人）、ベトナム（6,300人）、レバノン（5,600人）である。

フランスは、やはりフランス語圏からの人気が高い。そして世界のアフリカ人留学生の約3分の1をフランスが受け入れている。世界第6位、ヨーロッパ第2位の経済大国であり、世界1位の観光国でもあり、留学生の受け入れでは世界第3位となるなど、アジア、アメリカ大陸の学生から見ても魅力的な国となっている。

表7－4では、2008年度の留学生の割合を課程ごとに示している。アフリカ、アジア出身者がヨーロッパ（EU出身）を上回ることがわかる。また博士課程においては、約4割を留学生が占めていることも近年のフランスの高等教育の特徴である。

以下では、フランス国民教育省の統計年鑑にはデータがないため、ユネスコのデータを用いる。おそらく、フランスのそれとは外国人学生（留学生）の定義の違いによる数値の不一致が見られる。ちなみに留学生査証の件数は、

表7－4　課程別留学生の分布

	学士課程	修士課程	博士課程	計
EU	17,190	15,056	4,562	36,808
EU外	5,189	3,738	1,056	9,983
アフリカ	40,901	45,002	10,496	96,399
アメリカ	6,808	7,094	2,492	16,394
アジア	19,400	19,541	7,465	46,406
オセアニア	208	90	36	334
不明	88	52	11	151
計（留学生率）	89,784（10.8%）	90,573（20.4%）	26,118（39.9%）	206,475（15.4%）

出典：RERS, 2009, p.193.

2006年は8万人である（CampusFrance, 2009）。

　ちなみにユネスコ（Unesco, 2009）によれば留学生の受け入れ課程としては、43％は学士課程、44％は修士課程、そして残りの13％が博士課程となっている。学問分野別では、文学・言語学・人文科学が31％、経済・経営学が25％、法律・政治学が23％、健康が11％、その他10％となっている。

　フランス政府が近年課題としているのは、博士課程における留学生の受け入れ拡大である。2030年における15〜24歳の若者層の人口増について調査し、今後どの国から積極的な受け入れ政策をとるべきかを考察している。その結果、アフリカ（ナイジェリア、エチオピア、コンゴ共和国、タンザニア、ケニア、ウガンダなど）およびアジア・中東（パキスタン、アフガニスタン、イラク、イエメン）に投資すべきとしている。

　他方、送り出し（表7－5）については、年々増加傾向にあり2007年時点で、イギリス（13,068人）、ベルギー（8,949人）、アメリカ合衆国（6,852人）、ドイツ（5,960人）、スイス（4,876人）の順に多い。エラスムス学生も含めると、約30％がイギリスへ、15％がベルギーへ、14％がドイツへ、11％がアメリカへ、10％がスペインに留学している。

表7－5　留学先（2007年度）

受け入れ国	2007	エラスムス	合計	比率（％）
イギリス	13,068	4,673	17,741	29
ベルギー	8,949	413	9,362	15
アメリカ	6,852	0	6,852	11
ドイツ	5,960	2,800	8,760	14
スイス	4,876	0	4,876	8
スウェーデン	1,356	1,257	2,613	4
イタリア	1,083	1,638	2,721	4
オーストラリア	872	0	872	2
アイルランド	855	1,241	2,096	3
スペイン	833	5,454	6,287	10
合計	44,704	17,476	62,180	100%

出典：Unesco, 2009.

3．トランスナショナル・エデュケーションについて

　フランスにおけるトランスナショナル・エデュケーションは、2005年より法的にも整備され始めたばかりで、慎重な姿勢をとっている。特に、国立の高等教育機関を中心とするフランスでは、学位の認可を国で管理しているため、国外移転には慎重である。むしろ、二重学位、一部教育課程の共有化、単位互換、教員の交流などにとどめる傾向がある。ここでは、数少ない国外移転の事例について紹介する。以下の教育機関は、主に外務省の管理下にある(CampusFrance, 2007b)。

　一つはフランス語圏高等教育連合(AUF)の支援によるコースの認可によって認めた学位である。26の国に200以上のプロジェクトが存在する。

　二つには、海外に進出した新設のフランスの大学としては2002年に開設したエジプト・フランス大学(Université française d'Egypte)、2003年開設のアルメニア・フランス大学(Université française d'Arménie)、そして現在チュニジアにも同様のものを設置する予定である。これらは二国間協定に基づき、フランスの特定の大学と協定を結び、二重学位の取得が可能となる。研究交流はもちろんのこと、教員の交流も行われている。教授言語もフランス語とホスト国の言語の両方となっている。こうしたフランスと関係の深い国には、特に学士課程の大学を海外に設置することを想定している。なぜなら、フランス本国における学士課程における留学生の留年が課題となっており、優秀な学生のみを修士課程以降に受け入れたいためである。

　三つには、歴史的なつながりのある大学である。例えば1992年よりトルコのガラタサライ大学(Université de Galatasaray)とは二国間協定を締結している。ただし、こちらの教授言語はフランス語のみとなっている。そのほか、より古いものでは1875年に設置されたベイルートにあるサン・ジョゼフ私立大学(Université Saint-Joseph)や、1959年設置のベイルート・レバノン大学(Université libanaise de Beyrouth)などである。

　次に、海外にキャンパスを移転した大学もある。最も古いのはヨーロッパ行財政学院(INSEAD)で、2000年にシンガポールに開設している。2005年に

は、国立高等工芸学校(Ecole Centrale)が北京に開設している。2006年には、パリ第Ⅳ大学がアブダビに開設し、同年商業・経済高等学校(ESSEC)がシンガポールに開設している。国立高等工芸学校は、フランス政府の主導のもとに開設され、パリ第Ⅳ大学はアラブ首長国連邦の主導による。ESSECについては、企業による誘致とされている。

こうした動きに対しては、依然として慎重な姿勢をフランス政府は崩していない。それでも、2006年に行われた全国学長会議の内部資料では、世界に現在学士課程では46、修士課程では126の海外移転が数えられ、北アフリカ(58％)、ヨーロッパ(22％)、アジア(12％)、南米(4％)、北米(4％)に点在しているとされている。国別では、中国、モロッコ、ベトナム、ルーマニアなどに多い。ただし、本格的な調査が実施されていないため、正確な数値は存在しない。各大学の主導のもとに行われる大学間協定や、遠隔教育などによる事業も含めるとその数は飛躍的に膨れ上がるため、実態把握が必要であるとされている[8]。

今後の展望としては、第一のAUFのアジア太平洋地域における拡大、またそのためには英語による教育の必要性、その他研究との連動性などが指摘されている(*ibid.*)。

フランス政府の戦略としては、こうした高等教育の移転事業は継続すべきとしている。それは、主に三つの理由からである。一つは、開発という観点からである。主にAUFや、外務省の事業がこうした旧植民地地域やフランス語圏における国家間交流事業のなかで行ってきたものの継続である。こうした地域とは歴史・文化・言語的にも近く、これまでも多くの留学生および優秀な人材がフランス本国へと流れてきたためである。

第二に、頭脳流入の確保という観点からである。特に修士課程以上の人材確保は、今後の社会発展に欠かせないとしている。少子高齢化社会とされる先進国、ヨーロッパでは発展途上国からの人材養成は不可欠とされている。2020年までにヨーロッパにおける16〜29歳の年齢層は、約10％減少するとされている。

第三に、市場という観点からである。高等教育市場として学生の確保は重

要である。フランスのように学費がほぼ無償な国においても、大学経営上学生数を維持ないし増やすことは、国からの財源を豊かにするという意味において無視できないとする。特に遠隔教育のようにキャンパスの移転よりは投資リスクの低い国際事業については、より積極的な発展が求められている。

おわりに

　以上見てきたように、世界のなかでフランスにおけるトランスナショナル・エデュケーションは、決して進んでいるとは言いがたいが、高等教育の国際化として見た場合には、留学生の受け入れおよび送り出し事業として、その関心は高いといえる。

　ここでは、送り出しと受け入れに関するそれぞれの課題について簡単にまとめたい。

　まず、送り出しについては、2020年までに20％の留学生を世界に送り出すことが目標として採択されたことを受けて、海外留学の魅力を高める方策を考えなければならない。フランスに限らずヨーロッパ諸国の悩みは、域内の留学はある程度実績はあるものの、北米、アジア、オセアニア等への派遣数は限定的である。こうした地域への広がりは、政策上の刺激が必要である。次に財政的な支援が拡大されることを期待しなければならない。特に、社会階層間における格差は深刻なため、より低階層への支援の充実は必須と思われる。様々な低金利ローンも用意することが求められる。第三には、留学に向けた情報資源の不平等問題である。地方都市における小規模な大学等には、十分な情報を学生が得にくい状況となっている。第四に、大学評価における指標の一つとして、大学の国際化における留学生の派遣および受け入れ数を導入することが検討されている。特に、大学の財政上、留学生数の規模に応じた予算の組み方を検討すべきとしている。第五として、国際的な学科、コースの設置を優遇することがあげられる。第六には、二重学位の奨励があげられる。そのためには、2008年に欧州議会で勧告された2012年に向けて進められている資格の枠組み（EFQ＝ヨーロッパ資格枠組み）に関する取り決めは、

歓迎される。知識、態度、コンピテンシーが各8つの段階ごとに明記されている。これは、単位互換（ECTS＝ヨーロッパ単位互換制度、ECVET＝ヨーロッパ職業教育訓練単位制度）に続く、高等教育の改革につながる大きな進展となるだろう。第七に、すべての博士課程の学生に海外留学を義務づけた教育課程の導入を検討すべきとしている。最後に、こうした留学の壁となる、言語教育の充実として短期間の語学留学の奨励も同時に用意することを提案している (CampusFrance, 2008)。

留学生の受け入れとしては、第一に申請の手続きの単純化が求められる。また、ビザの申請や、学生寮への手続き上の不平等が問題とされている。日本や、アメリカと比べてアフリカ諸国や、中国、東南アジアからの留学生に対して審査が厳しいという指摘がなされている。第二に、様々な手続きにおけるフランス語以外の手段が無いことも問題となっている。少なくとも大学の国際交流課のホームページなどは英語等多言語にすることが求められる。第三に、学生寮の整備と奨学金がある。第四に、学士課程における留学生の落ちこぼれへの対策である。さらなるフランス語教育や、チューターの導入などが用意されるべきである。第五に、フランスの大学の文化ではないかもしれないが、留学生の社会統合のためには、文化交流事業もより積極的に用意する必要があろう (CampusFrance, 2009a)。

こうした留学生問題あるいはトランスナショナル・エデュケーションにおける近年の最大の課題は、質保証にある。ボローニャプロセスには、2011年現在47の国が参加しているが、教育課程や単位互換制度の導入と併せて今日話題となっているのは、教育の質を保証するための透明性や柔軟性を、各大学の個別性を維持しながらどのようにバランスをとるかということである。ヨーロッパ高等教育圏の調整が待たれている。欧州評議会とユネスコの「国外の学位等の評価の基準および手続きに関する提言」や「国境を越えて提供される高等教育の質保証に関するガイドライン」（2005年）などは、トランスナショナル・エデュケーションの進展には欠かせないが、各国の企業採用者側の認知度はいま一度検討の余地がありそうである。習得した学業の雇用可能性（エンプロイヤビリティ）の認証評価機関[9]の整備とその汎用性が問われ

ている。

　以上に見てきた留学プログラムも EU の労働市場における統一の評価基準なくしてはメリットが十分に発揮されないだろう。留学の効果に関する研究はまだ少ないが、エラスムス学生における調査では、1987 年に始められた当初より、その希少価値は下がっているとする報告もある (Sigalas, 2009)。こうしたイメージ・ダウンは、早急に改めなければならない。景気が低迷しているヨーロッパにおいては、留学のメリットが政治的にも、産業界から支援されなければならいだけに、より積極的な改善が望まれる。

注
1　UOE (Unesco, OECD, Eurostat) による留学生の統計には、限界もある。ここで示されている留学生の定義は、外国籍の学生であるため、留学中なのか、高等教育以前からその国に在籍した者かの区別はされていない。ゆえに推定値であり、正確な留学生はより少ないとされる。
2　EFTA (European Free Trade Area) ヨーロッパ自由貿易連合として、アイスランド、リヒテンシュタイン、ノルウェーが加盟している。以下、本章ではEU27カ国とEFTA3カ国に加えて、EU加盟候補国としてトルコあるいはクロアチアなどの統計が示される。
3　表中の国名については以下の通りである。表7-2も同様。EU27(ヨーロッパ連合の27カ国)、BE(ベルギー)、BG(ブルガリア)、CZ(チェコ)、DE(ドイツ)、DK(デンマーク)、EE(エストニア)、IE(アイルランド)、EL(ギリシャ)、ES(スペイン)、IT(イタリア)、CY(キプロス)、LV(ラトビア)、LT(リトアニア)、LU(ルクセンブルク)、HU(ハンガリー)、MT(マルタ)、NL(オランダ)、AT(オーストリア)、PT(ポルトガル)、RO(ルーマニア)、SI(スロベニア)、SK(スロバキア)、UK(連合王国)、FI(フィンランド)、SE(スウェーデン)、FR(フランス)、PL(ポーランド)、IS(アイスランド)、LI(リヒテンシュタイン)、NO(ノルウェー)、TR(トルコ)。
4　スペインのこうした人気度は、映画化もされ、注目されている(「スパニッシュ・アパートメント」、原題『L'auberge de jeunesse』、フランス、2002年、セドリック・クラピッシュ監督)。
5　IP/08/736, Commission Européenne, 13 maï 2008.
6　フランスには、87の国立の総合大学、220の工学大学および工学部、100以上の経営大学、120の公立の美術大学などがある。IUTは25校程度あり、700種以上の職業学士を養成している。学費は、登録料として年間、学士課程の場合約180ユーロ支払う。グランゼコールの場合は、年間3800〜14000ユーロと高額である。

7 CampusFranceは、フランスの政府留学局として1998年に設立された公式な機関である。フランス国民教育省、ならびに高等教育研究省、外務省、大学、グランゼコールをはじめとする高等教育機関を代表する。日本支局をはじめ、世界に74カ国、103カ所に設置されている。CampusFranceは、世界のどこからでも複数の教育機関に応募することが可能なシステムを提供し、留学の手続きを簡略化している(応募申請のホームページは以下の通りである。www.nplusi.comおよび、www.campusart.org)。

8 近い将来、大学評価や予算配分における指標の一つに、こうした国際事業(留学生数あるいは交流事業など)も加えられるとされている。その際には、より精緻な調査結果をうかがい知ることができるであろう(CampusFrance, 2008 : 10)。

9 こうした国際的な通用性を高めるために、1991年に高等教育質保証機関国際ネットワーク(INQAAHE)が設立され、ヨーロッパでは2000年に欧州高等教育質保証協会(ENQA)が設立されている。

10 逆に、ドイツのカッセル大学の調査では、雇用主の40％は、海外留学経験者はより重要な責任感を持った仕事をこなすことができると判断している。そして21％は、海外留学未経験者よりも働き始めて数年後には高い収入を得るとしている(CampusFrance, 2008)。

11 URLについては、すべて2011年1月末日に閲覧。

参考文献・資料

Agence nationale CampusFrance. http://www.campusfrance.org

Agence Edufrance, 2005, Les étudiants étrangers en France : évolution et comparaison avec d'autres pays, dans *La lettre d'Edufrance* Hors-série 5, décembre 2005.

Agence Europe Education Formation France. http://www.2e2f.fr/ erasmus-statistiques.php

CampusFrance, 2007a, Politiques menées en direction des étudiants étrangers, dans *Les notes de CampusFrance*, no.9.

CampusFrance, 2007b, Les formations supérieures délocalisées à l'étrangers, dans *Les notes de CampusFrance*, no.10.

CampusFrance, 2008, *La mobilité étudiante sortante en France, Note pour le conseil d'orientation*, CampusFrance, 8 oct.2008.

CampusFrance, 2009a, *L'accueil des étudiants étrangers en France, Note pour le conseil d'orientation*, CampusFrance, 19 mars 2009.

CampusFrance, 2009b, Les étudiants internationaux : chiffres clés 2009, *dans CampusFrance Chiffres clés 4*.

CAS,(Centre d'analyse stratégique), 2008, *Encourager la mobilité des jeunes en Europe*, La documentation française.

Cerisier Ben Guiga M., Blanc J., 2005, *Rapport d'information sur l'accueil des étudiants étrangers en France*, Sénat, Commission des affaires étrangères, de la défense et des forces armées, Les Rapports du Sénat n° 446.

Commission européenne, 2007, *Livre vert : L'espace européen de la recherche.*

Commission européenne, 2009, *Livre vert : Promouvoir la moblité des jeunes à des fins d'apprentissage.*

Communiqué de Louvain-la-Neuve, 2009, The Bologna Process 2020. http://www.ond.vlaanderen.be/hogeronderwijs/bologna/conference/documents/Leuven_Louvain-la-Neuve_Communique_April_2009.pdf.

CEREQ, 2009, *Approches de la mobilité étudiante*, Net.Doc.48.

DEPP, 2007, *L'état de l'enseignement supérieur et de la recherche*, no.1, Direction de l'évaluation, de la prospective et de la performance.

Endrizzi, 2010, La mobilité étudiante, entre mythe et réalite, dans *Dossier d'actualité de la Veille Scientifique et technologique* no.51-février 2010, INRP.

Ennafaa, Paivandi, 2008a, *Les étudiants étrangers en France*, La documentation française.

Ennafaa, Paivandi, 2008b, Le non-retour des étudiants étrangers: Au-delà de la « fuite des cervaux »., dans *Formation et emploi*, no.103, pp.23-39.

ENQA, 2010, Quality Assurance in Transnational Higher Education. http://www.enqa.eu/pubs.lasso

Eurostat, 2009, *The Bolonga Process in Higher Education in Europe Key Indicators on the social dimension and mobility*, eurostat.

Eurydice, 2007, *Key data on Higher Education in Europe*, 2007 edition, European Commission.

Eurydice, 2009, *Structure de l'enseignement supérieur en Europe*, 2009, Commission européenne.

Harfi M., 2005, *Étudiants et chercheurs à l'horizon 2020 – Enjeux de la mobilité internationale et de l'attractivité de la France*, Commissariat général du Plan.

OECD, 2008『国境を越える高等教育』明石書店。

OECD, 2009『大学教育と質保証』明石書店。

OECD, 2010, *Regards sur l' éducation 2010*, OCDE（Indicateur C2）.

RERS, 2009, *Repères et références statistiques 2009*, Direction de l'évaluation, de la prospective et de la performance.

Sigalas, 2009, *Does ERASMUS Student Mobility promote a European Identity?* Webpapers on Constitutionalism & Governace beyond the State, no.2-Hamburg.

Unesco（Institut de statistique de l'Unesco）, 2009, *Recueil de donnés mondiales sur l'éducation 2009*, Statistiques comparées sur l' éducation dans le monde, Unesco.

Vuilletet G., 2005, *Comparaison internationale des politiques d'accueil des étudiants étrangers - Quelles finalités? Quels moyens?* ,Conseil économique et social Avis et rapports du Conseil économique et social, Journaux officiels.

第Ⅱ編

トランスナショナル高等教育の受容国

- ○ 中国
- ○ 香港
- ○ 韓国
- ○ タイ
- ○ マレーシア
- ○ インドネシア
- ○ 南太平洋
- ○ インド
- ○ ドバイ
- ○ エジプト

第8章 アジアにおける高等教育の国際連携と日本
― イニシアティブの多極化とその行方 ―

米澤　彰純

はじめに

　高等教育の国際化をめぐる議論が近年さらに活発になってきている。その背景となっているのが、グローバル化と知識基盤社会の同時進行である。Knight(2006)は、高等教育および中等後教育の国際化について、「高等教育・中等後教育の目的・機能・提供に対して、国際的・多文化的・グローバルな次元を統合していくプロセス[1]」という定義を与えている。すなわち、国際化を一定の状態ではなく、プロセスとしてとらえる考え方が広く共有されており、この過程において国境を越えた高等教育の連携が進行している。

　このなかで、日本の高等教育は、日本社会そのものが抱えた国際化やグローバル化への対応の遅れに苦悩している[2]。その背景には、特に少子化による国内市場の縮小と、BRICs、ASEANを中心とした新興国・経済における市場の拡大が顕著であることがある。日本が新たな成長をしていくうえではこれら国外市場の開拓が欠かせない。他方、日本はすでにサービス経済化しており、同時にその経済的な付加価値においては研究開発部門まで含めた国際展開が進む製造業とこれに付随する海外直接投資に大きく依存している。こうした流れを受けて、日本の政府や大学、さらに産業界をも巻き込んだ形で、国境を越えて活躍ができるグローバル人材育成を進めようという動きも活発化した[3]。

　2011年3月11日の東日本大震災とこれに付随する福島第一原発の事故は、特に日本の高等教育への留学生の受け入れに関して、大打撃を与えることになった[4]。震災直後には、各大学で留学生の一時帰国や入学辞退が相次ぎ順

調に伸びていた留学生受け入れ数も減少に転じた。しかし、アジアおよび世界における留学生拡大に向けた動きは継続しており、OECD Education at a Glance 2012によれば2010年には世界の留学生人口は410万人に達したとされている。日本もまた、国や大学の学生送り出し強化を中心にして、大局的にはこの趨勢の中に組み込まれ続ける。

　本章は、アジアを中心とした高等教育の国際連携とその中での日本の位置づけについて、特に国際連携におけるイニシアティブの多極化に焦点をあてた検討を行う。まず、第一に、高等教育の国際連携のうち、本章が特に注目する国境を越える高等教育に関しての定義を確認し、これが公と私の両面を包含するものと位置づける。第二に、そのうえで、アジア、特に東アジアにおける高等教育の国際連携の実態としての趨勢に関する論点整理を行う。第三に、これらの高等教育の国際連携を担保するうえで求められる質保証や単位互換などの体制がいかに構築されつつあるのかを議論する。最後に、以上の動向を、アジアの高等教育におけるイニシアティブの多極化として整理し、そのうえで、日本の立ち位置をどう考えるかについて考察する。

1．国境を越える高等教育における公と私

　国境を越える教育(トランスナショナル教育：以下TNE)については、「欧州地域における高等教育の学業・卒業証書及び学位の認定に関する地域条約」(リスボン条約)の委員会によって、「学生が所属する機関が立地する国と教育を提供する機関が立地する国が異なる状況下での両者の調整・パートナーシップ」という定義が2001年に与えられている[5]。このなかには、教育サービスそのものの貿易を意味する商業的なものから、大学間や国家間、あるいは多国籍間の「協力」「連携」の名のもとで行われる、少なくとも名目的には金銭的取引を伴わないものまで様々なものが含まれる。

　現在に直接つながる形でのトランスナショナル高等教育(以下TNHE)についての国際的議論が活発化した背景は、教育サービスの貿易の比重の増大にあった。以下、日本の視点に立って整理すると、日本が本格的なTNHEの

問題に直面することになったのは、1980年代の米国大学日本校の相次ぐ設立である[6]。これは、米国においては公的な存在である州立大学と、日本側は多くの場合、営利企業や非大学機関としての専修学校とのパートナーシップで進められたものであった。この時期の米国大学の日本進出では、大きな経済的成功をおさめた日本そのものへの関心も重要な要因ではあるが、学生募集の一手段として日本での入学、初期の学習を可能にすることで、経済的に豊かと考えられていた日本の学生獲得という収入面でのインセンティブがすでに存在していた。

他方で、世界的に見れば、TNHEが本格化したのは、1979年に英国、そして1989年にオーストラリアが外国人に対して自国民（英国の場合にはEU市民が含まれる）とは異なる教育費のフルコスト負担を求める授業料における二重価格制を導入して以降のこととなる。なお、この授業料における二重価格の設定自体は、世界においてかなり幅広く見られる現象である[7]。例えば、米国において州立大学は原則的には州外からの学生に対しては州民に対してと異なる授業料設定をおこなっていることが多く、また、旧社会主義諸国やオーストラリア、インドネシアなどにおいて、自国民に対しても政府から与えられた予算定員の枠外で、フルコスト、あるいはそれをこえて大学の収入創出の手段としてフルコスト以上の学費設定をして一定数の学生を入学させることが行われている。

リー（2004）などによれば、もともと非マレー系市民を中心に私費での海外留学が多数見られたマレーシアにおいて、1990年代半ば、入学はマレーシアでしたあと海外での教育・卒業へとつなげるトゥイニング・プログラムの発展と、民族資本による私立高等教育機関の芽生えがあった。そうしたなかで、1997年のアジア経済危機により従来留学していた層が経済的理由で留学困難となり、モナシュ大学（オーストラリア）やノッティンガム大学（イギリス）などの現地キャンパスの設立や、様々な形で自国の事業主体が教育サービスを提供しながら学位は外国から授与されるという3＋0（3年の教育課程をすべてマレーシアでまかない、外国での学習は0年だが、学位は外国で与えられる）方式が広がっていった[8]。

2000年からの世界貿易機関（WTO）の議論は、こうしたTNHEの議論を活発化させる大きな要因として浮かび上がった。大森（2008）は、WTOは各国政府が経済的利益のために交渉する場であり、国家間の貿易・経済交渉は経済の論理以上に政治と外交の論理で動いているとしている。大森によれば、日本政府の場合、まず、1995年1月に発行したサービス貿易に関する一般協定（General Agreement on Trade of Services: GATS）において高等教育サービスについて一定の自由化を約束した。そのうえで、2000年12月に米国が教育サービスに関する交渉提案を行い、続いてニュージーランド、オーストラリア、日本が交渉提案を提出、それぞれの立場から教育サービスの貿易自由化を提唱した。その後、米国内部から大学団体やアクレディテーション機関団体より、米国政府の提案する貿易の自由化が大学やアクレディテーション機関の自律性を損なう恐れがあるとの懸念が示され、米国自身が自国の自由化に対して慎重姿勢に転じた。なお、WTO自身、2001年からのドーハ・ラウンドが各国の利害対立で中断を重ねており、主要な交渉の場は二国間のFTAや、NAFTAなどの地域貿易協定に移っている[9]。

　以上のような歴史的背景を持つため、TNHEについては高等教育の市場化、あるいは、私的・商業的側面が強調される形で議論がなされることが多い。しかしながら、高等教育において人やサービスが国境を越えた移動を行うこと自体は先述のように公的な側面を排除するものではなく、欧州などではむしろこの側面から、公共財としての高等教育への再注目がなされた[10]。すなわち、国境を越えた高等教育は、政府・大学・学生などの多様な主体が様々な動機を持って行う相互作用の場であり、必ずしも教育サービスの輸出入に限定されない公・私両面の幅広い国際連携のダイナミズムの一部としてとらえることができる。なお、このような考え方自体は新しいものではなく、ユネスコ・OECDによる『国境を越えた高等教育の質保証に関するガイドライン』[11]（2005）は、国境を越える教育に対して質保証を焦点に多様なステークホルダーの公的な共同責任を提唱したものである。

2．東アジアにおける高等教育と国際連携

　アジアは、多様なTNHEが世界で最も市場化された形で質・量ともに発展を遂げた地域である。OECD(2010)によれば、アジアが送り出す留学生数は世界の留学生数の49.9％占め、彼らの多くがその教育費の大部分を自己負担している[12]。他方、アジアは私立高等教育機関が最も発達した地域でもあり、同時に欧州や米国、カナダなどのように高等教育の大衆化・ユニバーサル化が進みながら公共セクターの大学・高等教育機関が学生の大部分を収容している状況とは異なる。

　質保証に代表される高等教育の統制は、基本的には実際に教育サービス事業が展開される場所を管轄する国などの政府が行うのが原則であるとの考え方を日本はとっている[13]。これに対して、TNHEはサービス等が国境を越えるという点でこの例外を生み出しやすい。それでも、先に示した定義そのものが示しているように、実態としては送り手・受け手双方の国に籍を置く高等教育機関同士が(二極間の)パートナーシップや(多極間の)コンソーシアムの関係を結んで質の保証を担う形が圧倒的に多く、その担い手も、多くは送り出し国においては公共セクターに属している。さらに、TNHEに分類されうる活動が商業的な基盤を確立できない、あるいは商業的意図ではなく営まれる事例も希ではない。

　他方、TNHEの代表的な担い手の一極には各国のトップ大学などを中心としたネットワーク・コンソーシアムが多数、かつ重層的に存在している。こうした有力大学間のパートナーシップには、それぞれの大学のブランド名を活用し、二つ以上の大学が一つ(ジョイントディグリー)ないし複数(ダブルディグリー)の学位を授与する形式が多い。また、その実態も、単にそれぞれの大学間の間を学生が移動して教育を分担し合うのにとどまらず、教育内容について共同で企画・立案し、相互に教員を派遣し合い、あるいは出張講義を行うなど、TNHEとしての側面を多分に含むことが珍しくない。さらに、これらのトップ大学の多くは、公的な機関、あるいは私立機関であってもその公共的役割を広く認知された存在であり、彼らは同時に各国の高等教育シ

ステムの利害もまた代表している。

　東アジアは、現状では地域としてのまとまりの具体像の認識が共有されておらず、各国の利害が交錯する不安定な状態にある。東アジアの高等教育とその間を結ぶTNHEについての議論も、各国間の発達状況に大きな差があり、また、旧植民地のつながりやエスニシティ、宗教、資本をめぐる関係などの多様な文脈のなかで理解されなければならない。

　このなかで、高等教育に特化した文脈において、東アジアの高等教育における「東アジア化」との議論を提唱したのが黒田らである[14]。この議論の背景には、アジア諸国の多くが一方で欧米に対して一方向的に留学生を送り出す構造を保ちながらも、アジア域内での相互の留学生の交換が著しく増加していることがある[15]。他方、日本では学生の海外送り出し自体が近年伸び悩んでおり、また、米国などから中国などへの学生の送り出し先の地域シフトが顕在化している。他方、鳩山由紀夫政権(2009-2010年)が打ち出した「東アジア共同体」構想が、その明確な地域区分や豪州、南インド、米国を含む太平洋諸国などとの関係を整理できないまま尻すぼみとなったように、日本を取り巻く東アジアにおける「地域共同体」としての理念と政治的運用力は未発達な状況が続いている。ただし、この前提に立ったうえではあるが、東アジアの高等教育の「地域」としての特徴として、以下の四点を指摘できる。

　第一は、多様性と格差である。これは、東アジアという地域内での多様性と格差のみならず、国のレベルでも大きな多様性を抱えている。東アジア地域内には、経済的な格差と同時に、高等教育の発達の度合いにも大きな違いがある。他方で、国内における高等教育機関間の多様性も著しい。中国や日本、インドネシアなど、人口が多い国はほぼすべて世界水準大学(world-class universities)の地位を目指すトップ大学と、より大衆に開かれ、あるいは専門的な職業訓練などに特化した大学や高等教育機関などに多層的に分化し、学生の選抜度や学力にも大きな格差がある。シンガポールや香港などのイギリスの影響を強く受けた世界都市は、以前は大学とポリテクニクという二元制度をとったうえで、大学の絶対数が少ないことで比較的均質な大学システムを保っていたが、現在は大学数が増加し、他国と同様の多様化が進行しつつ

あると言ってよい。

　第二は、エスニシティ・宗教・資本・歴史などをめぐる複雑な関係である。東アジア地域では、民族と国境とが概ね一致する日本はむしろ例外的な存在であり、むしろ、国境と民族とが一致せず、また、他民族・多言語の国家が絶対多数を占める[16]。宗教もまた多様であり、エスニシティの分布と一定の関係を持ちながら、国境とは異なる固有の地理的な広がり、あるいは地理的な関係を超えたネットワークを形成している。資本をめぐる関係も複雑であり、さらに、植民地・宗主国の関係、冷戦下などでの国際的な政治・経済的介入、地域紛争などが何度も起きており、これらは、教育制度の在り方にも大きな影響を与えている。東アジアの高等教育とその国際連携は、単純な市場関係ではなく、公私それぞれのセクターがこれらのエスニシティや宗教、資本などをめぐる関係を反映させた形で行われていくことになる。

　第三に、高等教育の問題は、卒業後の労働市場とのかかわりのなかで常に整理される必要がある。多国籍企業が発展することは、必ずしもそのまま労働市場の国際統合や標準化を意味しない。第一に、トップ・マネジメントレベルを除けば、高等教育卒の労働力の大多数は、各国それぞれの固有の労働市場・雇用慣行のもとに就職することになる。そのなかで、これらの雇用慣行の形成に、宗主国などが大きな役割を果たす場合もある。具体的には、特に英連邦諸国においては職業資格や学歴等に一定の相互互換性や序列関係が認められることなどが典型例となる。このような場合、より条件の良い、あるいはより幅広く通用する学歴・資格を求めて、TNHEを選択することがありうる。また、多国籍企業は、一方で、それぞれの企業が持つ固有の文化がその企業の出自国の文化や企業慣行に大きな関連を持って形成される面がある。他方、企業の雇用慣行をより多元的な文化や慣習へと適応させていこうという企業側の変化も顕著である。例えば、日本企業は、生産拠点や、最近では研究開発拠点への国外移転を進めており、同時に、消費市場の開拓の観点から、サービス業においても海外展開を進めてきた。この過程では、一方では日本の企業らしい企業内教育や内部昇進などが積極的に進められる一方、それぞれの国の雇用慣行に合わせた海外部門の現地化を進めてきた。

高等教育の国際連携もまた、以上のような雇用の国際展開にとって大きな意味を持つことがありうる。政府開発援助の枠組みのなかで、教育面での日本人のアドバイザーの派遣や日本での教員研修を通じて強く日本の影響を受けた教育システムとなっているスラバヤ工科大学（インドネシア）などの事例は、日本企業の海外進出に伴う新たな文化的特質を持つ労働市場に対応した人材供給を意味する。あるいは、単に英語での高等教育の提供がなされた場合、資格としての直接的なつながりがなくても外資系の企業への就職に有利に働くことは十分考えられる。

第四は、経済的な影響力を背景としたイニシアティブの多極化である。上記の労働市場とも関係するが、東アジアの経済・社会に影響を及ぼしている国や経済主体は多数存在しており、また、その多くの関係が必ずしも市場における留学生によるTNHEの選択という単純な図式のみでは整理できない。まず、米国は、東アジアの多くの国々に経済のみならず、政治、軍事、文化など多面的な影響を与えており、米国発のTNHEの設立や運営もこうした流れとは無関係ではない。先に述べた1980年代に多数設立された米国大学日本校も、日米両国の政府間の調整を経て行われたものであり、背景に日米の貿易不均衡と、日本の経済的成功に対しての米国側の関心の高まりが動機の一つにあったとされる。

その日本もまた、例えば、2001年に小泉純一郎首相とマハティール首相の間で合意され2011年に開学したマレーシア日本国際工科院[17]や、2010年に開講したエジプト日本科学技術大学[18]など、経済・社会的な関心を背景とした国際協力の枠内でのプロジェクトを実施している。また、中国、韓国もそれぞれ独自の指針のもとで、TNHEについての受け入れとサービスの国外進出を進めている。中国は、米国のジョンズ・ホプキンス大学や英国ノッティンガム大学などについて、中国側のパートナーとの協力のもとで現地校の設立を認め、さらに華東師範大学内に米国ニューヨーク大学がキャンパスの設立を進めている。同時に、中国は、中国語や文化の海外での普及を目指して孔子学院を展開しており、日本ではこれを立命館大学など、日本の大学との協力関係のもとで設立している。また、2012年には蘇州大学がラオス

に中国初の海外キャンパスを設立した。韓国は、国内にオランダのTNHEの設立を認める一方、東南アジアやアフリカの高等教育への支援協力や、中国への私立学校設立などを進めている。また、オーストラリアの州立大学は、ベトナムやマレーシアなどに現地キャンパスを設けているが、これは国外では私的な高等教育サービスの提供として行われている。

3．質保証と単位互換を巡る新たな動き

　以上のような実態としてのアジアにおけるTNHEや高等教育機関間のパートナーシップ・ネットワークの多様な発達は、国境を越えた教育の質保証の枠組みの形成を要請する。この質保証枠組においても、一つにはこの地域における地域共同体としての枠組みの未成立と、もともと背景となる学生の国際移動そのものがこの地域のみに限定しているわけではないことから、現在は多極的なイニシアティブが並立する状況にある。

　まず、国家レベルでは、以前より存在していたユネスコのアジア・太平洋地域条約が、学歴資格についての地域共同枠組みを定めていた。日本は、2013年2月現在同条約を批准していないが、2011年に教育の質の保証をより強化する観点から行われた改正のための会合をホストしており、今後の日本政府の対応が注目される。また、2009年にはオーストラリアがイニシアチブをとる形でブリズベン・コミュニケが作成され、アジア太平洋地域諸国の質保証に向けた地域協力の方向性が示された。

　次に、質保証機関もまた、二機関の間での協力関係の締結や、質保証機関の国際ネットワークなどを通じて相互に協力関係を構築している。まず、二機関間の関係としては、例えば日本の大学評価・学位授与機構は、2013年2月現在、イギリス、フランス、オランダ、中国、香港、韓国、台湾、マレーシア、インドネシアの評価機関と協力覚え書き交わしている。これらは、学生交流は比較的活発な国が多いものの、TNHEとしては相互にあまり直接的な利害関係を持たない。これに対して、オーストラリアの質保証機関Australian Universities Quality Agencies（AUQA）はマレーシアのMalaysian

Qualification Agencies(MQA)などと協力関係を結んでいるが、これは、先述のように、実際に両国の高等教育機関の間のパートナーシップによるTNHEが存在しているなかでの関係構築である。

　次に、高等教育の質保証機関の国際ネットワークとしては、世界規模のものとしてInternational Network for Quality Assurance Agency of Higher Education(INQAAHE)があり、これに加えて多くの地域ネットワークが存在している。この中で、アジア太平洋地域の質保証機関のネットワークとしては、東アジアから西アジア、オセアニアまで広がるAsia Pacific Quality Network(APQN)がある。また、学生交換に関しては、1993年設立のUniversity Mobility in Asia and the Pacific(UMAP)が1993年に設立され、そのもとで、単位互換スキームUMAP Credit Transfer System(UCTS)の普及を推進してきた。これに対し、ASEANでは高等教育のASEAN域内の調和を目指し、2008年にASEAN Quality Assurance Network(AQAN)が設立された。また、ASEANのトップ大学で構成されるASEAN University Network(AUN)が主導する形で、ASEAN Credit Transfer System(ACTS)が発足し、2015年のアセアン共同体設立に向けての準備を進めている。これに対し、日本、中国、韓国は、2010年　にCollective Action for Mobility Program of University Students (CAMPUS Asia)という連絡会合を設け、3カ国の政府、大学、質保証機関、産業界が連携しながら学生交換と質保証に関する連携協力を図る議論を進めている。

4．アジア高等教育におけるイニシアティブの多極化

　以上の変化が生み出される背景には、世界の社会・経済に占めるアジアの比重の高まりと、この地域での高等教育システムの発展と自立、地域内外での経済や政治における勢力図の変化がある。

　第一に、地域としての東アジアはインドなどとともに世界の高等教育のなかでの存在感を増してきており、アメリカ、欧州に続く新たな第三の極を形成しようという勢いがある。各国の高等教育の発展は、特にトップ大学での

大学院レベルでのキャパシティ向上に特徴的に現れている。各国のトップ大学は、次世代のアカデミック・プロフェッションの形成などを自律的に担い始めながら、地域内外双方との連携・調整の中での国際的な互換性の向上を図っていくものと考えられる。

第二に、東アジア地域内において、明確な政治・経済の勢力図の変化が起こりつつある。先の自立化の議論とも関連するが、従来強力な影響力を築いてきたアメリカ、イギリスや日本に加え、アジアに隣接する移民国家であると同時に高等教育の輸出産業化に成功したオーストラリア、中国やインドなどの人口大国、シンガポールや香港、マレーシアなどの高等教育ハブなどがそれぞれに存在感を増している。こうした勢力図の変化は、少数の国の高等教育システムが支配的な影響力を持つ単純な構造から、地域内に多極的なイニシアティブが生み出される状況への移行を促している。この動きがTNHEにどのような影響力を及ぼすかは、まだはっきりしていない。

しかし、その一つの表れとして、日本の強力な支援の下で形成されてきた工学分野のASEANトップ大学間の地域協力ネットワークであるAUN-SEED Netなどを見た場合、ここにはASEANトップ大学が、多様な大学教育モデルからのグッドプラクティスを自律的な選択によって導入することで、自立化と国際連携の両方の動きを強めていることが理解できる[19]。さらに、AUNに対しては、中国、韓国、欧州もそれぞれ奨学金制度を設けるなどの連携を図っており、AUNが多極的な連携を展開させることで行為主体としてより自律性を持つようになってきている。さらに、アジア開発銀行は、AUNに加盟するようなトップ大学の次にくる二番手、三番手の大学の国際連携支援を模索し始めている[20]。

他方で、これらの動きが、新たなアジア高等教育としてのアイデンティティ形成に結びついていくのかについては、さらに踏み込んだ議論が必要になる。開かれた多極的イニシアティブを許容する、大学間ネットワークを主体とした地域高等教育圏の発展が可能となるかどうかが、現在問われている。

5．日本の立ち位置をどう考えるか

　以上、アジアの高等教育の国際連携に関して、その質保証枠組みを含む議論を進めてきた。最後に、以上を踏まえたうえでの今後の日本の立ち位置について考えたい。

　かつて金子(2000)は、日本がまだ東アジアにおいて絶対的な経済力を誇っていた当時において、日本の大学をグローバル化における「周縁」として議論した。そこでは、現在の「内向き」の議論に繋がる、日本の大学生が国外に向かうインセンティブの弱さが国内社会・経済が背景として指摘されている[21]。新しい現実の前で日本がまずとるべきことは、グローバルな知識社会における高等教育のイニシアティブの多極化がもたらす価値を再考することである。2010年、中国のGDPが日本のそれを上回り、さらに2011年の東日本大震災による経済・社会的ダメージを受けた時点で、日本が国際競争力に頼りアジアでの絶対的なリーダーを目指すというシナリオは事実上消滅した。日本にとって重要なのは、開かれた地域としての東アジアおよびその他の隣国と共同してこの地域の高等教育の世界的な位置づけを高めることにある。このことは、東アジア地域内での大学間競争の消滅を意味しないが、そこにおいても、リーダーシップが多極性を有することを前提とした枠組みの再構築が必要となる。

　他方で、日本が国内における研究蓄積および、特に中高年部分の教員・研究者の層の厚さにおいて、東アジアの他の国々に対して比較優位を持っていることは疑いようがない。工学系や自然科学系、医学系などの分野では、すでに質の高い論文のほとんどが英語で出版されていることから、この蓄積は世界に対して少なくとも言語面では開かれていると言える。これに対し、人文・社会科学では、論文の多くは、経済学などを除いて日本語でのものが圧倒的に多く、また、英語文献にしても、日本社会への関心において読まれることが多い以上、アジア諸国に対して存在感を示しにくい。

　他方で、日本の企業による外国人や外国大学出身者の採用の活発化、トップ大学を中心とした学士課程、大学院両方での英語での教育や、英語コミュ

ニケーション能力の強化、政府による学生の短期の海外送り出し策の充実など、日本の大学教育の環境は水面下で大きく変化しつつある。TNHEは、国内に何らかの教育受給のミスマッチが存在するときに大きく発展を遂げる。そのミスマッチは、本質的にはその国の教育システムそのものの変化によって解決が図られることになり、その過程でTNHEの性格も変化していくことになる。さらに米国の大学を中心に、インターネット上で無料で参加可能なオンライン大規模講義（Massive Open Online Course：MOOCs）が急速な広がりをみせるなど、日本が世界の動きに大きくとりのこされる現象も多々見受けられるようになっている。アジアをめぐる高等教育ネットワークにおいては、日本はおそらくより公共性の高い、また、ダブルディグリーなど双務的な関係のもとでの関係構築を目指していくことになるだろう。日本の場合などは特に、TNHEの議論もまた、こうした幅広い高等教育ネットワークの問題のなかでこそ、意味をなしていくことになるだろう。

注

1 Knight, Jane, 2006, Internationalization: Concepts, Complexities and Challenges, in Forest, James J.F. and Altbach, Philip G.（eds）*International Handbook of Higher Education*, Dordrecht: Springer, pp. 207-227.
2 OECD編、2009『日本の大学改革－OECD高等教育政策レビュー：日本』明石書店。
3 産学人材育成パートナーシップグローバル人材育成委員会、2010『報告書～産学官でグローバル人材の育成を～』経済産業省。
4 米澤彰純、2011「大震災後の留学政策をどう再構築するか」ウェブマガジン『留学交流』2011年4月号。http://www.jasso.go.jp/about/documents/akiyohsiyonezawa.pdf （2011年7月31日取得）。
5 Lisbon Recogntion Convention Committee,2001. http://www.coe.int/t/dg4/ highereducation/Recognition/LRC_en.asp
6 鳥井康照、2008「外国大学の日本校」塚原修一編『高等教育市場の国際化』玉川大学出版部、187-213頁。
7 Johnstone, Bruce and Marcucci, Pamela, N. (eds.) ,2010, *Financing Higher Education World Wide*, Baltimore, The Johns Hopkins University Press.
8 リー、モリー・N.N.、2004「マレーシアの高等教育の法人化、プライバタイゼーション、国際化」P.G.アルトバック編『私学高等教育の潮流』玉川大学出版部、135-

159頁。
9 大森不二雄、2008「ＷＴＯ貿易交渉と高等教育」塚原修一編『高等教育市場の国際化』玉川大学出版部、69-94頁。
10 Marginson, S. and van der Wende, M. 2007. Globalisation and higher education. Education Working Paper, OECD.
11 UNESCO and OECD, 2005, Guidelines for Quality Provision in Cross-border Higher Education Jointly, elaborated by UNESCO and the OECD.
12 OECD, 2010, *Education at a Glance 2010*, Paris: OECD.
13 Kimura, Tsutomu, Akiyoshi Yonezawa and Fujio Ohmori, Quality Assurance and Recognition of Qualifications in Higher Education: Japan, In OECD, *Quality and Recognition in Higher Education: The Cross-border Challenge*, Paris: OECD, pp. 119-130.
14 Kuroda, Kazuo and David Passarelli, 2009, *Modelling TNE Directions in Asia*, The Observatory of Borderless Higher Education.
Kuroda, Kazuo, Takako Yuki and Kyuwon Kang, 2010, *Cross-Border Higher Education for Regional Integration:Analysis of the JICA-RI Survey on Leading Universities in East Asia*, Tokyo: JICA Research Institute.
15 苑復傑、2011「東アジアの留学と留学生政策」杉村美紀編『アジア・オセアニアにおける留学生移動と教育のボーダーレス化に関する実証的比較研究』科学研究費補助金報告書、9-17頁。
16 米澤彰純、2009「変貌する国際環境と日本の高等教育」矢野智司・今井康雄・秋田喜代美・佐藤学・広田照幸編『変貌する教育学』世織書房、105-137頁。
17 http://www.mofa.go.jp/mofaj/kaidan/s_koi/asean05/jm_gaiyo.html
18 本書第18章日下部論文に詳しい。
19 梅宮直樹・米澤彰純・堤和男、2010「東南アジア地域の域内大学間交流と高等教育の自立化」『国際開発研究フォーラム』39、57-74頁。
20 東京大学、2011『国際シンポジウム 高等教育の地域協力と地域間協力 報告書』東京大学国際連携本部。
21 金子元久、2000「周縁の大学とその未来―高等教育のグローバル化―」『教育社会学研究』66、41-55頁。

第9章　中国におけるトランスナショナル高等教育

―高等教育段階での「内外協力による学校運営」―

南部　広孝

はじめに

　中国では1970年代後半に文化大革命が終結して以降、国際競争力を高める手段の一つとして高等教育が重視され、量的拡大と質の向上を目指す措置が次々と実施されている。同時に、国策として改革開放政策がとられるようになったこともあって、高等教育段階での国際交流も活発に進められるようになってきている。その傾向は1990年代の市場経済導入に伴うグローバル経済との結びつきの緊密化によって一層強められ、とりわけ2001年に世界貿易機関(WTO)に加盟したことはさらなる展開の大きな契機となった。

　教育をめぐる国際交流の形態としては、留学生の派遣や受け入れ、プログラムや機関の国を越えた展開、国際的な共同研究の推進や国際会議の開催、教育に関する制度や考え方の参照など多岐にわたる。このうち本章で取り上げるのは、中国で「内外協力による学校運営」(原語は「中外合作辦学」)と呼ばれる、国内の教育機関と外国の教育機関とが協力して行う教育活動である。これには、法的規定としては多様な段階と種類の活動が含まれるが、実際には高等教育段階で急速に展開されている。

　以上を踏まえて本章では、中国の高等教育段階で展開されているこの「内外協力による学校運営」(以下では特に断らない限り、この語を高等教育段階の教育活動のみに限定して用いる)に焦点をあて、その状況について検討することを目的とする。まず、「内外協力による学校運営」が展開される背景として、近年の中国高等教育の状況を整理したうえで(第1節)、「内外協力による学校運営」の歴史的経緯についてまとめる(第2節)。それから、認可を受けている

「内外協力による学校運営」の現状について具体的に検討する(第3節)。

周知のように、中国の高等教育は複雑な体系として形成されている[1]。それは目的や教育方法によれば大きく、普通高等教育、成人高等教育、軍事高等教育の三つの類型に分けられる。また教育課程に注目すれば、大きく大学院課程、本科課程(日本の学士課程に相当)、専科課程に分けることができ、大学院課程は博士課程と碩士課程(日本の修士課程に相当)から構成される。一方高等教育機関は、主として実施する教育に基づいて普通高等教育機関、成人高等教育機関、軍事高等教育機関に分けられるし、名称としては大学、学院、専科学校などがある。本章では主として普通高等教育の本科課程および大学院課程を念頭に置き、機関の総称として「大学」を用いることとする。

1.中国高等教育の近年の状況

中国における「内外協力による学校運営」について検討する前に、その背景として、中国高等教育の近年の動向を簡単に整理しておきたい。ここでは、量的な拡大と個別機関の運営自主権の拡大に注目する。

まず、量的拡大の状況について確認しよう。中国では1990年代末以降、高等教育システム全体の規模を示す指標として「粗就学率」と呼ばれる数値が用いられている。この数値の算出にあたっては高等教育を受けている多様な者が考慮されている点には注意が必要であるものの、それはおおまかに言えば、高等教育を受けていると考えられる学生等の合計を18～22歳人口で除して算出される。1990年から2008年にかけての「粗就学率」の変化を見ると、この期間に3.4%から23.3%へと一貫して上昇しており、中国の高等教育システムは全体として拡大傾向にあることがわかる。

システムを構成する高等教育のうち、本章で対象とする「内外協力による学校運営」と最も密接に関係する普通高等教育の本科課程および大学院課程を取り出し、1990年以降の学生数の変化を示したのが図9－1である。1990年には普通高等教育本科課程の学生が132万人、大学院生が9万人であり、1990年代を通じて緩やかな増加傾向にあったが、1999年に急激な拡大

が始まり、2008年には普通高等教育本科課程の学生が1104万人、大学院生が128万人に達している。

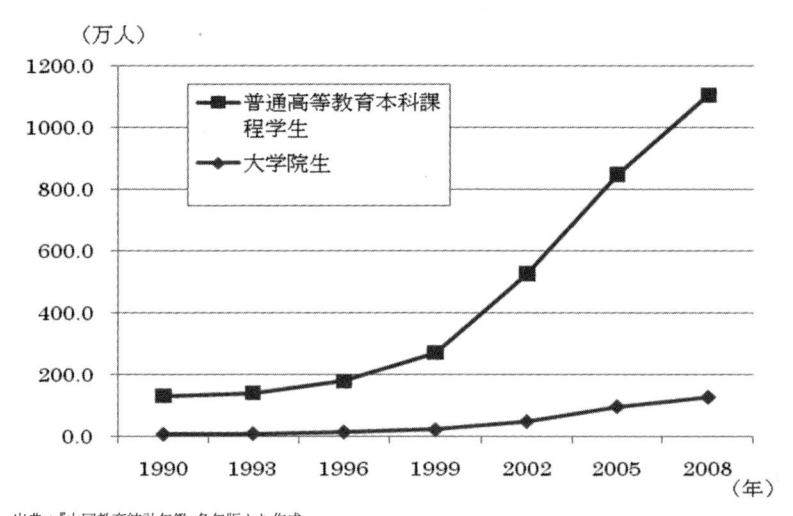

図9－1　普通高等教育本科課程学生および大学院生の量的変化

出典：『中国教育統計年鑑』各年版より作成。

　このような急激な拡大にもかかわらず、彼らの該当年齢人口に対する比率は2008年時点でも1割に満たない状況である[2]。これは中国において、高等教育に対するニーズは依然として大きく、市場としての発展の余地がまだ非常に大きく残っていることを示している。そして、このように規模が拡大することはまた、高等教育をますます多くの人にとってより身近な存在とし、拡大のニーズをより一層刺激することにもなると思われる。

　また、各大学の運営自主権の拡大も近年の動向として見逃せない。1980年代に始まったこの動きは1990年代になると法的整備を伴って進められるようになった。そして1998年に制定された「中華人民共和国高等教育法」において、「高等教育機関は、設立が認可された日より法人の資格を取得する」（第30条）ことが規定されるとともに、学生募集案の策定や設置する学問分野・専攻の調整、教学計画の策定と教材の選択・編集、科学研究や技術開発、社

会サービスの実施、国外の大学との科学技術文化交流、内部組織機構の設置と人員の配置、財産の管理と使用等の活動は各大学が主体的に行うことが規定された[3]。現在これらすべての事項が大学ごとに自由に決められているという状況には至ってはいないが、このような自主権の拡大を通じて、各大学は自らの置かれた環境の中で発展の方向性やそのための戦略を自ら決めることが可能になりつつあるのである。そしてこれにより、海外の機関と協力して「内外協力による学校運営」を行うときにも、政府が定めた大きな枠組みの中で各大学が主体的に動くことができる環境が整えられてきたといえる。

加えて、民営大学の設置運営が進んでいることや、政府支出以外の多様なルートによる資金調達が奨励されていることも指摘しておく必要があろう。こうした財源多様化の促進もまた、「内外協力による学校運営」を促す要因になっていると考えられる。

2．「内外協力による学校運営」の歴史的経緯

「内外協力による学校運営」は改革開放政策の進展を踏まえ、1980年代にその萌芽が見られた。1980年代前半には国際機関や諸外国との教育プロジェクトの締結や教育プログラムの中国への提供が始まり、1986年には南京大学とアメリカのジョンズ・ホプキンズ大学による米中文化研究センターが設置された。これが「内外協力による学校運営」としての最初の組織となった[4]。また1988年には、中国で海外の学位を授与することが認められた最初の「内外協力による学校運営」プログラムとして、天津財経学院がアメリカのオクラホマシティ大学と共同で運営するMBAプログラムが開設された[5]。

一方政府は、当初はこうした動きに対する警戒意識が強かった。とりわけ「天安門事件」から旧ソ連邦の解体にかけての時期には西洋のイデオロギーを宣伝するものとして警戒され、1992年に国家教育委員会（当時。現在の教育部）は、「中外連合による学校運営」（原語は「中外聯合辦学」）は原則として受け入れないとの通知を出した[6]。しかしその後、グローバル化が進む中で国際的な複合型人材の育成が急務であると考えるようになり、それまでの抑制方針か

ら積極的に発展させ法律に基づいて管理する方針へと転換した[7]。1993年には「国外の機関および個人が中国を訪れ協力して学校を運営する問題に関する通知」が出され、また1995年には「内外協力による学校運営に関する暫定規定」(原語は「中外合作辦学暫行規定」。以下、「規定」と略)が制定された。この「規定」は「内外協力による学校運営」の法的よりどころとなり、その拡大を促した[8]。そして2003年には、「内外協力による学校運営」活動を標準化し、教育の対外交流と協力を強化し、教育事業の発展を促進させることを目的として、「中華人民共和国内外協力による学校運営条例」(原語は「中華人民共和国中外合作辦学条例」。以下、「条例」と略)が、翌2004年には「中華人民共和国内外協力による学校運営条例実施規則」(原語は「中華人民共和国中外合作辦学条例実施辦法」)がそれぞれ制定された。近年はこの「条例」に基づきながら、一層多くの活動が展開されてきている。先行研究によれば、拡大の動因として、外国の大学にとっては知名度の上昇や中国人マンパワーの獲得、中国市場での新たな顧客の獲得などへの期待があり、中国の大学にとっては国内で不足する資源の補完、改革と発展の促進、国際競争力の向上などへの期待があったとされる[9]。また、WTO加盟に伴う規制緩和への期待や、外国の教育プログラムの受け入れが学術的な質や水準を改善させるうえで効果的な手段であるとの信念も、急速な拡大を促す要因としてあげられている[10]。

それでは、こうした展開の中で「内外協力による学校運営」はどのような活動だと考えられてきたのだろうか。ここでは二つの法規──「規定」と「条例」──における規定の異同を手がかりとして、政府の考え方を検討しよう。

1995年の「規定」では、まず学校運営が「外国の法人組織、個人および関連の国際機関が中国の法人資格を有する教育機関およびその他の社会組織と、中国の国境内において協力して中国公民の受け入れを主たる対象とする教育機関を運営し、教育や教学を行う活動を指す」(第2条)と定義された。ここでは、中国の教育機関とパートナーを組む相手が必ずしも教育機関でなくてもよい規定になっていることに留意する必要がある[11]。また、「内外協力による学校運営は、対外交流・協力に関する中国教育の重要な形式であり、中国教育事業の補充である」(第3条)とされ、あくまでも中国教育における補充的

な位置に置かれた。そして、正規の学歴授与を伴う「内外協力による学校運営」を行う機関の申請にあたっては、中国側機関の管轄に従い中央政府または地方政府の審査を経たうえで、中央政府の認可を受けなければならないとされた。一方、管理体制に関しては、「理事会もしくは連合管理組織において、中国側の構成員が総人数の2分の1より少ないことがあってはならない」(第20条)と規定された。加えて、営利目的を認めないことが明記されるとともに、「内外協力によって運営する学校の設立資金、学生から徴収した学費および内外協力による学校運営の名目で募集した資金(設備を含む)は必ず、当該機関の経費支出もしくは当該機関の発展に用いなければならず、他に流用してはならない」(第28条)として、非営利であるべきことが強調された。

　これに対して、2003年の「条例」では次のような規定になっている。まず定義については、「外国の教育機関と中国の教育機関が中国の国境内において協力して中国公民を主たる受け入れ対象とする教育機関を運営する活動」(第2条)とされ、「内外協力による学校運営は公益的事業に属し、中国教育事業の構成部分である。国は、内外協力による学校運営に対して、開放の拡大、運営の規範化、法に基づく管理、発展の促進という方針を行う。国は、外国の優れた教育資源を取り入れる内外協力による学校運営を奨励する」(第3条)と規定されて、中国教育の一部として奨励するという位置づけになった。パートナーの相手が「外国の教育機関」と明示されたことも「規定」とは異なっている。ただし、本科課程段階以上の学歴授与を伴う「内外協力による学校運営」を行う機関の申請にあたっては、中央政府の認可を受けなければならず、専科課程段階の学歴授与を伴うものや学歴授与を伴わない「内外協力による学校運営」を行う機関の申請にあたっては、地方政府の認可を受けなければならないことや、管理体制に関して「理事会、董事会もしくは連合管理委員会の中国側構成員は2分の1より少ないことがあってはならない」(第21条)ことは、先の「規定」とほぼ同じである。そして、「内外協力によって運営する学校が徴収した費用は、主として教育・教学活動と運営条件の改善に用いるものとする」(第39条。下線筆者)と規定され、必ずしも非営利的でなければならないというわけではなくなっている。

両者の規定の違いを改めて確認すれば、2003年の「条例」では、①「内外協力による学校運営」が中国教育事業の構成部分であると位置づけられたこと、②協力相手が教育機関であることが明示されたこと、③必ずしも非営利でなくてもよいと解釈できる表現が含まれたことが大きな変化であり、他方機関の設立申請にあたって政府の認可が必要である点や、管理体制として中国側構成員が少なくとも半数を占める必要がある点は変わっていない。なおこの活動の営利性に関しては議論があったが、2004年に出された「中華人民共和国内外協力による学校運営条例実施規則」で、「各会計年度の終了時、内外協力による学校運営者が合理的な見返りを受け取ることを要求しない内外協力による学校運営を行う機関は、当該年度の純資産の増加額の中から、また<u>内外協力による学校運営者が合理的な見返りを受け取ることを要求する内外協力による学校運営を行う機関は、当該年度の純収益の中から</u>、年度の純資産の増加額あるいは純収益の25％を下回らない比率で発展基金を取り出して、内外協力による学校運営を行う機関の建設・維持と教育設備の購入・更新などに用いなければならない」（第29条。下線筆者）と規定され、「内外協力による学校運営」を行う者が「合理的見返り」（原語は「合理回報」）を受け取りうることが明確に示された。

　すでに述べたことからもわかるように、中国では設置時点で政府の認可が必須であり、質保証に関しては全体として「事前統制型が中心の枠組み」[12]になっている。また、必ず中国側の機関と共同で展開しなければならないという規定は、正規の高等教育機関を評価する枠組みを利用しているとも言える。しかしそうした枠組みでは必ずしも十分な質の保証が行われていないことが認識され[13]、管理強化の一環として、2009年に「内外協力による学校運営評価計画（試行）」（原語は「中外合作辦学評估方案（試行）」）が制定された[14]。この計画に基づいて試行的に進められる評価は、教育部国際協力・交流司（原語は「教育部国際合作与交流司」）が統一的に組織し、教育部学位・大学院教育発展センター（原語は「教育部学位与研究生教育発展中心」）が具体的に実施するというもので、評価結果は合格、条件付合格、不合格のいずれかで示される。従来の事前認可の手続きに加えて、すでに展開されている機関やプログラムの状況に

対するこうした評価が導入されることで、認可後の継続的な質の維持・向上が期待されている。

以上のように、「内外協力による学校運営」は1980年代に導入が始まり、1990年代前半の社会主義市場経済への移行、そして2001年のWTO加盟をきっかけとしてより積極的に展開されてきている。また、それに伴って法規の整備が進められ、活動の標準化やその質の確保が目指されている。

3．認可を受けた「内外協力による学校運営」の現状

それでは、現在認可を受けている「内外協力による学校運営」の現状について、具体的なデータを用いて分析することにしよう。手がかりとするのは、教育部がホームページ上で公表している「内外協力によって運営する高等教育機関関連情報(2011年1月4日更新)」[15]である。ここには、すでに認可を受けている機関およびプログラムのうち、再審査を終えているものが省別に整理されている。分析の時点で再審査をすべて終えている省は多くなく認可を受けている全機関・プログラムが掲載されているわけではないため、全体像を正確につかめるとまでは言えないが、それでもおおよその傾向は把握できると考えた。以下では、機関とプログラムそれぞれについて検討する。

(1) 機 関

この一覧には35の機関があげられている(表9-1)。このうち法人格を持つのは四つ(西交利物浦大学、寧波諾丁漢大学、長江商学院、北京師範大学－香港浸会大学聯合国際学院[16])で、残りは中国側大学の中に学院のレベルで設置されている。中国側、相手側の機関を具体的に見ればわかるように、特定の属性を持った機関が参加しているわけではなく、多様なパートナーシップが組まれている。同時に、相手側としては必ずしも大学だけがパートナーシップを組んでいるわけではないことも見てとれる。また、提供される教育に注目すれば、学士課程段階のみの機関、大学院教育段階のみの機関もあれば、その両者を提供する機関もある。さらに、授与される学位についても両方から

第9章 中国におけるトランスナショナル高等教育　161

寧波諾丁漢大学

授与される機関(◎)、中国側からのみ授与される機関(○)、相手側からのみ授与される機関(△)が混在している。もっとも、同じ機関が異なる種類の学生を受け入れていることには注意が必要である。例えば表の最初にある対外経済貿易大学卓越国際学院では、中国の正規の学生募集計画に含められる学生と、この学院が独自に募集する学生とが両方募集されている。このうち前者の学生は卒業時に中国の学士学位証書が相手側の学士学位証書とともに授与されることになっているのに対して、後者の学生は中国の学位証書を受け取ることはできない。つまり、こうした機関でも多様な学生が学んでいることがありうる。

　もう一つ注目したいのは、こうした機関の設置、教育の提供を通じて、機関運営協力者が合理的な見返りを要求しているかどうかという点である。すでに述べたように、現在では運営者が経済的に合理的な見返りを要求することは認められており、ここで手がかりとした情報においても機関運営を行う場合にはそうした合理的な見返りを要求するかどうかが明示されている。それによれば、ここにあげた35の機関ではほぼ3分の1にあたる11の機関(表中、機関名の後に※)でそうした見返りを要求するとされている。

(2) プログラム
　一方ここで取り上げた一覧には、本科課程以上の教育を行うプログラムがあわせて492あげられている。これらのプログラムの特徴を整理すれば、次のようになる。

表9−1　内外協力によって運営することが認められた機関

機関名	中国側	相手側	相手側所在国	碩	学
対外経済貿易大学卓越国際学院※	対外経済貿易大学	Fort Hays State University	アメリカ	−	◎
中国政法大学中欧法学院	中国政法大学	University of Hamburg	ドイツ	◎	−
北京航空航天大学中法工程師学院	北京航空航天大学	Ecole Centrale de Paris, Ecoles Centrale de Lille, Ecoles Centrale de Lyon, Ecoles Centrale de Nantes	フランス	○	○
同済大学中徳学院	同済大学	Deutscher Akademischer Austrauschdienst	ドイツ	○	−
上海交通大学中欧国際工商学院	上海交通大学	European Foundation for Management Development	ベルギー	○	−
上海交通大学交大密西根聯合学院	上海交通大学	University of Michigan	アメリカ	◎	◎
同済大学中徳工程学院	同済大学	The University of Applied Sciences Esslingen	ドイツ	−	◎
上海大学中欧工程技術学院※	上海大学	University of Technology of Belfort, Montbéliard, University of Technology of Compiegne, University of Technology of Troyes France	フランス	−	○
上海大学悉尼工商学院	上海大学	University of Technology, Sydney	オーストラリア	−	◎
中国民航大学中欧航空工程師学院	中国民航大学	Ecole Nationale de l'Aviation Civile, Ecole Nationale Supérieure d'Ingénieurs de Constructions Aéronautiques, Ecole Nationale Supérieure de l'Aéronautique et de l'Espace, Ecole Nationale Supérieure de Mécanique et d'Aérotechnique	フランス	○	○
重慶工商大学現代国際設計芸術学院	重慶工商大学	FOUNDATION ISEC	オランダ	−	○
江南大学莱姆頓学院	江南大学	Lambton College of Applied Arts and Technology, College of the North Atlantic, Memorial University of New Foundland, Northword University	カナダ,アメリカ	−	△
西交利物浦大学	西安交通大学	The University of Liverpool	イギリス	−	◎
寧波諾丁漢大学	浙江万里学院	The University of Nottingham	イギリス	△	◎
長江商学院	汕頭大学	李嘉誠(海外)基金会	香港	○	−
中山大学中法核工程与技術学院	中山大学	L'Institut Polytechnique de Grenoble, Le Commissariat à l'énergie atomique − Institut national des sciences et techniques nucléaires, L'Ecole des mines de Nantes, L'Ecole nationale supérieure de chimie de Montpellier, L'Ecole nationale supérieure de chimie de Paris − Chimie Paris Tech	フランス	○	○

第9章　中国におけるトランスナショナル高等教育　163

機関名	中国側	相手側	相手側所在国	碩	学
青島科技大学中徳科技学院	青島科技大学	University of Paderborn	ドイツ	—	○
山東工商学院国際商学院※	山東工商学院	Seoul Sunong Trading Company	韓国	—	○
山東農業大学国際交流学院	山東農業大学	University of Applied Sciences for Economy and Management in Essen	ドイツ	—	○
河北科技師範学院欧美学院※	河北科技師範学院	Medicine Hat College	カナダ	—	○
鄭州大学西亜斯国際学院※	鄭州大学	Sias Group, Inc., Fort Hays State University (FHSU)	アメリカ	—	◎
山西農業大学中徳学院	山西農業大学	Anhalt University of Applied Sciences	ドイツ	—	○
山西財経大学中徳学院	山西財経大学	Fachhochschule fuer Oekonomie und Management (FOM) in Essen	ドイツ	—	○
遼寧大学亜澳商学院	遼寧大学	Victoria University	オーストラリア	—	○
遼寧大学新華国際商学院※	遼寧大学	De Montfort University	イギリス	—	○
遼寧師範大学国際商学院	遼寧師範大学	Missouri State University	アメリカ	—	○
瀋陽師範大学国際商学院※	瀋陽師範大学	Fort Hays State University	アメリカ	—	○
東北財経大学薩里国際学院※	東北財経大学	University of Surrey	イギリス	◎	○
東北大学中荷生物医学与信息工程学院※	東北大学	Eindhoven University of Technology	オランダ	◎	◎
延辺大学科学技術学院	延辺大学	James Chin-Kyung Kim（金鎮慶）	?	—	○
吉林大学莱姆頓学院※	吉林大学	Northwood University, Memorial University of Newfoundland, Lambton College of Applied Arts and Technology, College of the North Atlantic, Cape Breton University	アメリカ,カナダ	—	△
重慶大学美視電影学院	重慶大学	香港美視電力集団(控股)有限公司	香港	○	○
重慶工商大学国際商学院	重慶工商大学	香港隆興投資有限公司	香港	—	○
北京師範大学－香港浸会大学聯合国際学院※	北京師範大学	香港浸会大学	香港	—	△
鄭州大学昇達経貿管理学院	鄭州大学	財団法人台北広興文教基金会	台湾	—	○

注1：機関名に下線を付した4機関は法人格を有する。また機関名のあとに※がついているものは機関運営協力者が合理的な見返りを要求しているもの。
注2：「碩」および「学」の欄はそれぞれ当該機関が碩士学位、学士学位を授与するかどうかを示しており、◎は中外双方からの学位授与、○は中国側のみ学位授与、△は相手側のみ学位授与、－は当該課程なしを表す。
注3：機関名の表記は出典にあわせている。
出典：「中外合作辦学機構和項目相関信息(2011年1月4日更新)」(http://www.moe.gov.cn/publicfiles/business/htmlfiles/moe/s4706/list.html、2011年2月12日最終アクセス)掲載の情報を整理して作成。

第一に提供する教育の段階を見ると、学士課程が359(73.0％)、碩士課程(博士課程教育を同時に提供しているプログラムを含む。以下同じ)が133(27.0％)となっている。

　第二に学位授与権の付与について見れば、中国側と相手側がともに学位を授与できるものが74(15.0％)、中国側のみ学位を授与できることになっているものが266(54.1％)、相手側のみ学位を授与できることになっているものが140(28.5％)、どちらも学位を授与しないものが12(2.4％)となっている。学位が授与されない場合、修了証書(Certificate、Diploma)や資格証書、あるいは証明文書(原語は「写実性証書」)が授与されることもある。特に中国側の学位が授与されるかどうかは、その募集定員が国の承認した計画に含まれるかどうかと関係がある。そして、もしその計画に含まれれば、学生募集は通常の大学入学者選抜と同じ手順で行われる。

　この学位授与権の付与状況は、提供する教育段階によって異なっている。**表9-2**から明らかなように、学士課程段階では、相手側から学位が授与されるかどうかはともかく、中国側で学位授与が可能なプログラムが圧倒的に多いのに対して、碩士課程段階のプログラムになると、中国側の学位が授与されることはほとんどなく、基本的に相手側の学位が授与されることになっている。このように、学士課程段階で中国側の学位が授与される、すなわち中国での正規の学生募集計画に含まれる学生がこのような形態で教育を受けるようになっていることは、第1節で確認した全体的な規模からすれば大きいとは言えないものの、この「内外協力による学校運営」が中国の高等教育システムを拡大させる側面を持っていることを示している。

表9-2　教育段階別学位授与権の付与

	双方が 学位授与	中国側のみ 学位授与	相手側のみ 学位授与	双方とも学 位授与なし	合　　計
学士課程	70 (19.5)	266 (74.1)	13 (3.6)	10 (2.8)	359 (100.0)
碩士課程	4 (3.0)	0	127 (95.5)	2 (1.5)	133 (100.0)
合　計	74 (15.0)	266 (54.1)	140 (28.5)	12 (2.4)	492 (100.0)

出典：表9-1に同じ。

第三に相手側機関の所属国・地域を見ると、最も多くのプログラムを展開しているのはイギリスで、110と全体の22.3％を占めている[17]。これに続くのはオーストラリア（85、17.2％）、アメリカ（81、16.4％）、ロシア（75、15.2％）、カナダ（36、7.3％）である。ロシアが関係するプログラムは一つを除いてすべて黒龍江省に所在する大学との間で進められているもので地域的な特性が見られるが、それ以外の国の機関が関係するプログラムは様々な省に広がっている。さらに香港（27）、フランス（21）、ドイツ（20）も一定程度のプログラムを展開している。そして、これらの国もあわせて全部で20カ国・地域の機関がプログラムを実施している[18]。このことから「内外協力による学校運営」ではすでに、特定の国や機関に限定されない、より広範な協力関係が展開されていることが見てとれる。

　第四に提供されている専門分野に注目すれば、最も多いのは管理学で、工商管理や会計学を中心に170のプログラムがあり、全体の34.6％を占めている。そして、コンピュータ科学や情報工学分野を中心とする工学（135、27.4％）、経済学（58、11.8％）、外国語や芸術学を含む文学（41、8.3％）、理学（27、5.5％）、医学（24、4.9％）が続いている。これ以外の分野では、教育学が17、法学が12、農学が7、歴史学が1となっている。

　なお、プログラムのパートナーとなっている機関の所在国によって提供される教育の段階や専門分野による違いが見られる点は興味深い。プログラム数の多い4カ国について見ると（表9－3）、まずオーストラリアやアメリカの機関とのプログラムでは学士課程のみならず碩士課程段階のものも比較的多く展開されているのに対して、イギリスやロシアの機関とは多くが学士課程段階である。また専門分野については、イギリスとアメリカでは学士課程段階のプログラムでは工学分野が多く、碩士課程になると管理学のものが相対的に多くなるのに対して、オーストラリアでは学士課程段階でも碩士課程段階でも管理学が最も大きな割合を占めている。またロシアは「その他」の比率が相対的に高く、多様な専門分野を提供していることがわかる。

　このように、中国では、機関設置の形態かプログラムとしての展開かといった点から、相手側機関の所在国・地域、そして提供する教育段階や専門分

野などの点に至るまで、すでに多様な展開状況が見られるのである。

表9－3　国・教育段階・専門分野別プログラム数

国	教育段階	専門分野					
		経済学	文学	工学	管理学	その他	合計
イギリス	学士課程	15 (15.0)	9 (9.0)	45 (45.0)	16 (16.0)	15 (15.0)	100 (100.0)
	碩士課程	1 (10.0)	0	3 (30.0)	5 (50.0)	1 (10.0)	10 (100.0)
オーストラリア	学士課程	11 (21.2)	1 (1.9)	12 (23.1)	22 (42.3)	6 (11.5)	52 (100.0)
	碩士課程	3 (9.1)	0	2 (6.1)	19 (57.6)	9 (27.3)	33 (100.0)
アメリカ	学士課程	9 (20.0)	6 (13.3)	13 (28.9)	11 (24.4)	6 (13.3)	45 (100.0)
	碩士課程	0	0	7 (19.4)	21 (58.3)	8 (22.2)	36 (100.0)
ロシア	学士課程	5 (6.8)	14 (18.9)	14 (18.9)	17 (23.0)	24 (32.4)	74 (100.0)
	碩士課程	0	0	0	0	1 (100.0)	1 (100.0)
全　体		58 (11.8)	41 (8.3)	135 (27.4)	170 (34.6)	88 (17.9)	492 (100.0)

注：「その他」には、理学、医学、教育学、法学、農学、歴史学が含まれる。
出典：表9－1に同じ。

おわりに

　中国では、1970年代末からの改革開放政策の進展に伴い、高等教育の量的拡大と質の向上を目指す政策がとられてきた。「内外協力による学校運営」はそうした動向と結びつき、とりわけ2001年のWTO加盟以降は急速に広く展開されるようになっている。政府による法的整備と評価の仕組みの導入などにより全体的な枠組みが設定されているが、その中で多様な取り組みが進められているのが現状である。

　中国では2010年に、2020年までの10年間における発展戦略を描いた「国家中長期教育改革・発展計画要綱(2010-2020年)」が策定された。この中では「優れた教育資源の導入」として、「国外の著名な学校、教育研究機関及び企業をひきつけ、協力して教育・実習訓練・研究の機関やプログラムを開設す

る。各段階の様々な学校が多様な形式で国際交流・協力を展開することを奨励し、内外協力により運営される若干の模範的学校といくつかの内外協力による学校運営プログラムをうまく実施する。多様な形式を模索して国外の優れた教育資源を利用する」ことが謳われている[19]。この要綱では同時に、2020年までに高等教育の「粗就学率」を40％に上昇させることや、高等教育の国際競争力を高めることが目標とされている。この点から見れば、中国では今後も、評価体制の整備などを通じて機関やプログラムの質、発展の方向性をコントロールしつつ、「内外協力による学校運営」のより積極的な実施が図られていくように思われる。巨大な高等教育市場を有する中国で、トランスナショナル高等教育がどのように展開するのか、今後の動向に注目したい。

注

1 中国の高等教育体系については南部広孝、2009『中国高等教育独学試験制度の展開』東信堂、44-47頁を参照のこと。
2 南部広孝、2010「中国における高等教育の質保証」『学習成果アセスメントのインパクトに関する総合的研究(中間報告書)』(平成21年度プロジェクト研究調査報告書 研究代表者：深堀聰子)国立教育政策研究所、17-33頁。
3 長谷川豊・南部広孝・吉村澄代、1998「『中華人民共和国高等教育法』訳と解説(前編)」『季刊 教育法』第118号、エイデル研究所、36-44頁。
4 江彦橋、2008「高等教育国際交流合作篇」中国高等教育学会組編『改革開放30年中国高等教育発展経験専題研究』教育科学出版社、82頁。
5 1980年代の動向に関する以上の記述については、林金輝・劉志、2010『高等教育中外合作辦学研究』広東高等教育出版社、24-25頁を参照。
6 于富増・江波・朱小玉、2001『教育国際交流与合作史』海南出版社、301頁。
7 王剣波、2005『跨国高等教育与中外合作辦学』山東教育出版社、183-185頁。
8 先行研究によれば、1995年時点で海外の学位を授与できるプログラムは二つしかなかったという(Yang, R., 2010, Transnational Higher Education in China, in Findlay, C. and Tierney, W.G. (eds.) *Globalization and Tertiary Education in the Asia-Pacific: The Changing Nature of a Dynamic Market*, Singapore: World Scientific Publishing, p.289)。
9 大塚豊、2008『WTO加盟後の中国高等教育の対外開放性に関する実証的研究』(平成17年度～平成19年度科学研究費補助金(基盤研究(C))研究成果報告書)広島大学大学院教育学研究科、1-3頁。
10 Huang, F., 2010, Transnational Higher Education in Japan and China: A Comparative

Study, in Chapman, D.W., Cummings, W. K. and Postiglione, G. (eds.) *Crossing Borders in East Asian Higher Education*, Hong Kong: Comparative Education Research Centre, The University of Hong Kong, p.273.

11 大塚、2008、前掲書、36頁。
12 叶林、2009「中国におけるトランスナショナル学位プログラムの質保証」羽田貴史・米澤彰純・杉本和弘編著『高等教育質保証の国際比較』東信堂、132頁。
13 同上書、133頁。
14 南部広孝訳、2010「内外協力による学校運営評価計画(試行)」『トランスナショナル・エデュケーションに関する総合的国際研究』(平成20年度～平成22年度科学研究費補助金(基盤研究(B))中間報告書 研究代表者：杉本均)京都大学大学院教育学研究科、83-94頁。
15 「中外合作辦学機構和項目相関信息(2011年1月4日更新)」. http://www.moe.gov.cn/publicfiles/business/htmlfiles/moe/s4706/list.html(2011年2月12日最終アクセス)。ここで分析対象とした情報は、2011年2月7日から12日にかけてこのページから収集した。
16 四つの機関のうち寧波諾丁漢大学および北京師範大学－香港浸会大学聯合国際学院の具体的な状況については、南部広孝、2011「中国におけるトランスナショナル高等教育－「内外協力による大学運営」の現状－」『トランスナショナル・エデュケーションに関する総合的国際研究』(平成20年度～平成22年度科学研究費補助金(基盤研究(B))最終報告書 研究代表者：杉本均)京都大学大学院教育学研究科、138-139頁に詳しい。
17 492プログラムのうち二つは2カ国・地域の機関が同時に相手側機関としてあげられているので、対象国・地域は延べで494となる。
18 本文にあげた国・地域以外でプログラムの相手側になっている機関の所在国は、韓国(7)、アイルランド(5)、オランダ(5)、日本(5)、ニュージーランド(5)、イタリア(2)、シンガポール(2)、スウェーデン(2)、ベルギー(2)、オーストリア(1)、ノルウェー(1)、南アフリカ(1)である。
19 「国家中長期教育改革和発展規劃綱要」、2010、《教育規劃綱要》工作小組辦公室、『教育規劃綱要学習輔導百問』教育科学出版社、45頁。

第10章　香港におけるトランスナショナル高等教育の展開

―市場に依拠した質保証メカニズムに注目して―

南部　広孝

はじめに

周知のように、高等教育をめぐる国際的な移動は近年ますます活発になっている。しかも、従来中心的だった人の移動にとどまらず、教育プログラムや教育機関が国を越えて展開される動きが急速に進み、またその性格も従来の援助的なものから商業的なものまで多様化してきている[1]。とりわけアジア・太平洋地域では、欧米諸国やオーストラリアの高等教育機関が積極的に進出を図り、トランスナショナル高等教育と総称される教育の規模や範囲、多様性の点で目を見張る状況が生じている。

この地域におけるトランスナショナル高等教育の主要受け入れ国(地域)はマレーシア、香港(現在の正式名称は中華人民共和国香港特別行政区)、中国[2]などであるが[3]、このうち、東京都の半分ほどの土地(約1100km²)に約700万人の人口を抱える香港は、次のいくつかの点で非常に特徴的な社会であると言える。第一に、1997年までイギリスの植民地であり、イギリスと密接な関係にあった。このことは香港に、英語と欧米文化への強い親近感をもたらした。1997年以降の在り方を定めた「香港特別行政区基本法」でも、特別行政区の行政機関、立法機関、司法機関では中国語とともに英語の使用が認められ、かつ英語も正式な言語であるとされている(第9条)。第二に、自由市場経済を基礎とし、意図的に政治的な介入を避けて自由競争を奨励してきた。同時に国際貿易が積極的に行われ、この点で海外との強い結びつきを有することになった。第三に、中国と特別な関係を有するとともに、中国と他の国々とを結びつけるうえで大きな役割を果たしてきた[4]。1997年7月に特別行政

区として中華人民共和国の一部となった後も、香港は「高度な自治」を有することが認められ(「香港特別行政区基本法」第2条)、「一国二制度」のもと従来の制度と政策を50年間は変えないことが規定されており(同第5条)、国際関係上の独特な位置づけは現在でも維持されている。こうした特徴を持つ香港では、高等教育の国際化に対してそれを脅威と感じるよりも発展のチャンスだとみなす傾向が見られる[5]。つまり香港は、他の国(地域)に比べると、国際的に展開される教育の受け入れにより寛容で積極的であり、しかも市場に依拠した受け入れが進んでいることが推察される。

以上を踏まえて本章では、香港におけるトランスナショナル高等教育の受け入れ政策および展開されている教育の現状を明らかにすることを目的とする。その際、市場の役割を重視した受け入れの在り方に注目したい。最初に、全体的な見取り図として香港における高等教育の展開を概観する(第1節)。次にトランスナショナル高等教育の受け入れ政策を整理し(第2節)、それから現時点で開設されている課程の特徴を個別課程に関する情報を手がかりに分析する(第3節)。

1. 香港における高等教育の展開

まず、香港における高等教育の歴史的展開について概観しておこう。

香港では長い間、高等教育の規模が抑制されてきた。最初の大学として1911年に香港大学が創設されて以降、1963年に香港中文大学が創設されるまで、大学は1校しか存在せず、3校目の香港科技大学が第1期の学生を受け入れたのは1991年だった。そして1980年代まで学位課程への進学率は数％にすぎなかった。先行研究ではその理由として、①香港の経済発展が緩やかで人材需要が大きくなかったこと、②海外留学が多かったこと、③高等教育を受けるのに費用がかかり多くの若者が就業したことが指摘されている[6]。一方で、1950年代を中心に、「学院」や「書院」という名称を持つ私立カレッジが数多く設置された。これらの機関は中国語で授業を行い、予科課程を提供することで、香港における高等教育の不足を補う存在となった。政府は、当

香港大学

初はそうした機関が反植民地政府の温床になるのを恐れて警戒したが、後には中国語で中等教育を受けた者の進学機会の提供に留意することとなり、このことが2校目の大学として中国語を主要教授言語とする香港中文大学を設置することにつながったとされる[7]。

　政府と高等教育機関との関係から見ると、1965年に大学補助金委員会(University Grants Committee : UGC)が設置されたことは重要な変化であった。この組織は、高等教育機関への経費配分、質の保証、個別高等教育機関の発展と経費に関する政府への建議などを目的とするものであり、高等教育経費がこの組織を経て各機関に配分されるようになった。これによって、各機関の独立性を維持すると同時に、政府が財政支出を通じて高等教育をマクロに管理する仕組みができあがった。委員会の設置時点では香港大学と香港中文大学の2校のみが対象だったが、その後1972年に香港理工学院(後の香港理工大学)、1983年に香港浸会学院(後の香港浸会大学)、1984年に香港城市理工学院(後の香港城市大学)がそれぞれ経費補助対象機関に加えられた[8]。

　1980年代半ば以降になると、高等教育の拡大が図られるようになった。例えば1989年には、学位課程の規模を1994/95年度までに適齢人口の18％にまで拡大させることが謳われている。このような動きの背景には、高等教育機会に対する社会的ニーズの高まりとともに、1989年に起きた「天安門事件」の影響を受けた、いわゆる「香港返還」に伴う人材流失への危機意識があり、また政府の長期的目標の実現に向けた努力があった。それらに加えて、当時のウィルソン(Sir. David Wilson)総督が、かつてロンドン大学東洋アフリカ研

究学院 (University of London, School of Oriental and African Studies) で教鞭をとった経験があることから、高等教育の発展に関心を持っていたことや、当時の宗主国だったイギリスでも社会における経済格差の縮小や経済発展の促進を目指して進学機会の拡大を図り始めていたことも、この時期に高等教育拡大が目指された要因だとされる[9]。この過程で、例えば1994年には上述した三つの学院がそれぞれ大学に昇格したし、その後も大学の数は増加した。

2000年代に入っても、「地域の教育ハブ (the education hub of the region)」[10]となることを目指して、上述した機関の増加も含め、高等教育の拡大が引き続き政策目標とされた。香港特別行政区行政長官は2000年、10年以内に高等教育普及率を33％から60％にまで高める方針を公表し、この目標は数年で達成された[11]。ただし、大学補助金委員会から経費配分を受ける高等教育機関について見れば、学生数から見た規模は1990年代半ば以降大きくは変わっていない。表10－1は、1995/96年度から2010/11年度にかけての学生数の変化を示している。これによればまず、この表にある学生の全体的規模は6万人台で推移している。またこの間、学士課程の全日制 (full-time) 学生が一貫して増加しているが、学士課程の定時制 (part-time) 学生は3分の1になり、副学士課程の学生はほぼ半減した。その結果、これらの学生総数に占める学士課程全日制学生の比率は68.7％から86.8％へと大きく上昇している。つまり、高等教育全体の規模が拡大する一方で、政府の財政支出に基づく機関・課程の学生総数には大きな変化は見られないのであり、このことは、近年の拡大が政府の方針のもと、政府支出に基づかない機関や課程によって進められてきたことを示している。

表10－1　大学補助金委員会から経費配分を受ける高等教育機関の学生数の推移

学位・学生		年度 1995/96	1998/99	2001/02	2004/05	2007/08	2010/11
副学士課程	全日制	7,117	11,081	9,758	8,652	4,428	4,727
	定時制	7,768	10,835	5,857	5,908	2,856	2,256
学士課程	全日制	42,824	43,885	44,796	47,489	52,062	56,059
	定時制	4627	3,759	3,258	3,409	1,297	1,506
合計		62,336	69,560	63,669	65,458	60,643	64,548

出典：大学補助金委員会ホームページにある統計検索データベース＜http://cdcf.ugc.edu.hk/cdcf/statIndex.do?language=EN、2012年10月8日最終アクセス＞から得た数値を整理して作成。

2011年時点では、1980年代までに大学として設置された香港大学、香港中文大学、香港科技大学と、1994年に昇格した香港理工大学、香港浸会大学、香港城市大学のあわせて六つの大学に加えて、嶺南大学、香港教育学院、香港公開大学、香港樹仁大学、珠海学院、恒生管理学院、東華学院、香港演芸学院が学位授与権を有する機関として認められている。このうち、上記6大学と嶺南大学、香港教育学院のあわせて8校が大学補助金委員会から経費の配分を受けているのに対して、香港公開大学、香港樹仁大学、珠海学院、恒生管理学院、東華学院の5校は経費を自弁する(self-financing)機関である。

香港の高等教育はこのように展開してきた。以上からわかるのは、高等教育拡大の背景として社会的ニーズの高まりや社会の変容はあるものの、それが香港で強調される自由な市場を通じて拡大を直接促すのではなく、政府がそうしたニーズや変容を踏まえて定めた方針や計画によって拡大が進められてきたということである。香港の高等教育機関は従来、自由市場経済社会に適応しているにもかかわらず市場から隔離されており[12]、上述した大学補助金委員会による経費配分の仕組みにより、財政面の管理を通じて政府からの影響を受けてきた[13]。近年では拡大における市場の役割が増しているものの、その基盤には依然として政府による方針が横たわっている。このように高等教育全体の拡大について政府が決して小さくない役割を果たしている点は、アジア地域では必ずしも目新しいことではないものの、香港においては、個別の高等教育機関に対して高度の自治が認められていることとの対照において興味深い。

2．トランスナショナル高等教育の受け入れに関する政策

次に、香港におけるトランスナショナル高等教育に関する政策の展開について検討する。

歴史的に見て香港では、高等教育をめぐる国際交流が非常に盛んに進められてきた。香港の少なからぬ中等教育修了者が海外の高等教育機関に進学する一方、高等教育の国際化を目指して香港の高等教育機関と海外機関との協

力や交流が早くから進められてきたし、海外の機関が自ら香港で直接教育を提供することもあった[14]。これに対して1980年代半ばにはすでに、そうした海外機関が提供する課程の激増に対する懸念が示されていた。例えば、1986年に教育計画委員会(Education Commission)から出された報告書では、香港が海外から提供される中等後教育に大きく依存しているものの、香港に拠点を持たない教育提供者を監督する方法がないことは問題であるとされ、その解決策として、そうした海外から提供される課程が一定の基準を満たすようにすることや、香港の教育機関との連携を強化することを目的としていくつかの認可・受け入れ条件を設定することが提案された。同時にまた、海外の政府が自国の高等教育機関に対して財政的に自立することを求めるようになっていることから中等後教育の「輸出市場」が世界的に形成されてきているという状況認識のもとで、香港では買い手市場となっているこの状況が、そうした条件を設定することによって、香港にとって「最もよいものを購入する」機会になるのだという考えも示されていた[15]。

香港政府は、こうした提案なども踏まえて法的整備を進め、1996年に「海外高等・専門教育(規制)条例」(以下、「条例」と略)[16]を公布した。そして1997年12月1日からこれに基づく課程の認可・受け入れが行われるようになった。先行研究では、すでに述べたことからも推測されるが、この「条例」が制定された理由として、より多くの課程を認可することによって人々が高等教育にアクセスする機会を増やすこと、その際に教育を受ける者の権利と利益を保護すること[17]、そしてより多くの関連情報を公開することによって教育を受けようとする者が自らの基準で選択できるようにすること[18]などがあげられている。

「条例」によれば[19]、香港でトランスナショナル高等教育として提供される課程は大きく、登録課程(Registered course)と免除課程(Exempted course)とに分けられる。後者は、海外の機関が香港の正規の高等教育機関と協力して提供するものであり、登録に必要な通常の手続きが「免除」される。これに対して前者の登録課程は、海外機関が直接香港で教育を提供するような、そうした協力関係を持たないもので、必ず登録の手続きを経て認可を受けなければな

らない。このうち海外の高等教育修了資格を付与する課程については、それが課程の提供者が自国で行っているのと同等水準であることや、機関自身や自国の学術団体、そしてもし存在するのであれば適格認定機関によってその同等性が認められていることが必要とされる。このように、香港でトランスナショナル高等教育の課程を提供するときには、「免除」資格を得るか、課程の登録を受けるかしなければならない。ただし、具体的な認可の基準や条件が政府によって示されているわけではない点は指摘しておく必要がある。なお、課程の内容が完全に遠隔教育の形式で提供され、香港所在の機関や団体、あるいは香港居住者が教育や試験などに全くかかわらない場合には、登録の手続きは不要である。そのため、このような種類の教育の状況は必ずしも把握されない[20]。

こうした手続きに加えて強調されているのは、教育提供者による関連情報の報告と、担当機関によるその公表である。その対象には例えば、課程の内容、教育方法、入学条件、教育にかかわる教職員、香港での施設設備などの情報、そして教育提供者自身に関する情報などが含まれる[21]。これらの情報は、次節で分析対象としたリストの形式で誰にでもアクセス可能な形になって、政府部門から公表されている。

このように、香港においては政府が具体的な基準や条件を設定しないと同時に、必要な情報を確実に公表することにより、質の評価やそうした評価を通じた質の維持・向上という役割を市場に委ねている。つまり、トランスナショナル高等教育の提供や利用に関して自由な市場を維持することが重視されているのである。

こうした質保証の仕方は特徴的で、例えば中国と比べてみるとそれがより際だったものとなる。中国では、質保証が政府の主導で展開されており、しかも提供前の認可段階での評価活動が重視されている。それとともに、海外の機関が単独で教育を提供することは認められておらず、必ず国内の機関と連携することが求められる[22]。つまり、中国では政府主導での事前統制と自国の質保証システムを前提としてトランスナショナル高等教育の質を保証しようとしていると言える。これに対して香港では、より緩やかな条件を満た

すだけで参入が可能であり、同等性の確保といった点で他国の質保証システムも利用しつつ、より自由な市場での競争や評価を通じて質の維持・向上が図られる仕組みとなっているのである。

　もっとも、トランスナショナル高等教育として括ることのできるこうした多様な教育の在り方については現在でも見直しが進められている。例えば、2010年に大学補助金委員会から出された報告書 *Aspirations for the Higher Education System in Hong Kong* では、香港がすでに国境を越える様々な形式の高等教育が提供される場となっており、地元のニーズのみならず他のアジア諸国の学生を惹きつけるという見通しからそれが一層拡大すると見込まれる一方で、進出してくる機関の名声が高くないことや、自由な市場環境の中で財政的な失敗のリスクがあることが問題視されている。そして、シンガポールやペルシャ湾岸諸国のやり方を検討したうえで、香港に適した在り方が模索されている[23]。

3．トランスナショナル高等教育の受け入れ状況

　それでは、現在香港で開設されている課程がどのような特徴を持つのかについて具体的に検討しよう。手がかりとするのは、香港特別行政区政府教育局(Education Bureau)のホームページ上で公開されている課程のリストである[24]。このリストは登録課程、免除課程それぞれについて半月ごとに更新されることになっていて、ここで対象としたのは2011年3月31日時点で認可を受けていた課程である。

　分析にあたっては、同時点での全体的な状況とともに、特に近年の変化に注目する。そのため各課程を、その認可日に基づいて[25]、1998年から2004年までの期間（Ⅰ期）のものと2005年から2011年までの期間（Ⅱ期）のものとに分けて検討する。

　2011年3月31日時点でリストにあげられていたのは、登録課程393、免除課程769のあわせて1,162の課程だったが[26]、このうち免除課程の一つは関連情報が入手できなかった。それを除いた課程を登録課程、免除課程ごと

に、提供者の所属国(地域)と提供される教育の内容に注目して整理したのが表10－2および表10－3である。これらの表から次の5点を指摘することができる。

表10－2　登録課程の状況(2011年3月31日時点)

		人文・社会科学	ビジネス・管理	教育・語学	科学・技術	不明	計
オーストラリア	I	2	25	1	9	8	45
	II	4	35	3	4	3	49
	小計	6	60	4	13	11	94
イギリス	I	7	48	5	19	1	80
	II	16	73	3	34	5	131
	小計	23	121	8	53	6	211
アメリカ	I	0	5	0	2	0	7
	II	20	18	2	3	0	43
	小計	20	23	2	5	0	50
中国	I	2	4	2	2	0	10
	II	0	4	2	0	0	6
	小計	2	8	4	2	0	16
その他	I	0	5	0	1	1	7
	II	4	8	1	2	0	15
	小計	4	13	1	3	1	22
計	I	11	87	8	33	10	149
	II	44	138	11	43	8	244
	小計	55	225	19	76	18	393

注1：「中国」には香港・マカオを含まない。
注2：「I」は1998年から2004年までの期間(I期)に認可を受けた課程、「II」は2005年から2011年までの期間(II期)に認可を受けた課程を示す。
出典：Education Bureau, "List of Registered Courses (as at 31 March 2011)" <http://www.edb.gov.hk/index.aspx?nodeID=1438&langno=1, 2011年4月16日　最終アクセス>から得た情報を整理して作成。

第一に、提供者の所属国(地域)について見ると、どちらの課程でも最も多いのはイギリスで、登録課程では全体のほぼ半数(53.7％)、免除課程では約3分の2(68.0％)となっている。それに次ぐのはオーストラリアで、それぞれ23.9％、19.1％を占めている。これにアメリカと中国が続くが、両国から提供される課程は多くはない。中国は、登録課程で4.1％、免除課程で7.2％にすぎない。中国は2005年時点では登録課程で5％、免除課程で9％を占めていて、先行研究では「徐々に香港で市場のシェアを占めてきている」と指摘

表10-3　免除課程の状況(2011年3月31日時点)

		人文・社会科学	ビジネス・管理	教育・語学	科学・技術	不明	計
オーストラリア	Ⅰ	16	22	6	37	0	81
	Ⅱ	14	21	2	29	0	66
	小計	30	43	8	66	0	147
イギリス	Ⅰ	36	100	15	80	0	231
	Ⅱ	40	147	25	62	17	291
	小計	76	247	40	142	17	522
アメリカ	Ⅰ	2	23	0	1	0	26
	Ⅱ	1	3	0	0	0	4
	小計	3	26	0	1	0	30
中国	Ⅰ	14	9	3	19	0	45
	Ⅱ	5	3	1	1	0	10
	小計	19	12	4	20	0	55
その他	Ⅰ	0	7	0	0	0	7
	Ⅱ	1	6	0	0	0	7
	小計	1	13	0	0	0	14
計	Ⅰ	68	161	24	137	0	390
	Ⅱ	61	180	28	92	17	378
	小計	129	341	52	229	17	768

注1：「中国」には香港・マカオを含まない。
注2：「Ⅰ」は1998年から2004年までの期間（Ⅰ期）に認可を受けた課程、「Ⅱ」は2005年から2011年までの期間（Ⅱ期）に認可を受けた課程を示す。
出典：Education Bureau, "List of Registered Courses (as at 31 March 2011)" ＜ http://www.edb.gov.hk/index.aspx?nodeID=1438&langno=1, 2011年4月16日　最終アクセス＞から得た情報を整理して作成。

されていたが[27]、現時点までの推移を見ると香港における存在感が増してきているとは言えない。なお、その他に含まれる国(地域)は、登録課程ではカナダ、アイルランド、イタリア、マカオ、フィリピン、スイスであり、免除課程ではカナダ、フランス、マレーシア、ニュージーランドである。

　第二に、2期の比較という視点から提供者所属国(地域)の構成を検討すると、登録課程ではイギリスがⅠ期、Ⅱ期ともに全体の53.7％と一貫しているのに対して、オーストラリアはⅠ期が30.2％、Ⅱ期が20.1％と比率の低下が見られ、逆にアメリカはそれぞれ4.7％、17.6％でⅡ期の方が高くなっている。中国はⅠ期が6.7％、Ⅱ期が2.5％である。免除課程では、イギリスがⅠ期(59.2％)からⅡ期(77.0％)へと比率を高めた一方、オーストラリア、アメリカ、中

国はいずれもⅠ期よりもⅡ期のほうが提供される課程の絶対数が少なくなり、全体に占める比率が低くなっている。特に中国は、Ⅰ期には11.5%を占めていたものの、Ⅱ期にはわずか2.6%にとどまっている。

　ここで手がかりとしているリストでは、提供される教育内容が大きく四つ、すなわち人文・社会科学(Arts & Social Science)、ビジネス・管理(Business & Administration)、教育・語学(Education & Language)、科学・技術(Science & Technology)に分けられている。こうした提供される教育内容に注目すれば、第三に、どちらの課程でも最も多いのはビジネス・管理で、科学・技術、人文・社会科学、教育・語学の順になっている。このうち上位二つの構成比率は課程によってやや違いがあり、登録課程では「不明」を除くと60.0%の課程がビジネス・管理、20.3%の課程が科学・技術なのに対して、免除課程では同じように「不明」を除いて比率を求めるとビジネス・管理が45.4%、科学・技術が30.5%となっている。科学・技術分野では相対的に多くの施設設備が必要となることから、海外機関が直接提供する登録課程においてよりも香港内に協力相手を持つ免除課程のほうで提供される傾向にあることが推測される。

　第四に、提供される教育内容の時期による相違について見ると、登録課程では人文・社会科学が比率を高めている(Ⅰ期7.9%、Ⅱ期18.6%)のに対して、他の三つの分野ではいずれも比率が低下している。一方免除課程では、ビジネス・管理と教育・語学で比率が高まり、他の二分野で低くなっている。

　そして第五に、提供される教育内容の提供者所属国(地域)ごとの異同に注目すると、登録課程では、どの国(地域)でもビジネス・管理が最も多いが、イギリスでは科学・技術、アメリカでは人文・社会科学が比較的多い。それに対して、免除課程では、オーストラリアや中国は科学・技術分野の課程が最も多くなっており、中国ではそれに次ぐのは人文・社会科学分野である。イギリスとアメリカはともにビジネス・管理が最も多いものの、イギリスでは科学・技術分野の課程もある程度存在し、アメリカはビジネス・管理が突出している。

　また、各課程の名称に基づいて修了時に授与される学位・証書等を整理すると、何らかの学位が授与されるのは登録課程では全体の74.6%(学士課程

43.5％、修士課程26.5％、博士課程4.6％）、免除課程では59.1％（学士課程31.0％、修士課程26.3％、博士課程1.8％）となっている。内訳を見ると、前者においては学士課程プログラムが多いのに対して、後者では学士課程と修士課程のプログラムが同程度提供されている。後者の免除課程では修了証書（Certificate, Diploma）を授与するプログラムが全体のおよそ4割を占めている。海外の機関が直接教育を提供する登録課程の方が正規の学位を授与することで学生を惹きつけようとしていることが推測される。なお提供者所属国（地域）別では、登録課程では大きな違いは見られないものの、免除課程ではイギリスは全体と同じ傾向を示しているのに対して、オーストラリアでは学士課程プログラム、アメリカと中国では修士課程段階のプログラムが相対的に多く、アメリカでは修了証書を授与するプログラムが最も多くなっている。

さらに、教育方法について見ると、次のようになっている。各課程の情報には教育方法として、対面式授業のみ（Face-to-face tuition only）、対面式授業を伴う遠隔教育（Distance learning with face-to-face tuition）、対面式授業を伴わない遠隔教育（Distance learning without face-to-face tuition）のいずれかが示されている。ただし、いくつかの課程ではこのうちの二つの方法が併記されている。

表10－4は、提供者所属国（地域）と教育方法の関係を整理したものである。これによれば、登録課程では対面式授業形式のみの課程と遠隔教育がほぼ半数ずつであり、免除課程では両者が4：6の比率になっていることがわかる。また、免除課程の方が対面式授業を伴わない遠隔教育形式の教育を登録課程よりも相対的に多く提供している。国（地域）別では、オーストラリアとイギリスの提供者は様々な形式の課程を提供しているのに対して、アメリカから提供される課程では対面式授業で行われるものが多く、中国から提供される課程ではどちらかと言えば対面式授業を伴う遠隔教育の形式が多くとられている。

このように香港ではトランスナショナル高等教育として、様々な国（地域）の提供者が多様な内容の教育を多様な形式で提供しているものの、全体としては、イギリスやオーストラリアに所属する提供者によってビジネス・管理分野や科学・技術分野の課程が提供される傾向が観察される。また、教育方

表10−4　提供者所属国（地域）・教育方法別の状況

	対面式授業のみ	遠隔教育(対面式授業あり)	遠隔教育(対面式授業なし)	不明	計
登録課程					
オーストラリア	56(59.6)	33.5(35.6)	4.5(4.8)	0	94(100.0)
イギリス	104(49.3)	88.5(41.9)	17.5(8.3)	1(0.5)	211(100.0)
アメリカ	35(70.0)	14(28.0)	1(2.0)	0	50(100.0)
中国	6(37.5)	10(62.5)	0	0	16(100.0)
その他	10(45.5)	10.5(47.7)	1.5(6.8)	0	22(100.0)
計	211(53.7)	156.5(39.8)	24.5(6.2)	1(0.3)	393(100.0)
免除課程					
オーストラリア	60.5(41.2)	67(45.6)	19.5(13.3)	0	147(100.0)
イギリス	189.5(36.3)	179.5(34.4)	151(28.9)	2(0.4)	522(100.0)
アメリカ	26(86.7)	4(13.3)	0	0	30(100.0)
中国	26(47.3)	29(52.7)	0	0	55(100.0)
その他	9(64.3)	5(35.7)	0	0	14(100.0)
計	311(40.5)	284.5(37.0)	170.5(22.2)	2(0.3)	768(100.0)

注1：一つの課程で二つの方法が併記されているときにはそれぞれを0.5として集計した。
注2：「中国」には香港・マカオを含まない。
出典：Education Bureau, "List of Registered Courses (as at 31 March 2011)"＜http://www.edb.gov.hk/index.aspx?nodeID=1438&langno=1, 2011年4月16日最終アクセス＞およびEducation Bureau, "List of Exempted Courses (as at 31 March 2011)"＜http://www.edb.gov.hk/index.aspx?nodeID=1438&langno=1, 2011年4月16日最終アクセス＞から得た情報を整理して作成。

法としては、対面式授業も遠隔教育形式もともに用いられており、この点でも多様性が示されている。

おわりに

　これまでの検討の結果は次のようにまとめることができるだろう。

　香港の高等教育、特に学位授与権を有する機関は従来、主として財政的な仕組みにより政府のコントロールを受けてきた。社会のニーズに基づく量的拡大は進んだが、それも政府が政策的に推し進めた結果だった。近年は公的な財政支出によらない教育の拡大が高等教育全体の拡大をもたらすようになっているものの、その基盤には依然として数値目標を含めた政策方針が存在している。

　これとは対照的に、トランスナショナル高等教育は、政府のコントロール

の外で比較的早くから香港で展開されるようになっていた。その質を保証し、教育を受ける者を保護することを目的として1996年に「条例」が制定されたが、その制度設計は、そうした教育を政府のコントロール下に置くため具体的な基準や条件を設定するのではなく、必要な情報を確実に公表することにより、そうした目的を主として市場メカニズムを通じて達成しようとする考えに基づいている。そして実際、イギリスやオーストラリアに所属する提供者によって展開されるビジネス・管理分野や科学・技術分野の課程を中心に、多様な課程が開設されているのである。

　このように香港は、トランスナショナル高等教育の受け入れに関して、市場に依拠したユニークなモデルを展開している。これは、規制緩和という近年の日本の動向からすれば望ましいものに映るかもしれない。しかし、それがはじめに述べた香港社会の特徴と整合的であることは十分認識する必要があるし、進出してくる機関の名声の低さが問題だとみなされ政策の見直しが行われるなど、香港においても市場に委ねさえすればよいと考えられているわけではない点には注意しなければならないだろう。トランスナショナル高等教育の受け入れが一層進む中で香港がどのようにその政策や制度を変えていくのか、今後の動向に注目することには大きな意義があると思われる。

注

1　Knight, J., 2010, Cross-Border Higher Education: Quality Assurance and Accreditation Issues and Implications in Findlay, C. and Tierney, W.G.（eds.）*Globalization and Tertiary Education in the Asia-Pacific: the Changing Nature of a Dynamic Market*, Singapore: World Scientific Publishing, pp.75-77.
2　本章では「中国」という語を、中華人民共和国政府が統治する範囲のうち香港・マカオを除いた地域を指すものとして用いる。
3　Yang, R., 2006, Transnational Higher Education in Hong Kong: An Analysis, in Huang, F.（ed.）*Transnational Higher Education in Asia and the Pacific Region*, Hiroshima: Research Institute for Higher Education, Hiroshima University, p.36.
4　Postiglione, G., 2005, China's Hong Kong Bridge, in Li, C.（ed.）*Bridging Minds across the Pacific: U.S.-China Educational Exchanges, 1978-2003*, Lanham: Lexington Books, pp.201-218.

5　王剣波、2005『跨国高等教育与中外合作辦学』山東教育出版社、132頁。
6　黄浩炯・何景安編著、1996『今日香港教育』広東教育出版社、49頁。
7　容萬城、2002『香港高等教育：政策与理念』三聯書店(香港)有限公司、8-11頁。
8　同上書、118-121頁。また大学補助金委員会ホームページ(http://www.ugc.edu.hk/eng/ugc/index.htm)参照。
9　容、2002、前掲書、20-21頁。
10　University Grants Committee, 2004, *Hong Kong Higher Education: To Make a Difference, To Move with the Times*, University Grants Committee. http://www.ugc.edu.hk/eng/doc/ugc/publication/report/policy_document_e.pdf (2011年8月6日最終アクセス)。
11　University Grants Committee, 2010, *Aspirations for the Higher Education System in Hong Kong*, University Grants Committee. http://www.ugc.edu.hk/eng/doc/ugc/publication/report/her2010/her2010-rpt.pdf (2011年4月24日最終アクセス)。
12　Postiglione, G., 2004, Universities for Knowledge Economies: Hong Kong and the Chinese Mainland within Globalization and Decentralization, in Mok, K.H. (ed.) *Centralization and Decentralization: Educational Reforms and Changing Governance in Chinese Societies*, Boston: Kluwer Academic Publishers, p.159.
13　Bray, M., 1992, Hong Kong, in Clark, B.R. and Neave, G.R. (eds.) *The Encyclopedia of Higher Education* (Vol.1), Oxford: Pergamon Press, p.289.
14　王、2005、前掲書、131頁。
15　Education Commission, 1986, *Education Commission Report*, No2. http://www.e-c.edu.hk/eng/online/annex/ecr2_e.wdl. (2011年4月23日最終アクセス)。
16　"NON-LOCAL HIGHER AND PROFESSIONAL EDUCATION (REGULATION) ORDINANCE". http://www.hklii.org/hk/legis/en/ord/493/, 2011年4月22日最終アクセス)。
17　Knight, J., 2010, *op. cit.*, pp.86-87.
18　王、2005、前掲書、135頁。
19　「条例」の内容に関する以下の記述は、注(16)にあげた資料による。
20　ただしこのような形式の教育であっても、香港で学生募集などの広告を出すときには相応の監督や管理を受ける(林金輝・劉志平、2010『高等教育中外合作辦学研究』広東高等教育出版社、116頁)。
21　Mcburnie, G. and Ziguras, C., 2001, The Regulation of Transnational Higher Education in Southeast Asia: Case of HK, Malaysia and Australia, *Higher Education*, Vol.42 No.1, p.90.
22　叶林、2009「中国におけるトランスナショナル学位プログラムの質保証」羽田貴史・米澤彰純・杉本和弘編著『高等教育質保証の国際比較』東信堂、115-137頁。なお中国におけるトランスナショナル高等教育の展開については、本書第9章のほか、

大塚豊、2008『WTO加盟後の中国高等教育の対外開放性に関する実証的研究』（平成17年度～平成19年度科学研究費補助金（基盤研究（C））研究成果報告書）広島大学大学院教育学研究科も参照のこと。

23 University Grants Committee, 2010, *op. cit.*.
24 Education Bureau, List of Registered Courses（as at 31 March 2011）. http://www.edb.gov.hk/index.aspx?nodeID=1438&langno=1（2011年4月16日最終アクセス）およびEducation Bureau, List of Exempted Courses（as at 31 March 2011）. http://www.edb.gov.hk/index.aspx?nodeID=1438&langno=1（2011年4月16日最終アクセス）。
25 海外の機関が香港で実施する教育プログラムは早くから存在していたはずだが、ここで用いたリストにおいては、分析対象とした課程のうち認可日が最も早いのは1998年3月10日だった。
26 全体数について見ると、2005年9月末日時点で認可を受けていた課程は、登録課程が411、免除課程が628だった（Yang, R., 2006, *op. cit.,* pp.45-46）。どちらの課程でもⅡ期においてかなりの数が新たに認可を受けていることから（表10-2および表10-3）、逆に、当時存在していた課程のうちその後認可されなくなったり廃止されたりした課程がかなり多くあることが推測される。

なお2000年時点では、香港で課程を開設していた機関は150を越え、そのうち半数がイギリスの機関、3分の1がオーストラリアの機関で、残りがアメリカ、カナダ、中国の機関だった。そしてこれらの機関が600を越える課程を開設していたという（容、2002、前掲書、191頁）。
27 Yang, R., 2006, *op. cit.,* p.45.

第11章　韓国におけるトランスナショナル高等教育

―オランダ海運物流大学韓国分校を事例に―

石川　裕之

はじめに

　本章では大韓民国(以下、「韓国」とする)におけるトランスナショナル高等教育について考察する。トランスナショナル高等教育には様々な形態が存在するが、外国の教育機関やプログラムの受け入れに注目すれば、韓国には、①外国大学の分校(Branch campus)の設立と、②国内大学と外国大学による教育課程の共同運営という二つの形態が存在している[1]。本章では特に前者の形態に注目する。なぜなら、韓国における外国大学分校は現地の高等教育システムや高等教育市場との関係という点においていくつかの課題を抱えており、そこには韓国におけるトランスナショナル高等教育が持つ特徴の一端が示されているからである。そこでまず第1節で、韓国ではいかなる法制度に基づき、どのような目的によって外国大学分校が設置されているのかについて検討し、続く第2節では外国大学分校の設立・運営状況について概観する。そして第3節ではケース・スタディとして、韓国初の外国大学分校であるオランダ海運物流大学韓国分校(Netherlands Shipping and Transport College Korea：STC-Korea)を事例に取り上げ、その運営実態を探っていくこととする。

1．外国大学分校の法的位置付けと設置目的

　韓国で外国大学分校を含む外国教育機関の誘致について議論がなされるようになったのは、90年代中盤以降のことである。この時期に、WTO等において教育サービスが主要テーマの一つとして注目されるようになったことが

その背景にある。韓国政府が積極的に外国大学分校の誘致に乗り出したのは、2002年に「経済自由区域の指定および運営に関する特別法」(2002年12月30日制定、2011年7月21日一部改正、法律第10892号)が制定されて以降のことであった。なぜならば、同法によって指定される経済自由区域(Free Economic Zones)[2]へ外国人投資を呼び込むためには、まず海外の優秀な教育機関を誘致し、外国人投資家の居住環境を整備する必要があると考えられたためである。また、外国教育機関の誘致を通じて韓国の教育の競争力が向上されることや、優秀な外国教育機関が韓国国民の高い海外留学・研修需要を吸収することで慢性的な海外留学収支の赤字が改善できるといった波及効果も期待された[3]。

　現在、韓国国内における外国教育機関の設立・運営は、上述の「経済自由区域の指定および運営に関する特別法」や「済州特別自治道設置および国際自由都市造成のための特別法」(2006年2月21日制定、2011年7月28日一部改正、法律第10977号)、「経済自由区域および済州国際自由都市の外国教育機関設立・運営に関する特別法」(2005年5月31日制定、2011年5月19日一部改正、法律第10632号)等によって定められている。法令の名称からわかるように、外国教育機関の設立・運営は、原則として経済自由区域と済州特別自治道(以下、引用部分を除き「済州道」とする)においてのみ認められている。またその目的は、「経済自由区域および済州特別自治道に居住する外国人の教育条件を向上させること」(「経済自由区域および済州国際自由都市の外国教育機関設立・運営に関する特別法」第1条)にあるとされ、一義的には外国人を教育対象としていることがわかる。

　なお、外国大学分校を含む外国教育機関へは韓国人の入学も認められているものの、法令により原則として入学定員または在学生の30％未満に制限されている(「経済自由区域および済州国際自由都市の外国教育機関設立・運営に関する特別法施行令」第7条第3項)。外国教育機関は韓国国内に所在する教育機関でありながら、韓国人の入学はあくまで副次的な扱いとなっているのである。これは上述したように、外国教育機関の設立・運営が、人的資源開発政策ではなく、外国人投資誘致政策の一環として位置付けられているためである。

2．外国大学分校の設立・運営状況

　それでは、実際の外国大学分校の設立・運営状況はどうであろうか。2011年時点において、韓国国内に存在する外国大学分校は本章で紹介するオランダのSTC-Koreaと、ドイツのFAU釜山分校(The Busan Branch of the Friedrich-Alexander University of Erlangen- Nürnberg)の2校しかなく、現時点で外国大学分校の数は決して多くないと考えられる。STC-Koreaは2008年に光陽湾圏経済自由区域内の光陽市に設立され、現在は海運物流学の修士学位プログラム(Master Shipping and Transport program)と中小企業経営者等を対象とした短期コースを運営している(短期コースは2007年に先行して開講)。また、FAU釜山分校は2010年に釜山鎮海経済自由区域内の釜山テクノパークに設立され、2011年3月から化学生命工学(生命プロセス工学、化学反応工学、機械プロセス工学、環境プロセス工学、流体力学、分離工学の6専攻)の修士学位プログラム(Master's Degree Program "Chemical and Bioengineering MSc")を運営している。いずれも修士学位プログラムが主となっており、1学年の入学定員は40～50名と小規模である[4]。

　さらに現在、政府・自治体から莫大な財政支援を受けつつ、仁川経済自由区域の松島新都市に松島グローバル大学キャンパス(Songdo Global University Campus)が建設されている(全体の完成は2013年を予定)。同キャンパスには、アメリカのニューヨーク州立大学ストーニブルック校(SUNY)やノースカロライナ州立大学、南カリフォルニア大学、イギリスのサリー大学、ロシアのサンクトペテルブルク国立大学やモスクワ大学、ベルギーのケント大学(本部はイギリス)など有名大学の分校が誘致される予定であり、これらの外国大学分校では、本校と全く同じ基準で学生を選抜し、本校の教員が本校と同じ学事日程で教え、本校と同一の学位を授与することになるという[5]。

　以上のように、今後数多くの有名外国大学分校が松島グローバル大学キャンパスに誘致される予定である。2012年には同キャンパス内の外国大学分校としては初めて、SUNYの韓国分校(SUNY Korea)が開校し、まず修士・博士課程を開設している(学士課程は2013年開設予定)[6]。しかし、過去にはいくつかの外国大学が分校設立の協約を結んで政府・自治体から多額の設立準備

金を受け取っておきながら、そのまま誘致計画が霧散したケースもあったという。2011年4月時点で同キャンパスへの誘致が予定されている外国大学分校は10校にも及ぶものの、今後これらがすべて開校に至るかは不透明な状況である[7]。

その他にも2008年時点で、光陽市にアメリカのネバダ州立大学、釜山市にオーストラリアのマッコーリー大学、済州道にフィンランドのヘルシンキ経済大学などの分校の誘致計画が存在していたが[8]、いずれも現在のところ開校の目途が立ったという情報はない。済州道への誘致計画があったヘルシンキ経済大学の分校の場合、国内の営利法人と提携して設立を進めた点が韓国政府から問題視され、事実上誘致計画が霧散したといわれている[9]。

上で述べたドイツのFAU釜山分校の場合も設立が決定するまでには相当な時間が必要であったし、松島グローバル大学キャンパスの例を見ても、全体的に韓国における外国大学分校の誘致・設立は難航している様子である。その理由としては、特別法によって外国の教育機関の設立に関する規制が緩和されたとはいえ、外国大学分校の設立母体が非営利法人であることが求められたり、政府の設立認可を受けるためには校舎や校地、教員、基本財産など諸々の条件を満たさないといけなかったりと、外国教育機関の側からすると依然として規制が強く、進出が困難なことがあげられる[10]。

また、現在の外国教育機関誘致に関する政策が、市場や顧客（学生やその保護者）のニーズを反映していないことも不振の原因のひとつであるとされる。モ・ジョンリンらの試算によれば、諸々の条件を勘案すると、現在韓国国内に居住している外国人のうち外国関連の教育機関（外国教育機関や外国人学校、米軍学校など）に進学可能な者は3000名程度にすぎず、しかも彼らの多くはすでに既存の外国人学校に通っているという。また、韓国政府は国内の外国教育機関に東アジアからの留学生を誘致することも念頭に置いているが、これも韓国の教育の国際競争力を考えると現実的ではないという。特に、高等教育段階の場合、子どもは両親から離れて他の国・地域の大学に進学するのが一般的であるため、外国人投資家の子女が韓国国内の外国教育機関に進学することはあまり期待できず、外国教育機関を設立しても外国人投資家に対

するアピールにはならないと指摘している[11]。

こうした事態を打開するためには、外国教育機関の設立・運営の目的を外国人投資誘致から人的資源開発(国際人材の育成)へと転換し、韓国人学生に対する入学制限を含む各種規制を緩和することが一番の近道であると考えられるが[12]、現在のところ韓国政府がこうした方向に積極的に転じる気配はない。その背景には韓国の大学への配慮が存在していると考えられる。外国大学分校が各種の行財政支援を受けていたり、首都圏に誘致・設立される場合であっても特例的に入学定員に関する規制が適用されないことなどについて[13]、以前から韓国の大学から「逆差別」であるとの声が上がっている[14]。仮に外国大学分校に韓国人学生が完全に自由に入学できるようになれば韓国の大学にとって大きな脅威になるであろうし、しかもそれらの外国大学分校に韓国の資金に基づく各種支援が提供されているとなれば、韓国の大学から強い批判と抵抗が生じるのは当然といえよう。

3．ケース・スタディ―オランダ海運物流大学韓国分校―

筆者は、韓国における外国大学分校の運営実態を探るべく、2010年3月10日にSTC-Koreaへの訪問調査を実施した。当日はチームマネージャーのポール・チョン(Paul Chung)氏が対応してくれた。

(1) 概　要

STC-Koreaの所在する全羅南道光陽市は、釜山市からバスで西へ2時間ほどいったところにある港湾工業都市である。STC-Koreaは、湾岸地帯に建てられたランドマーク・タワーである「ワールドマリンセンター」の5・6階のフロアに入っている。そのたたずまいから筆者が受けた印象は、大学というよりも企業のオフィス、あるいはビルのワンフロアを使って営業している日本の予備校などに近かった。

STC-Koreaの本校は、2007年にロッテルダムに設立されたオランダ海運大学(Netherlands Maritime University：STC-NMU)である。STC-NMUは修士学位

プログラムのみを運営する大学院大学であり、STC-Koreaのわずか1年前に設立されたばかりの新しい大学である。ただし、STC-NMUやSTC-Koreaの運営母体であるSTCグループは、1833年設立のロッテルダム市立海運学校（Rotterdam Muncipal Maritime Academy）や1921年設立の王立海運教育財団（Royal Education Fund for Maritime Sector）、1953年に世界初の港湾労働者研修機関として設立されたロッテルダム港湾訓練学校（Rotterdam Port Training Institute）など6つの機関を母体として1990年に設立されたもので、海運物流分野の専門教育において長い歴史と豊富なノウハウを有している。

STCグループは韓国のSTC-Korea以外に、ベトナム、フィリピン、南アフリカ、オマーンなどにも"Knowledge Hub"と呼ばれる分校または合弁教育機関を開設している。ただし、修士学位プログラムを開設しているのは、本校のSTC-NMUと分校のSTC-Koreaのみである[15]。

なお、同校の教員は大部分がオランダの本校から派遣されているが、一方で職員については韓国で現地スタッフを雇用しているとのことであった[16]。

写真1　STC-Koreaが入っているワールドマリンセンター
　　　　港のコンテナ・ターミナルのすぐ横に建っている（筆者撮影）

(2) STC-Korea誘致・設立成功の要因

それでは、韓国国内の外国大学分校の誘致・設立が難航する中で、なぜ

STC-Koreaが初めてそれに成功したのであろうか。その理由をSTCグループのエリック・ヒェットブリンク(Erik Hietbrink)理事長の発言から推察すると、第一に政府・自治体のSTC-Korea誘致に対する積極的な姿勢、第二に手厚い行財政支援が大きな要因となったようである[17]。STC-Koreaは2008年から5年間にわたって、韓国政府(海洋水産部)と、全羅南道および光陽市から設立・運営費の50％に相当する財政支援(5年間で合計約48億ウォン≒3億7000万円：2010年2月時点)を受けることになっている[18]。これは積極的な海外展開を進めているSTCグループにとって相当魅力的な条件であったと考えられる。

また、ポール・チョン氏によれば、「それぞれ状況が異なるため、これだという要因をあげることはできないが、STCグループが堅実な教育プログラムを持っていたことが誘致・設立成功に大きく影響したと思う」[19]とのことであった。各種の行財政支援がSTCグループ側にとって魅力的であった一方で、STCグループの長年のノウハウに基づく質の高い教育プログラムは、韓国側にとって魅力的であったということであろう。また、同校の提供する海運物流分野に特化した専門教育が韓国国内ではニッチな存在であったことも、韓国政府による設立認可や韓国の大学との摩擦回避にプラスの影響を及ぼし、比較的スムーズな誘致・設立につながったのではないかと推察される。

さらに、同校が光陽市という首都圏から遠く離れた地域に設立されたことも[20]、韓国の大学から批判や抵抗を受けずに済んだ一因となったと考えられる。韓国の有力大学は首都圏に集中しており、受験生の首都圏の大学への進学志向も根強いため、地方に設立されるのであれば外国大学分校は国内の学生獲得競争において直接の脅威とならないからである。しかも同校は非常に小規模であるため、現時点では国内の学生獲得競争にほとんど影響を与えないといってよいだろう。

(3) 入学状況

上でも述べたが、STC-Koreaでは海運物流学の修士学位プログラムと中小企業経営者等を対象とした短期コースを運営している。ここでは前者の修士学位プログラムの入学状況についてみてみよう。

修士学位プログラムの入学定員は40名であるが、オランダにはそもそも入学定員という概念が存在しないため、韓国政府の設立認可を受けるためにわざわざ定めたものであるという[21]。修士学位プログラムへの受験資格としては、海運物流関連の学士学位を持ち、さらに2年以上の実務経験を有していることが基本条件として求められる。また、授業はすべて英語で行われるため（校内では原則として英語以外の言語の使用を禁じている）、母語が英語でない場合には相応の英語能力（TOEFL550点以上など）を持っていることを証明しなければならない。こうした受験資格は、本校のSTC-NMUと同じ基準となっている[22]。

STC-Koreaには2009年度に29名の学生が入学したが、そのうち10名が韓国人で、19名が外国人であったという。10名という韓国人入学者の数は、入学定員の30％未満（入学定員が40名であれば11名まで）という韓国人学生に関する法規定によるものと思われるが、韓国人の志願者がどの程度いたのかは不明である。なお、外国人入学者の出身国はタンザニア、エチオピア、ガーナ、ケニア、バングラディシュ、インド、中国など多様であるが[23]、アフリカと南アジアの出身者が多い点が特徴と言える。これには、STCグループがこれらの地域の近隣に分校や合弁教育機関を有していることに加え、本校のSTC-NMUと分校のSTC-Koreaでしか修士学位プログラムを開設してないことが関係しているかもしれない。さらに、STC-NMUとSTC-Koreaでは同じ教育プログラムを受けて同じ学位を取得できるにもかかわらず、学費はSTC-Koreaのほうが安いことも同校に途上国出身の学生が多いことに影響していると思われる[24]。つまり、近隣地域のSTCグループの分校または合弁教育機関で教育を受けた者がさらにキャリア・アップを目指す際に、本校よりも学費の安いSTC-Koreaを選択していると考えられるのである。

一方で、韓国人学生にとってSTC-Koreaはどのような魅力を持っているのだろうか。学費に注目してみると、STC-Koreaの年間の学費は1万ユーロ（約120万円：2010年2月時点）となっている。韓国の大学における2010年の年間の学費が国公立大学で平均約450万ウォン（約35万円：同上）、私立大学で平均約750万ウォン（約58万円：同上）[25]であったことを考えれば、STC-Korea

の学費は修士学位プログラムのものであることを勘案しても相当に高額といえる[26]。少なくとも学費の面では、STC-Koreaは韓国人学生にとって魅力ある大学とは言えないだろう。今回は残念ながら学生へのインタビューを行えなかったため確定はできないが、やはり優れた教育プログラムや、韓国国内にいながら英語で教育を受けられるという環境が韓国人学生の誘因となっているのではないだろうか。

(4) 教育プログラムの特徴

STC-Koreaの教育プログラムは、「船舶と物流(Shipping and Transport)」、「船舶と港湾(Shipping and Ports)」、「海運経営(Maritime Management)」、「専門教科(Specialisation)」、「論文(Thesis)」の5つのモジュールからなっており、本校のSTC-NMUとほぼ同一の構成となっている[27]。学生がこれらの教育プログラムを修了した場合、本校のSTC-NMUと同じ修士学位が授与される[28]。

表11－1　STC-Koreaの教育プログラム(修士学位プログラム)

Module1	Module2	Module3	Module4	Module5
Shipping and Transport	Shipping and Ports	Maritime Management	Specialisation	Thesis
Shipping and Transport Introduction	Cargo Operations Management	Maritime and Transportation Politics	Shipping and Engineering Management	Shipping Management Research
Supply Chain Management and Consultancy	Fleet Management	Corporate Maritime Management and Strategy	Port, Fairway and Inland Waterway Design	Thesis Assignment
Simulator Assisted Applied Research	Maritime Survey and Safety Management	Ocean Management and Marine Policy		
Applied Management Science	Shipping and Port Economics	Human Resources Management in Shipping		
Shipping Trade and Transportation Law	Ship Blocking and Chartering	Human Resources Development in Shipping		
Security in The Transportation Chain	The Business of Shipbuilding, Sale and Purchase			
	Port Management and Design Inland Waterway			
Management Skills and Competency Development				

出典：オランダ海運物流大学韓国分校ホームページ, http://www.stc-korea.kr/ (2011年1月25日アクセス)。

受験資格の関係でSTC-Koreaにはそもそも海運物流関係の学士学位と実務経験を持つ者が入学してくるし、修了者は再び同分野に戻って働くケースがほとんどである。このため同校では、学生のキャリア・アップにつながるとともに現場ですぐに役立つ実践的な教育内容が用意されている。ポール・チョン氏はこうした特徴を評して、「STC-Koreaは"university"というよりは"educational institute"である」と述べている[29]。同校の実践的な教育プログラムの中でも特に重視されているのは、実際の海運物流業務に即したシミュレーション実習である。そのために同校は「物流チェーン・シミュレーター(Transport Chain Simulator)」や「港湾ロジスティック・シミュレーター(Port Logistics Simulator)」など、充実したシミュレーション・システムを備えている。このシステムにはインターネットに接続されたコンピュータ、電話、ファックス等が取り付けられており、学生はトラック運送会社、船会社、倉庫会社、鉄道会社など様々な海運物流関係企業の立場に立ってロール・プレイングを行うことで、実践業務に役立つ多角的な視野と幅広い知識を養うことができるようになっている[30]。

写真2　物流チェーン・シミュレーター
窓の向こうにコンテナ・ターミナルが見える

おわりに

　以上、外国大学分校に着目し韓国のトランスナショナル高等教育の現状を見てきた。韓国初の外国大学分校であるSTC-Koreaの事例について検討したところ、経済自由区域内に限定されているとはいえ、例えばタンザニア人学生が韓国国内でオランダの大学の修士学位を取得するといったトランスナショナルな状況が存在していることがわかった。もちろん今回検討することができた事例は一つだけであり、韓国のトランスナショナル高等教育のごく一部分について述べたにすぎない。しかしそこからは、いくつかの韓国のトランスナショナル高等教育の特徴と課題を垣間見ることができた。

　まず第一に、現在、外国大学分校の設立・運営は、外国人投資誘致という目的に基づいて経済自由区域および済州道でのみ認められており、韓国人の入学も一定割合以下に限定されていた。これは、外国大学分校の設立・運営による国内の高等教育システムへの影響を最小限に抑えるための措置であると考えられた。このような、地域を限定した高等教育市場の一部開放は、いわば「出島」方式とでも言えるものであろう（韓国の場合は経済自由区域が湾岸地域に集中していたり、済州道がまさに済州島という島であることも「出島」を彷彿とさせる）。こうした方式では国内の高等教育システムへのインパクトをある程度政府側でコントロールできるという利点があるものの、一方で高等教育市場の開放に期待できる効果も自然と限定的とならざるをえない。依然として外国大学分校の数や学生数は少なく、今後学士学位プログラムが開設される予定はあるものの、管見の限り2012年時点で運営されているのは修士以上の学位プログラムのみである。外国人投資家の招致や教育競争力の向上、海外留学・研修需要の吸収といった所期の目的は、少なくとも現時点ではほとんど達成されていないと言ってよいだろう。

　例えていうならば、現在の韓国は、高等教育市場の開放というグローバル・インパクトに対して、全面的な「開国」でも完全な「鎖国」でもなく、ひとまず「出島」を作ってみることで今後の対応を模索している段階と言えよう。こうした慎重な対応は、世界的潮流へのキャッチアップの速さと政策立案・実施

のダイナミックさで知られる韓国には珍しいことであるように思える。しかしそれだけ韓国政府は、高等教育市場の開放が国内の高等教育システムに与える影響が(それが有益なものにしろ、脅威を与えるものにしろ)大きいと考えているということであろう。韓国の外国大学分校設立・運営のケースは、産業などの面ではすでにグローバルな市場経済システムに組み込まれていつつも、高等教育に関しては未だ十分な国際競争力を兼ね備えておらず、伝統的に国家統制の強い高等教育システムを維持してきた国が抱く、高等教育市場の開放というグローバル・インパクトに対する警戒感や、その流れに乗り遅れまいとする焦燥感、むしろ先手を打って国際競争に勝ち残ろうという野心などを垣間見せてくれる。そこには、トランスナショナル高等教育に対して一国が持つ多様な認識と姿勢がよく表れている。

　さて、現在のような外国大学分校をめぐる状況に果たして変化があるのか、今後の韓国のトランスナショナル高等教育の方向性を占ううえでの試金石となるのが、松島グローバル大学キャンパスの成否であろう。依然として不確定要素は多いものの同キャンパスにはアメリカやイギリスなどの有名大学の分校が誘致される予定になっているし、実際に開校に至ったケースも出ている。今後これらの外国大学分校の誘致・開校が予定通りに進めば、首都圏に一気に複数の外国大学分校が誕生することとなる。これらの外国大学分校はあくまで経済自由区域内に設立されるとはいえ、韓国の大学にとってそのインパクトは無視できないものとなるはずである。また、教育熱の高い韓国の国民がこうした動きをどう受け止め、いかなる反応を示すのかも気になるところである。松島グローバル大学キャンパスの始動を機に、韓国のトランスナショナル高等教育の状況が一変する可能性は十分にあると考えられる。

　第二に、STC-Koreaの事例からわかるように、首都圏から離れており、国内の高等教育のニッチを埋めるような教育プログラムを提供する小規模な機関であれば、現在の韓国の高等教育市場にも比較的受け入れられやすいと考えられた。STC-Koreaは韓国の大学に類を見ない海運物流分野に特化した実践的な教育プログラムを提供しており、地方にある小規模校であるため国内(特に首都圏の有力大学)の学生獲得競争に大きな脅威を与えないことが同校の

誘致・設立成功にプラスに働いたといえる。

　ただし一方で、設立認可に伴う各種の規制の存在や、設立後の学生募集の展望なども含め、現在のところ外国大学にとって韓国がそれほど魅力的な市場となっていないことも読み取れた。韓国政府や自治体からの行財政支援の存在が、STCグループが韓国進出を決定した大きな要因となっていたが、これは裏返せば、そうした支援がなければ韓国には進出していなかった可能性が高いということである。また、松島グローバル大学キャンパスの場合、外国大学に設立準備金を支払ったものの実際には設立まで至らないケースも生じていると言い、有名外国大学分校の誘致に熱心な韓国政府や自治体が、国際競争力に自信を持つ外国大学からいわば「食い物」にされているような一面も見られた。財政状況が厳しいうえに韓国の大学にも配慮しなければならないなか、行財政支援の供与に依存することなく外国大学に対していかに自国の高等教育市場の魅力をアピールできるかが、今後の韓国におけるトランスナショナル高等教育の課題となろう。

注

1　石川裕之訳、2010「韓国におけるトランスナショナル・エデュケーションに関する法令・条項」杉本均（研究代表者）『トランスナショナル・エデュケーションに関する総合的国際研究』平成20-22年度科学研究費補助金基盤研究(B)中間報告書、72-82頁。
2　経済自由区域とは、外国人投資企業の経営環境と外国人の生活条件を改善するために造成された地域であり、その目的は外国人の投資を促進し、国家競争力の強化と地域間の均衡発展を図ることにある。経済自由区域の指定権限者は知識経済部長官であり、2003年の仁川経済自由区域を皮切りに、2008年までに6地域が指定を受けている。
3　モ・ジョンリン、キム・ウィソン、2009『外国教育機関と外国人学校の誘致と発展（グローバル教育フォーラムWorking Paper Series第1号）』グローバル教育フォーラム、6-7頁。
4　オランダ海運物流大学韓国分校ホームページ。http://www.stc-korea.kr/（2011年7月31日アクセス）、FAU釜山分校ホームページ(旧)。http://www.fau-busan.org/（2011年1月25日アクセス）、FAU釜山分校ホームページ(現)。http://www.fau-busan.ac.kr/（2011年7月31日アクセス）。

5 松島グローバル大学キャンパスホームページ。http://www.sguc.co.kr/（2011年7月31日アクセス）、朝鮮日報インターネット版。http://news.chosun.com/site/data/html_dir/2010/01/21/2010012101801.html（2011年1月30日アクセス）、『京郷新聞』2011年4月4日付。
6 『ソウル新聞』2011年7月14日付、SUNY Koreaホームページ。http://www.sunykorea.ac.kr/（2012年10月6日アクセス）。
7 『京郷新聞』2011年4月4日付。
8 ソン・ユミ（研究責任者）、2008『高等教育産業競争力堤高方案研究』韓国職業能力開発院、53頁、カン・ギョンジョン、イ・ナムチョル、イ・サンドン、ユン・ヨイン、2009『知識サービス強国実現のための人的資源形成に対する研究』韓国職業能力開発院、105頁。
9 『ハンギョレ新聞』2008年12月18日付。
10 ソン・ユミ、2008、前掲書、52頁。
11 モ・ジョンリン、キム・ウィソン、2009、前掲書、6-8頁。
12 同上書、7頁。
13 90年代後半以降は入学定員の決定において大学の自律性を重視するようになってきているものの、現在も国公立大学の定員増員については政府が調整することになっているし、私立大学の定員増員についても首都圏所在の大学の場合「首都圏整備計画法」基づいて政府が調整することになっている。一方で、経済自由区域内に設立される外国大学分校にはこの規制は適用されないことになっている。
14 モ・ジョンリン、キム・ウィソン、2009、前掲書、20頁。
15 STC-Group（ed.），2009, *Netherlands Maritime University: Master Shipping and Transport*: Rotterdam, STC-Group, pp.4-5.
16 筆者によるポール・チョン氏へのインタビュー、2010年3月10日。
17 月刊海洋韓国インターネット版。http://www.monthlymaritimekorea.com/news/articleView.html?idxno=1605（2011年2月1日アクセス）。
18 ソン・ユミ、2008、前掲書、53頁。
   なお、支援額の内訳は、海洋水産部が17億ウォン（約1億3,000万円：2010年2月時点）、全羅南道および光陽市が30億7,000万ウォン（約2億4,000万円：同上）である（カン・ギョンジョン、イ・ナムチョル、イ・サンドン、ユン・ヨイン、2009、前掲書、103頁）。
19 筆者によるポール・チョン氏へのインタビュー、2010年3月10日。
20 なお、STCグループのエリック・ヒェットブリンク理事長は、特定の地域に根付いている既存の教育機関との競争を避けるため、戦略的に光陽市にSTC-Koreaを設立したと述べている（月刊海洋韓国インターネット版。http://www.monthlymaritimekorea.com/news/articleView.html?idxno=1605（2011年2月1日アク

セス）。
21 同上ウェブサイト。
    なお、FAU釜山分校開校最初のセメスター（2011年度春期セメスター）の志願者は38名、入学者は17名であった。このうち5名が韓国人学生であるといい、残り12名はドイツで選抜した学生などであるという。同校においても、法令に示された韓国人学生30％未満という制限は守られているようである（『アジアトゥデイ』、2011年3月29日付）。
22 STC-Group (ed.), 2007, *Netherlands Shipping and Transport College: Master Shipping and Transport* : Gwanyang, Korea, STC-Group, p.6.
23 筆者によるポール・チョン氏へのインタビュー、2010年3月10日。
24 STC-NMUは年間1万4,000ユーロ、STC-Koreaが年間1万ユーロで（いずれも教材費や研修費を含む）、STC-Koreaのほうが4,000ユーロ安くなっている（STC-Group (ed.), 2007, op.cit., p.6）。この差は特に途上国からの学生（あるいは学費を支援する企業）にとっては大きいだろう。
25 『京郷新聞』、2010年5月11日付。
26 なお、FAU釜山分校の学費も1セメスターあたりおよそ5,000ユーロ（1学年2セメスター）なので、年間の学費はSTC-Koreaと同額である（FAU釜山分校ホームページ（現）。http://www.fau-busan.ac.kr/（2011年7月30日アクセス））。なお、FAU釜山分校の2011年度春期セメスターの入学者は全員、同セメスターの学費が免除されるとのことである（釜山広域市新成長産業課『2011年春学期（前期）大学院新入生募集－国内最初誘致ドイツ国公立大学、ドイツFAU釜山分校－』釜山広域市報道資料、2010年10月18日付）。これは志願者にとって大きなインセンティブとなると考えられるが、裏返せば新設の外国大学分校にとって初期の学生集めのためにはそれだけ思い切ったインセンティブ付与が必要ということであろう。加えて学費免除の財源の出所も気になる点である。
27 STC-Group (ed.), 2009, op.cit., p.11、オランダ海運物流大学韓国分校ホームページ。http://www.stc-korea.kr/（2011年1月25日アクセス）。
28 筆者によるポール・チョン氏へのインタビュー、2010年3月10日。
29 同上。
30 月刊海洋韓国インターネット版。http://www.monthlymaritimekorea.com/news/articleView.html?idxno=1605（2011年2月1日アクセス）。

引用文献

〈日本語文献〉

石川裕之訳、2010「韓国におけるトランスナショナル・エデュケーションに関する法令・条項」杉本均（研究代表者）『トランスナショナル・エデュケーションに関する

総合的国際研究』平成20-22年度科学研究費補助金基盤研究（B）中間報告書、72-82頁。

〈韓国語文献〉

カン・ギョンジョン、イ・ナムチョル、イ・サンドン、ユン・ヨイン、2009『知識サービス強国実現のための人的資源形成に対する研究』韓国職業能力開発院。

ソン・ユミ（研究責任者）、2008『高等教育産業競争力堤高方案研究』韓国職業能力開発院。

釜山広域市新成長産業課、2010『2011年春学期（前期）大学院新入生募集－国内最初誘致ドイツ国公立大学、ドイツFAU釜山分校－』釜山広域市報道資料、2010年10月18日付。

モ・ジョンリン、キム・ウィソン、2009『外国教育機関と外国人学校の誘致と発展（グローバル教育フォーラム Working Paper Series 第1号）』グローバル教育フォーラム。

〈英語文献〉

STC-Group（ed.），2007, *Netherlands Shipping and Transport College: Master Shipping and Transport* : Gwanyang, Korea, STC-Group.

STC-Group（ed.），2009, *Netherlands Maritime University: Master Shipping and Transport* : Rotterdam, STC-Group.

〈ウェブサイト〉

SUNY Korea ホームページ。http://www.sunykorea.ac.kr/
オランダ海運物流大学韓国分校ホームページ。http://www.stc-korea.kr/
月刊海洋韓国インターネット版。http://www.monthlymaritimekorea.com/
朝鮮日報インターネット版。http://news.chosun.com/
松島グローバル大学キャンパスホームページ。http://www.sguc.co.kr/

第12章　タイおよびラオスにおける
トランスナショナル高等教育
―国境を越えることの意味―

森下　稔

はじめに

本章では、タイおよびラオスにおけるトランスナショナル高等教育について論じる。タイおよびラオスを研究対象とするのは次の視点によるものである。

「トランスナショナル」という場合、実効的な領域支配が前提とされ、国家間に国境線が画定し、実質的に社会が分断されている状態を乗り越える教育の動きとして定義されているのではないかと思われる。すなわち、国境を越えることの多様性や難易度は、あまり考慮されていないのではないだろうか。タイーラオス間の国境の多くは、メコン川である。その両岸には、民族、言語、社会習慣の面でほぼ同じと言っていいラオ人が居住している[1]。川は人々の生活空間を分断する機能を果たすこともあるが、逆に両岸の人々の紐帯ともなりうる。冷戦期には、アメリカ寄りであったタイと社会主義化したラオスの間には、少なからず緊張関係があった。しかし、1980年代後半以降のラオスの市場経済化政策、冷戦終結、タイの対インドシナ政策の転換（「戦場から市場へ」）などを経て、現在両国は急接近し友好関係を深めている。そこでの国境を越えることには、近代的国家モデルを前提とするトランスナショナルとは違った意味合いが見出されるのではないか、というのが想定した仮説であった。つまり、需要側（留学生送り出し、外国大学受け入れ）としてのラオスと、供給側（留学生受け入れ、外国への大学送り出し）としてのタイを軸として、留学およびトランスナショナルな機関設置に関して実態を分析しようとした。加えて、メコン川流域圏の学生移動の傾向を把握するため、中国雲

南省も調査対象とした。

以上の当初の構想と調査実績を踏まえて、本章では、「トランスナショナル」という概念が持つ国境に関する前提を批判的にとらえながら、次のように論じることとする。まず、タイおよびラオスの高等教育について概説し、タイの留学生受け入れおよびラオスの留学生送り出しについて概観する。次に、両国のトランスナショナルな動向について言及する。さらに、メコン川流域圏の学生移動に着目し、中国雲南省とタイ北部との間のトランスナショナル高等教育の実態を分析する。

1. タイにおける高等教育の概要と政策

タイでは、1990年代から国際化・グローバル化を視野に入れた高等教育改革政策がとられてきた。1997年経済危機以後は、21世紀タイ社会の展望を踏まえ、「知識基盤社会」の構築とその知の源泉としての役割を担う高等教育への改革が模索された。

タイでは、高等教育史の区分として3期に分ける考え方がある[2]。第1期は近代化期(1889-1931年)で、近代化を担う官吏養成を主眼とした基幹的な高等教育機関が整備された。第2期は立憲革命後期(1932-1949年)で、立憲君主制のもとで必要な官吏養成のため高等教育の拡大が図られた。第3期は発展期(1950年以降)で、計画的な経済政策の一翼を担い、地方国立大学や私立大学が整備され、1970年代には2校のオープンアドミッション大学が設立されるなど急速に高等教育の大衆化が進んだ。1999年の就学率は約25％に達した。1990年には、マスタープランとして「高等教育長期計画(1990-2004年)」が策定され、そのもとで5カ年計画である「第7次高等教育開発計画(1992-1996年)」、「第8次高等教育開発計画(1997-2001年)」が策定された。

2000年代に入ってからも高等教育は拡大を続けた。2008年度統計から見た現状は以下の通りである[3]。高等教育の全在籍者数は約242万人、うち学士未満課程約38万人、学士課程約183万人、大学院課程約22万人である。省庁部局別に見た高等教育機関数と学生数は表12−1の通りである。「第

表12-1 タイの高等教育機関数・学生数（2008年）

	機関数（校）	学生数（人）
教育省（以下は内訳）	963	2,410,712
国立大学（旧大学省）	25	560,579
ラーチャパット大学	40	526,975
ラーチャモンコン工科大学	39	136,930
オープンアドミッション大学	2	516,187
仏教大学	2	23,959
コミュニティーカレッジ	19	14,484
私立大学	68	296,607
国・私立職業教育カレッジ	768	334,991
他省庁（文化省など）	18	12,014
タイ全体	981	2,422,726

出典：Office of the Education Council, 2009, *Sathiti Kaansukusaa Khong Prathet Thai Pii 2551*, Bangkok, Phrikwaan Graphic Ltd.,（『2008年タイ教育統計』）をもとに筆者作成

10次高等教育開発計画（2008-2011年）」によると、18-24歳人口に対する学生の割合は、2006年が28％、2008年には30％になったとしている。さらに、2011年には36％、2014年には41％になると予測している[4]。

また、2000年代には「1999年国家教育法」の施行を受けて、タイ教育全体の教育改革が断行された。同法における主な高等教育改革政策は、①教育省と大学省の統合による高等教育行政の一元化（第34条）、②国立大学の自治大学化（法人化）（第36条）、③基礎教育に続く段階としての位置づけ（第15・16条）、④教育の質の保証制度の導入（第47-51条）である[5]。大学省が「教育省高等教育委員会事務局」に再編され、国立大学の法人化、大学評価の義務化などの政策が推進された。2001年以後のタクシン政権では、①国立大学の自治大学化、②授業の改善、③研究の振興を柱とする高等教育改革が提唱された[6]。

2006年9月クーデターにより、タクシン政権は放逐され、スラユット暫定政権のもとで新憲法制定、総選挙後サマック政権樹立などの展開があったが、教育政策上はクーデター以前からの大きな方針転換はなく、「1999年国家教育法」に基づく改革が引き続き進められた。そうした中で、「第2次高等教育15ヶ年長期計画（2008-2022年）」が2008年6月に制定された。その基本的な目標は、タイの高等教育の質的向上を目指すことである。その実現のため、

表12-2 第2次高等教育長期計画の内容

シナリオ	イシュー
①人口統計 ②エネルギーと環境 ③雇用市場の変化 ④地方分権化と地方自治体の強化 ⑤平和的な紛争解決 ⑥ポストモダン・ポスト産業化社会における若者 ⑦持続可能な社会の構築	①中等教育・職業教育との接続 ②拡大した高等教育機関の再編 ③大学経営・運営 ④国際競争力 ⑤高等教育財政 ⑥職員の能力開発 ⑦大学間ネットワーク ⑧南タイ紛争解決のためのプログラム ⑨学習基盤整備

出典：注7参照。

タイ社会の将来像として7つのシナリオを想定し、タイ高等教育にとって必要な9つのイシューについて計画が述べられている（表12-2）[7]。このうち、トランスナショナル高等教育に言及しているのは、第3シナリオの「雇用市場の変化」におけるグローバリゼーションについての箇所である。トランスナショナル教育การศึกษาข้ามพรมแดนをGATSのサービス貿易に関する4モードで説明している。それに続けて、高等教育サービス分野における自由開放の脅威に備える必要性を述べている。また、2015年を目標とするASEAN統合に向けて、多様な言語・宗教から構成されるASEANにおける高等教育分野での指導的立場を目指している。ASEAN内で学生・教員の流動性が高まり、そのことで知識・技術の共有や、域内住民同士の相互認識の向上が得られると予想し、そのために高等教育機関は移動する学生の学習を担保できる質保証制度に取り組むべきだとしている[8]。

「第10次高等教育開発計画（2008-2011年）」全体では、第2次長期計画の内容に依拠し、期間内の具体的な目標が定められている。しかし、トランスナショナル高等教育に関しては第2次長期計画と同様の記述に留まり、目標設定はない[9]。

このように高等教育とグローバリゼーションの問題について、政策文書では積極的でないばかりか、防御的ですらある。特に、インターネット学位に対しては、質が確保されないと警戒感を示す。タイにおける高等教育研究の第一人者であるパイトゥーン・シンララートは、グローバリゼーションに高等教育が対応していくだけでは世界にタイが依存していくことになると批判

し、タイが自立して栄誉ある社会として発展していくためには、タイ独自の価値と知識に基づく、創造的なリーダーシップを養成する高等教育へと転換しなければならないと論じている。そして、マクドナリゼーションに対抗して、トムヤムクナリゼーションを提唱した。トムヤムクンとはタイの名物料理である。グローバルなハンバーガー・チェーンの規格化された世界標準と異なり、トムヤムクンは地域や作り手ごとに材料や味付けが多様で、タイらしくありかつ創造性をはぐくむことの象徴として名付けたものである[10]。教育政策も有識者も、高等教育のグローバリゼーションおよびトランスナショナル高等教育には、懐疑的で防御的反応を示しているといえる。

2．タイにおける留学生受け入れとトランスナショナル高等教育

　その一方で、タイはASEANでの流動化については積極的に主導的役割を果たそうとしている。その一つの動きがEducation Hub構想であり、タクシン政権期に教育省が検討に着手し、2010〜12年の3年計画が立案された。高等教育に関する目標として、留学生を100人以上受け入れている国立・私立の大学42校で質の向上を図り、国全体では2012年に43,600人の留学生受け入れが掲げられている[11]。

　高等教育委員会事務局による2009年度留学生統計[12]によれば、2005年のタイで学ぶ留学生は5,601名であった。その後、2006年は8,534人、2007年は11,021人、2008年は16,361人、2009年19,052人と4年間で2倍以上と大幅に増加している[13]。留学生送り出し国の上位は2009年度において、1位中国8,993人(47.2％)、2位ラオス1,254人(6.6％)、3位ミャンマー1,205人(6.3％)、4位ベトナム1,141人(6.0％)、5位カンボジア1,009人(5.3％)である。中国が圧倒的多数であること、ASEAN後発加盟国CLMV(カンボジア、ラオス、ミャンマー、ベトナム)が入っていることが特徴的である。専攻別では、タイ語3,075人(16.1％)、経営学2,376人(12.5％)、国際ビジネス960人(5.0％)と、タイ語系とビジネス系が上位を占めている。大学別の留学生数上位10校の2005年から2009年のリストを表12－3に示す。国際的なカリキュラムをも

表12-3 留学生受入数ランキング(2005年～2009年)

順位	2005年		2006年		2007年		2008年		2009年	
	大学名	人数	大学名	人数	大学名	人数	大学名	人数	大学名	人数
1	**アサンプション大学**	2,248	**アサンプション大学**	2,406	**アサンプション大学**	2,838	**アサンプション大学**	2,558	**アサンプション大学**	3,023
2	マヒドン大学	476	マヒドン大学	734	マヒドン大学	860	マハチュラーロンコーン仏教大学	1,329	マハチュラーロンコーン仏教大学	1,354
3	チュラーロンコーン大学	243	チュラーロンコーン大学	419	チュラーロンコーン大学	651	マヒドン大学	1,069	マヒドン大学	1,311
4	**ウェブスター大学**	217	タマサート大学	397	**ミッションカレッジ**	422	ブラパー大学	591	ラムカムヘーン大学	632
5	カセサート大学	179	**ミッションカレッジ**	365	タマサート大学	308	**ランシット大学**	487	チェンライ・ラーチャパット大学	549
6	タマサート大学	170	**サイアム大学**	250	スアンドゥーシット・ラーチャパット大学	305	**ミッションカレッジ**	430	チュラーロンコーン大学	508
7	**サイアム大学**	170	**ランシット大学**	219	**バンコク大学**	270	コンケン大学	425	チェンマイ大学	484
8	**ランシット大学**	148	**タイ商工会議所大学**	186	ラムカムヘーン大学	262	スアンドゥーシット・ラーチャパット大学	421	コンケン大学	444
9	チェンマイ大学	146	**バンコク大学**	177	チェンライ・ラーチャパット大学	209	チェンマイ大学	380	**アジア太平洋国際大学(旧ミッションカレッジ)**	423
10	**バンコク大学**	123	**スタムフォード国際大学**	173	**サイアム大学**/マハサラカム大学	206	チュラーロンコーン大学	373	**バンコク大学**	413

備考:太字は私立大学
出典: Bureau of International Cooperation Strategy, The Office of the Higher Education Commission, 2010, *Naksuksaa Tang Chaat Thi Suksaa Nai Sathaban Udomsuksaa Sangkat Samnakgaan Khana Kammakaan Kaanudomsuksaa Pii Kansuksaa 2552*, Bangkok, p.2 (『2009年度高等教育委員会事務局管轄の高等教育機関で学ぶ留学生』).

つ私立アサンプション大学が唯一2,000人以上であり、首位を続けている。2005～06年は、大規模私立大学や国際的なプログラムを持つ私立大学が上位にはいったが、2007年以降は旧大学省の国立大学が上位を占める傾向にある。チュラーロンコーン大学、マヒドン大学、タマサート大学、カセサート大学などは、タイ国内における基幹的な役割を果たすバンコク首都圏にある有名国立大学である。また、チェンマイ大学、コンケン大学は地方の基幹的国立大学である。また、一部ラーチャパット大学や仏教大学が近年10位以内にはいってきているのも注目される。そのなかで、タイ最北部にあるチェンライ・ラーチャパット大学が2007年に9位、2009年に5位となっているのが特異である。この点については、後に詳しく論じることにする。

有名国立大学が留学生を多く受け入れようとする背景には、ASEAN諸国の高等教育においてタイが主導的役割を果たそうとする政策がある。アセア

ン大学連合(ASEAN University Network: AUN)に参画する大学がASEAN域内での学生交流を推進している。特に、工学的分野においては日本の国際協力機構が南南協力事業として支援するSEED/Netと呼ばれる事業があり、ASEAN域内での留学と日本の支援大学への短期留学を組み合わせたサンドイッチプログラムが推進されている[14]。また、タイ政府は1992年から東南アジア教育大臣連合(SEAMEO)の下部組織であるRegional Institute for Higher Education and Development(RIHED)のホスト国となり、1995年以降にはその予算を負担し、ASEAN域内における高等教育分野でのプレゼンスを高めている。

タイ政府は大メコン圏6カ国(Great Mekong Sub-region (GMS) Countries: タイ、カンボジア、ラオス、ミャンマー、ベトナム、中国)の間での教員・学生交流を2000年から支援している。旧大学省は1998年にSEAMEO/RIHEDと共催で6カ国高等教育関係大臣会合を開催し、長期にわたる協力関係の構築に合意した。1999年に、教職員と学生の交換交流の計画を策定し、2000～10年に全体で1,176人の交流事業を行っている。内訳は、職員については、タイから252人、GMS諸国から366人、学生については、タイから374人、GMS諸国から184人である。このように、高等教育分野におけるGMS諸国との交流が着実に10年以上にわたって継続している[15]。

他方、トランスナショナル高等教育については、タイ教育省では重点が置かれてこなかったが、各大学による自主的な取り組みが増えた状況があり、2009年からデータを集計するようになった。2010年の資料[16]を見ると、全体で63プログラムがあり、学士課程40、修士課程16、博士課程7となっている。分野別では、人文学20、社会科学11、工学10などが多い。人文学の半分は中国語関係である。提携先大学の国別では、中国が39で半数近くを占め、その他はフランス、アメリカ、オーストラリアなどの先進国との提携がほとんどである。大学別では、カセサート大学、コンケン大学、キングモンクット工科大学トンブリー校が6プログラムで最多である。いずれも、国立大学である。学位授与の形式では、学士課程の場合、国内学位のみが17、ダブルディグリーが21、ジョイントディグリーが2であり、修士課程の場合、

国内学位のみが5、ダブルディグリーが10、ジョイントディグリーが1であり、博士課程の場合、国内学位のみが4、ダブルディグリーが3となっている。在籍年数のパターンで見ると多様ではあるが、学士課程では2＋2が21プログラムと最多となっている。前年と比較すると、全体で61から63へと増加しているものの、大学別に見るとチュラーロンコーン大学が9から3へ、ランシット大学が9から0へと大幅に減らしたり、全廃したりしている。アメリカとの提携でも30から8へと激減している。必ずしもトランスナショナル高等教育が潮流となっているとは言いがたい。

前出のパイトゥーン氏が語るところによれば、タイの大学の国際化には三タイプあるという。一つ目には、学部などの部局が意思決定し、責任を持ちながら国際化が進むタイプで、タイでは一般的という。二つ目には、私立大学が国際的な組織によって設立されたり、国際的なプログラムを主たる目的として設立されたりするタイプである。三つ目には、大学全体として国際化戦略を構想し、学内にインターナショナル・プログラムの部局を置き、タイの学生と留学生を同じ組織に在籍させるタイプである[17]。

第一タイプの典型例はチュラーロンコーン大学である。同大学の本部国際課では、タイの国立大学としての使命はタイ国民に高等教育機会を提供することであり、タイの国税を使って外国人の教育に力を入れるよりも、より多くの優秀なタイ人学生を入学させるべきととらえられている[18]。その一方で、部局レベルでは英語を教授用語とするインターナショナル・プログラムやダブルディグリー・プログラムが多数見られ、しかもそれらプログラムの学生の多くはタイ人である。タイとしては人材育成が急がれるが、国内では十分な教授陣がそろえられない分野がある場合に、外国人教員を招聘してカリキュラムを整備するとインターナショナル・プログラムになるとの説明であった。他方、ダブルディグリー・プログラムについては、例えばイギリスのWarwick大学との提携プログラムとして、マネジメント工学の修士課程コースがある。1996年から学生の受け入れを開始しており、200人あまりの学生に修士号を出してきた。主として、エンジニアとしてすでに就職している卒業生が管理職になるための社会人向けコースであり、講師はWarwick大学から

派遣され、授業は週末を中心に開講される。このコースは、完全に工学部独自に運営しており、部局が主導する例である[19]。

　第二タイプの典型例はアサンプション大学であり、私立大学の中でも早期の1960年代から留学生を受け入れてきた。教授用語は一部を除きすべて英語である。学士課程から博士課程まで100を越える多様なプログラムを持つ。教員は40カ国以上、学生は80カ国以上から集まっている。表12－3で明らかなように、常にタイで最多の留学生を抱えている。欧米との単位互換や、欧米への進学のため、アメリカ式GPA制度を早くから導入するなど、教育の質保証にいち早く取り組んできた実績がある。ジョイントディグリー・プログラムも学士から博士まで多様に整備されている。大学全体が国際化志向を持つ大学といえる[20]。

　第三タイプの典型例はマヒドン大学であり、医学校から発展した国立大学で、バンコク郊外にキャンパスを新たに整備し、マヒドン大学インターナショナルカレッジを設置した[21]。アメリカのリベラルアーツ・カレッジをモデルとし、学士段階では教養学士、経営学士、理学士、工学士、看護学士の課程がある。修士段階では経営学修士と観光ホスピタリティ修士の課程がある。3学期制で毎学期ごとに入学させるのが特徴的である。本来は学生の半分を留学生とする構想であったが、実際には多くがタイ人学生である。大学は学生の出身校を分析していないが、専任教員によれば40％ほどがタイ国内の普通高校、25％ほどがタイ国内のインターナショナルスクール、15％ほどが欧米の高校出身のタイ人と見られる。留学生には、インドのシーク教徒、中国が多く、国際結婚による国際児もいる。このプログラムは、大学本部が企画し、各学部の協力のもとで推進されている。このカレッジの専任は少数で、多くは他学部の教員による授業であり、同じ授業を英語で授業を行っていることが他学部と異なる点である。

　チェンマイ大学は、タイ北部の基幹的国立大学で第一タイプと第三タイプが並立する例である。多くの学部に留学生が在籍している他、特色を持つ部局の整備にも取り組んでいる。第三タイプの一例として、社会科学部のReginol Center for Social Science and Sustainable Developmentがある。同セン

ターは、1998年に東南アジアにおける持続可能な発展のニーズに応えるため、社会科学と自然科学の融合を目指して設立された。メコン川流域圏をフィールドとする研究者やNGO活動家の養成を目指した英語を教授用語とする修士課程があり、近隣諸国からの留学生を多く受け入れてきた。筆者は7名の留学生にインタビューする機会を得た[22]。出身国は、ミャンマー、カンボジア、ネパール、スペイン、日本であった。近隣のミャンマー、カンボジア出身者は、NGOなどの奨学金を得ており、チェンマイ大学を留学先と決めたのは奨学金が得られたからとのことであった。帰国後は、東南アジアにあった持続可能な発展を目指す活動や研究を継続することを志望していた。カンボジア出身者は、チェンマイ大学がカンボジアに教員を派遣しており、その教員から誘われてきたとのことであった。

　以上のように、高等教育政策においてはWTOによる市場開放には防御的反応を示す一方で、ASEANにおいてはリーダーを目指しており、Education Hub戦略につながっている。そして、近年、留学生数が急増している。タイの高等教育における留学生政策の特徴と言えるであろう。ただし、実態で見ると大学ごとに多様な取り組みが進められており、トランスナショナル高等教育については浮沈が激しい。

3．ラオスにおける高等教育の概要と政策

　ラオス人民民主共和国(以下、ラオス)はインドシナ半島メコン川東岸の内陸国である。ベトナム、中国、ミャンマー、タイ、カンボジアの5カ国と接する。国境を越えることとは、川を渡ること、歩いて越えることである。インドシナ半島の陸上交通のうえでは、ハノイから雲南省を経てシンガポールに至る南北回廊、ダナンからヤンゴンまでの東西回廊のいずれもが通過する要衝である。戦前はフランスの植民地であったが、戦後長く内戦期が続き、1975年に現在の社会主義国家として独立を果たした。1986年以降「チンタナカーン・マイ(新思考)」政策により市場経済化した[23]。

　ラオスの高等教育は、1990年代になって整備され始めたと言われる。そ

れ以前の指導者層養成はソ連など社会主義国への留学が中心で、国内には諸省庁が管轄する単科の高等教育機関があるのみであった。1995年に単科大学や高等教育機関を統合してラオス国立大学が創設され、高等教育機会の拡大が始まった。とりわけ、市場経済化に対応した人材のニーズに対して、高等教育の人材供給には量的にも質的にも大きな不足があり、拡大が急がれた。同時に、1990年代には基礎教育機会拡大(Education for All)が主たる教育政策課題となり、初等教育段階の就学率改善が最優先とされ、政府予算のみならず、外国や国際機関からの援助もEFAに集中した。高等教育段階は、ラオス国立大学の拡充とともに、小規模の私立カレッジが多数創設されることによって拡大してきた[24]。また、地方の国立大学として、南部にチャンパーサック大学、北部にスパヌウォン大学が設置された。さらに、4校目の国立大学として、保健省の管轄で健康科学大学が設置された。この他、後期中等教育修了後に入学するポリテクニク、職業カレッジ、教員養成カレッジがある。

　2009/10年度の統計[25]によると、学士課程に64,759人、修士課程に716人が在籍している。学士課程の内訳は、国立が50,937人、私立が13,822人である。ラオス国立大学だけで3万人を超え、10年間で倍増した。学士を授与しない課程では、教員養成カレッジは約3万5千人、ポリテクニク・職業カレッジは約1万4千人、certificateの課程に約3万6千人が在籍している。ラオスの高等教育人口は約15万人と言うことができる。

　ラオス教育政策の最重要課題は教育機会拡大であるが、同時に教育の質の向上も目指されている。特に、2015年ASEAN統合に向けての質の高い人材育成が課題となっている。2007年のラオス人民民主共和国教育法[26]では、第17条で初等教育5年、第18条で前期中等教育4年、後期中等教育3年と定められた。従来の5-3-3の11年制から、5-4-3の12年制への改革である。運用上は、2009年度の後期中等3年生を卒業させずに4年生に進級させ、大学進学者は2011年度に入学させるとのことであった。高等教育では、教育の質の向上のために、教員の学位取得が喫緊の課題となった。ラオス国立大学では、2008年の時点で、教員の学位は博士56人、修士約400人、学士約600人とのことであり、2015年までに1：6：3の比率にすることを目指して

いる。国内では博士の課程がなく、修士課程も限られることから、ベトナムの大学との連携、タイのチェンマイ大学とのジョイントディグリー・プログラムを交渉しており、その他に中国、モンゴルにも可能性を求めている[27]。また、前期中等教育の義務化や中等教育7年制への拡大に対応して、教員養成カレッジも学士課程を整備しようとしており、そのため教員の学位取得が課題となっている。現状では、ラオス国立大学教育学部に委託して教員養成カレッジの学生に対して学士が認定されており、各カレッジが独自に学位授与できるようになることが目標とされている[28]。具体的には、学士の学位を持たない教員には、ラオス国立大学教育学部の研修を受けさせて学士を取得させること、学士の学位を持つ教員には、ベトナムやタイの大学院で修士の学位を取得させることが取り組まれている。ラオス教育省の話では、南部のサバナケートやパクセーの教員養成カレッジの校長が、メコン対岸の東北タイにあるラーチャパット大学に通学し、修士号を得たという。週末に論文指導を受けるため国境を越えて通ったとのことである。通学留学生は首都ヴィエンチャンでも可能で、メコン対岸のノンカーイにある大学に通うラオス人がいるという話は教育省でも把握されていた[29]。

　もちろん、ラオスからタイへの留学は、居住地を移す方が一般的である。タイのチェンマイ大学ではラオス高等教育支援が取り組まれており、筆者は工学系の大学院に在籍するラオス人留学生にインタビューを行った[30]。スパヌウォン大学工学部の教員で、2001年にラオス国立大学卒業、民間でエンジニアとして働いた後に教員となり、2年間勤めてからタイに留学したもので、カセサート大学で3カ月間タイ語の研修を受けてから、チェンマイ大学を選択したとのことである。ラオス人がタイを留学先として選ぶ理由は、文字は若干異なるものの言語が近く、気候風土や食文化が変わらないことが最初に指摘された。また、タイ人学生がタイ語で自主学習を助けてくれることも良い点としてあがった。欧米に留学しない理由は、ラオス政府の奨学金では学費・生活費がまかなえないからとのことであった。留学は修士号をとることが目的で、その後本務校に戻る計画である。

　ラオス教育省から筆者に提供された留学生送り出し統計[31]によれば、

2006年では、総計1,086人(うち公務員524人)、送り出し先には、ベトナム634人、タイ152人、中国100人、オーストラリア56人、日本48人、フランス13人が並んでいる。レベルでは、博士39人、修士354人、学士420人となっている。2007年では、総計1,554人(うち公務員724人)、送り出し先には、ベトナム1,049人、タイ128人、中国104人、日本67人、オーストラリア55人、インド37人、キューバ19人、フランス16人、ロシア16人となっている。レベルでは、博士42人、修士447人、学士936人となっている。わずか2年間の変遷であるが、量的増加傾向と留学先の多様化傾向がうかがえる。

　量的増加傾向は、主としてASEAN統合が要因として指摘され、公務員の留学も多くなっている。また、ラオスが有する天然資源、電力資源を狙って、あるいは新たな市場として開拓しようとする外資が増えている。さらに、インドシナ半島の物流網整備が進み、ラオスが交通の要衝になりつつあり、ラオス国内に高等教育の需要があると見て、外国の高等教育機関が進出する動きがある。例えば、中国の蘇州大学はラオス政府の認可を受けて分校開設を計画している。また、韓国はスパヌウォン大学の校舎建設を援助し、トルコはヴィエンチャンに小中高一貫のインターナショナルスクールを開設し、次の段階を模索しているという。2007年の教育法では、第60条で政府は外国の民間が国内で学校・大学を設置することを国内の民間と同様に奨励するとしている[32]。

　こうしたことから、ラオス国立大学をはじめ既存の大学やカレッジ、新設の外国大学分校によるトランスナショナル高等教育が芽生え始めているといえよう。

　このような状況を私立カレッジはどのように受け止めているか、ヴィエンチャン市内のカレッジ数校を訪問して尋ねた。私立カレッジの草分けでもあるラオ・アメリカンカレッジでは、国際交流や留学生受け入れにはその重要性を認識しており、また卒業後にアメリカの大学へ進学させることにも取り組んでいる。しかし、トランスナショナル高等教育には関心がない[33]。コム・センターでは、自校の修士課程の整備に取り組んでいるところで、国際化には消極的であった。むしろ、ラオス国立大学の修士課程が整備されてきたた

め、学士課程後に留学する卒業生は減ったとのことである[34]。ラオ・シンガポール・ビジネスカレッジは、創設者がシンガポール人であったが現在ではシンガポールとの関係はなく、フィリピン人教員が英語塾を運営していた。近年、経営学関係の学士プログラムを開始したが、主としてビジネスマン対象の夜間プログラムで、国際的な活動は考えられていない[35]。ラオ・トップカレッジは、2007年に韓国人によって創設された。この経営者は、韓国では大学で数学教員をしていたが、大学経営が人生の目標で、諸外国を市場調査した結果、ラオスにカレッジを開設した。個人としての投資であり、政府間の関係はない[36]。

以上のように、ラオスにおける高等教育の課題は、ASEAN統合やインドシナ半島物流網の整備による経済発展に対応できる人材養成の量的拡大と質的向上であり、そのために留学生送り出しが増加傾向にあるとともに、諸外国も新たな高等教育市場として関心を持っている。したがって、トランスナショナル高等教育の萌芽は見られる。しかしながら、実際に学生が移動するためには、学生の自己負担がない奨学金が必要である。また、富裕層が薄い現状では外国大学の進出は投資としては成り立たない可能性が高い。トランスナショナル高等教育が実体化する状況にはなっていないといえよう。

4．チェンライ・ラーチャパット大学の事例

ここでは、タイ最北部のチェンライ県にあるチェンライ・ラーチャパット大学の事例から、メコン川流域圏におけるトランスナショナル高等教育について考えてみたい。同大学の起源は、1969年にチェンライ県が教員養成学校の設置を政府に要求し、1973年に設立された教員養成カレッジである。1975年には学士号授与機関となり、1985年には地方の発展に資する目的を持つ4学部から成るカレッジとなった。1992年に他の教員養成カレッジとともにラーチャパット・インスティテュートの名が下賜され、さらに2004年ラーチャパット大学法の制定により、大学の地位を得るに至っている[37]。2009年現在では、教育学部、理工学部、文学部、産業工学部、経営学部、

社会学部の6学部と大学院で構成されている。32の外国大学との交流協定を持ち、うち13大学を雲南省が占めている。

同大学が、表12-3の留学生受入数のランキングで、2007年に第9位（209人）、2009年に第5位（549人）となっている。2008年は10位以内ではないが、同大学の資料によれば383人で、年々留学生数を伸ばしている[38]。

2008年の383人のうち、378人が中国人であり大半を占めていた。カリキュラム別には、ディプロマレベルのタイ語コースに141人、学士号を取得するレベルでは、コミュニケーションタイ語73人、タイ語タイ文化27人、英語コース88人となっていた。一般の留学生は68人で、残りの310人は中国の高等教育機関8校から派遣されている。学士号コースで派遣されている学生は、中国で2年、チェンライ・ラーチャパット大学で2年のダブルディグリープログラムである。チェンライ・ラーチャパット大学が留学生受け入れを積極的に推進する理由として、いくつかの背景や要因が説明された。

第一に、GMS開発の拠点としてのチェンライの地理的条件がある。インドシナ半島南北回廊は、チェンライから国境（メコン川）を越えてラオスに入り、中国雲南省に至る。バンコクからチェンライまではほぼ4車線国道が整備済みで、中国国内も昆明から国境近くまで高速道路が整備されている。ラオス国内も中国企業が道路建設にあたっており、タイ-ラオス国境のメコン川でも第四友好橋が建設中である。チェンライは、タイ国内における中国への陸路での最前線にある。また、メコン川を船で雲南省西双版納タイ族自治州の州都景洪まで航行することもできる。雲南省の人口は約7千万人で、タイを上回り、ラオスの約10倍にあたる。東南アジアの感覚では、雲南省だけで一つの国に相当する。GMS開発の観点から見れば、確かにラオス・ミャンマーの開発は重要であるが、富裕層が少なく授業料を自己負担できないため、同大学の狙いは中国に絞り込まれている。

第二に、チェンライの歴史的な中国とのかかわりがある。雲南からのタイ北部チェンライ県・チェンマイ県への数次にわたる大量の移住者があったという歴史である。タイ全土には多くの華人がおり、一説には国民の2割以上が華人系とも言われる。そのほとんどは海を渡ってきた「海路華人」であるが、

タイ北部に住む華人は主として雲南省からの「陸路華人」であり、彼らは「雲南人」と自称するが、民族的には漢族約6万人、回族約1万人などとなっている。タイにおいては、タイ族ではないため少数民族として捉えられるが、先住民ではない「後住」少数民族である。王柳蘭の研究によれば、戦後の陸路華人移住には三回の波があったとされる。

第1は19世紀後半〜20世紀前半、隊商交易を行っていた雲南系ムスリムの定住があり、第2は1940年代半ば〜1950年前後で、ムスリムに加えて国共内戦、共産党政権から避難してきた漢族の難民、および敗走した国民党軍の定住化があり、第3は1960年代以後の断続的な雲南系ムスリム・雲南系漢人の定着である。交易人が出自の人々は都市部や交通路に近いところに集落を形成したが、第2の波による難民は山中の交通が不便なところに「難民村」と呼ばれる集落を形成した。近年、「難民村」から「非難民村」への再移住が盛んになり、タイ社会に溶け込みつつあるとされる[39]。

国民党軍は、終戦後の共産党軍との抗争に敗れ、1〜2万人規模の複数の部隊が国境を越えてビルマ領内に軍事的拠点を構築し、1950年代を通じてビルマ・シャン州を実効支配しつつ大陸奪還を狙った。このとき、軍人のみならず家族も同行して転戦した。中華人民共和国の建国後も、中国雲南省から国境を越えて国民党軍に合流し、軍人子弟の教育を担う教師となった知識人も多くいた。1960年以降のビルマ政府による掃討作戦が成功し、台湾の国民党による帰還事業が行われたが、相当数の勢力が台湾への移送を拒否し、ビルマからの国境を越えたタイ領内チェンマイ県・チェンライ県に定住した。最終的に、タイ政府は1970年に国民党軍を「泰北山区民衆自衛隊」としてその指揮下に置き、タイ国籍取得を認めた[40]。国民党軍は反共産主義という点で利害が一致するタイ政府によって、実質的に国境警備を担う軍隊として黙認され、1980年代まで機能した。タイ内務省による実質的な内政が国境地帯で実現するのは、1986年のことである[41]。この国民党軍の多くは中国雲南省の出身である。雲南省の人々から見れば、チェンライは家族同族知人縁者が住むところという意識がある。留学生にとっては、なじみの深い隣国の町ということができる。

第三の要因には、中国とタイそれぞれの政策上の展望があげられた。中国では、開発が遅れた西部内陸を経済発展させる課題がある。雲南省は、メコン川上流域でインドシナ半島へとつながる前線基地として位置づけられ、タイとの密接な関係を構築しようとしている。タイ側もGMS開発でイニシアティブをとりたいという意欲があり、自国と同じ規模の雲南省との連携が鍵を握っている。その政策を踏まえた留学生受け入れであるという。

　第四には、地方の大学としての生き残り戦略である。少子化で教員の需要が弱まり、高等教育全体が普及した状況では、教員養成および地域開発の機能だけでは、学生が集められないという危機感があるという。

　それでは、送り出し側である中国雲南省の高等教育機関側はどのような状況であるのか。最も多くの留学生を派遣しているのは、玉溪師範大学の107人である。チェンライ・ラーチャパット大学は玉溪師範大学内にオフィスを構え、教員1名を常駐させている。タイ語専攻の2＋2課程がメインであり、玉溪師範大学での前半2年間にタイ語関連の必修科目を10科目28時間履修させ、チェンライ・ラーチャパット大学では、タイ語関連必修科目15科目36時間、選択では9科目から3科目させるようになっている。その目的を見ると、国際化を視野に入れ、外交、経済貿易、文化、新聞出版、教育、科学研究、旅行業、翻訳などの分野で、英語とタイ語を使いこなせる人材を養成するとされている。玉溪師範大学でのタイ語科目は、チェンライ・ラーチャパット大学から派遣された教員が2年間担当し、3年目に学生とともにタイに帰国し、手厚い指導を継続する体制となっている。

　英語コースに最多の留学生を派遣しているのは、思茅師範高等専科学校で48人となっている。同校は、雲南省普洱市思茅区にあり、昆明からは南へ航空便で40分の距離である。1978年創立で、主として初等・中等教員養成の3年課程である。学士号は出していない。タイへの派遣を行うコースは「応用英語専攻」で定員60人、2＋2でチェンライ・ラーチャパット大学を卒業すると、学士号を取得することになる。つまり、同校に在籍したままの場合は学士号はとれないが、留学すると学士号をとることができる。卒業後の進路については、外国貿易、商業、秘書、観光、翻訳などに従事するとされて

いる。

　このプログラムが開始されたのは2006年度入学者からで、タイへ派遣されたのは、1期生が3年次になる2008年度からであった。1期生で2009年の調査時の卒業者数は26人。2期生が25人、3期生が32人で、合計57人がタイで学んでいた。3期生までの約3分の2が漢族であり、約9割が女子である。出身地は雲南省全体に分布しており、地元の思茅は10％ほどである。卒業者26人のうち、10人がタイで旅行ガイド・会社員となっており、5人が帰国してうち2人が中学校の英語教員となり、残り3人が非正規公務員になっている。他の11人に関しては把握されていなかった。このプログラムの目的は、近い将来、この地域が国境貿易の中継地として発展する見通しがあり、二つ以上の外国語を話せるようになることで、ラオスやタイとの関係がある職業に就くことができると見込まれ、学生の進路の機会を広げるとともに、地域が必要とする人材を供給することである。公務員でも外国語能力を有する必要性が高まっていると言われている。しかし、その期待がかなうかどうかは、ある意味ではギャンブルのようなものだとも考えられており、実際、1期生の現時点での進路からは留学の効果が高いとは必ずしもいえない[42]。

　2011年度からチェンライ・ラーチャパット大学に留学する2年次学生2名にもインタビューした。一人は女子学生で、顔がタイ人似と言われ親しみを持ち、美しい国というイメージがあるのでタイに行って見たいと言う。将来は小学校の教員になりたいと思っている。しかし、チェンライでホームシックになると今から不安で、多分中国人留学生の仲間同士で固まって生活するだろうとも語った。もう一人は、雲南省内の農村出身の男子で、学費約2万元のうち、1万元を両親からの援助で、残りを地方政府から奨学金でまかなっている。将来はビジネスマンになりたいが、どんなタイプの仕事をするかはこれから留学して考える。タイに行きたいのは、発展している国だからで、異文化に興味があるからとのことである。前者は、もともと同校に進学するつもりでいたと言うが、後者は本当は昆明市内の大学に入学して、そこから留学したかったと言う。大学入試の段階で同校に志望変更したとのことであった。以上の実情からいえることは、一つはインドシナ南北回廊で結ばれ

る中国雲南省とタイとの経済交流が、チェンライの地位を高めている大きな要因となっていることである。そのことは逆にラオスとミャンマーが等閑視されているとも言える。チェンライ・ラーチャパット大学にも両国からの留学生は数名いるが、両国民の所得が低いため学生募集を行っても入学者は得られないと考えられている。二つ目には、留学することによって得られるメリット、つまり良い職業に就くという進路が不確実であることと、同時に学生自身の動機もそれほど強いものではないことがあげられる。チェンライ・ラーチャパット大学で観察した限り、中国人留学生は固まって行動し、中国語で会話しており、タイ人学生との交流の場面は見られなかった。留学といっても、陸路最短12時間のバスで思茅からチェンライまで移動するだけで、大きな経済的負担や心理的な距離はなく、留学に臨んで「不退転の決意」という意識とはおよそ無縁なように見受けられた。

おわりに

　以上、留学受け入れ側のタイ、送り出し側のラオスという視点を軸に、留学およびトランスナショナル高等教育の状況を見てきた。以下、概括を試みる。

　タイ政府はトランスナショナル高等教育には懐疑的であり、積極的な施策は打ち出していないが、各大学では独自の取り組みがなされている。そのような中、チュラーロンコーン大学ではトランスナショナル高等教育からの撤退の動きがある。もともと、教授陣が不足し、自力では提供できないが社会が必要とする専攻を置くために、外国人教員を招聘してインターナショナル・プログラムとしたり、外国大学と提携してダブルディグリー・プログラムにした経緯がある。つまり、自国の教育力が高まったところでは自前ですべてのカリキュラムを提供するということであり、トランスナショナル高等教育は過渡的な一形態ということになる。その一方で、タイはEducation Hub構想を掲げ、留学生受け入れを急激に拡大しようとしており、実際に着実に伸びている。政策上のターゲットとなっているのは、ASEAN後発加盟国の

CLMV諸国であり、この4カ国に中国雲南省を加えた大メコン圏(GMS)である。チェンライ・ラーチャパット大学の事例のように、タイと中国の間ではダブルディグリーのプログラムが活発化している。しかし、ラオスとタイの関係で見る限り、一般的な留学の形態が主であり、トランスナショナルな展開には至っていない。

　ラオスにおいては、基礎教育および高等教育の拡充、ASEAN統合への対応が優先課題であり、それに応じた高等教育教員の資質向上が求められている。送り出す留学生数も増えている。そのなかで、ラオスへの外国大学の進出は萌芽はあるものの本格化するには至っていない。タイへの留学は、ベトナムに次いで多いが、そのとき気候風土言語に大きな違いがないことが誘因となっている。なかには週末に通学する留学生もおり、留学という用語の範疇に含めるほど重い意味を持っているようには見えない。自宅から最も近い修士課程のある大学が、たまたまメコン川対岸にあるということである。同様のことは中国雲南省からタイに留学する学生にもいえ、外国への留学という意識は低く、その効用も低い。

　ラオスおよび中国雲南省からのタイへの留学を見る限り、国境の持つ意味が高い壁となっているとはいえない。ラオスのラオ人にとっては、メコン対岸の東北タイ(イサーン)もラオ人の地である。気候、風土、言語、文化、食生活などの面で、異文化体験をせずに済み、移動手段も国際バスや自家用車が主であるため安価で気軽である。13世紀頃から19世紀頃まで、この地域には明確な国境線はなく、領域支配の概念がなかったといわれている。各地の小領主がアユタヤなどの大王に対してパトロン＝クライアント関係にあれば、大王がその地域を版図としたことになるが、その地域の住民は大王から直接支配されるのではない仕組みである。小領主が何かの事情で大王の支配下を離れると独自の王国を形成する場合もある。このように、曼荼羅図の大小のマンダラが付いたり離れたりする様子になぞらえ、この当時の国家の在り方をマンダラ型国家と呼ぶ場合がある[43]。この考え方に従えば、現在の中国領内西双版納タイ族自治州の地域まで、タイの領土であったということになる。チェンライの場合を例にとると、1262年から7年間チェンセーン王国

の首都(後にチェンマイに遷都し、ラーンナー王国となった)であったが、1558年からはビルマの支配下に置かれた。1786年にビルマの支配を脱し、ラーンナー王国の属国となり、1910年になってタイ(当時シャム)の統治機構が整備された。いずれにせよ、もともと民衆レベルでは、どの国の領土に住んでいるかという意識は低かったところである。19世紀になって英仏がこの地域で植民地化を争い、境界線画定を行ったことから、現在の国境ができたものである。国境のあちらとこちらで兄弟が別れて住み、自由に行き来することも自然なことであったという。こうした背景から考えたときに、国境を越える学生たちが、一般にイメージされるほどには留学を深刻なものとはとらえず、異文化体験も求めず、気軽に判断しているように思われる。

そこでのトランスナショナル高等教育の意味は何か。学生の立場からすれば、外国大学へのアクセスを容易にし、コストを低減させる効果を持つもので、あえて言えば、留学への取り組みへの気軽さを加速させるものである。それは、北京や上海からバンコクへという大都市間の留学よりも、玉渓や思茅からチェンライへという辺境間の留学の場合に顕著となる。そのように考えてみると、タイの有名大学がトランスナショナル高等教育から撤退したり、高等教育政策に具体的な目標が述べられなかったりということは、妥当と考えられる。その先に、トムヤムクナリゼーションが実現する将来があるとすれば、タイ高等教育は個性豊かでかつ質の高いものになっていくと考えられる。

注

1 ただし、東北タイのラオ人は「イサーン人」と自称し、ラオスのラオ人と差異化されるのも実態であり、単純に両者を同じ集団と述べることが難しいことも踏まえられなければならない。林行夫、2000『ラオ人社会の宗教と文化変容－東北タイの地域・宗教社会誌－』京都大学学術出版会、35-80頁を参照。
2 平田利文、2004「タイーグローバル・スタンダードをめざす高等教育戦略」馬越徹編『アジア・オセアニアの高等教育』玉川大学出版部、57-76頁。
3 Office of the Education Council, 2009, *Sathiti Kaansuksaa Khong Prathet Thai Pii 2551*, Bangkok, Phrikwaan Graphic Ltd.,(『2008年タイ教育統計』)。
4 Office of the Higher Education Commission, 2008a, *Phean Phatanaa Kaansuksaa*

Radap Udomsukusaa Chabap Thii 10（*Pho. So. 2551-2554*）. http://www.mua.go.th/（『第10次高等教育開発計画(2008-2011年)』）

5　Office of the National Education Commission, 1999, *Praraachabanyat Kaansuksaa Haeng Chaat Pho. So. 2542*, Bangkok,（『1999年国家教育法』平田利文・森下稔訳『タイ仏暦2542年（西暦1999年）国家教育法』ヨシダ印刷、東京、2000年。

6　Ministry of University Affairs, 2003, *Sarup Phon Kaanprachum Naayokratthamontrii Hai Nayobaai Khanabadii lae Huanaa Phaakwichaa Ruang Nayobaai Nai Kaanphattanaa Rabop Udomsuksaa*, Wansuk Thii 10 Mokaraakhom 2546, Bangkok, Eekasaan prakoop prachum,（「高等教育開発政策について学部長・学科長に対する首相演説議事要旨」）.

7　Office of the Higher Education Commission, 2008b, *Krop Phaen Udomsuksaa Raya Yaao 15 Pii Chabap Thii 2*（*Pho. So. 2551-2565*）, Chulalongkorn University Press, Bangkok,（『第2次高等教育15ヶ年長期計画(2008-2022年)』）. 同計画のタイ語版要旨の日本語訳を以下に掲載した。森下稔訳、2010「第2次高等教育15ヶ年長期計画(2008-2022年)(要旨)」科学研究費補助金中間報告書『トランスナショナル・エデュケーションに関する総合的国際研究』(研究代表者：杉本均)京都大学大学院教育学研究科、108-117頁。

8　OHEC, 2008b, *op.cit.,* pp.11-12.

9　OHEC, 2008a, *op.cit.,* pp.4-5.

10　Paitoon Sinlarat, 2007, *New Leadership and New Globalization in Thai Higher Education: The Path to the Future*, Paper presented at the ASAHIL International Conference on Leadership for Globalization in Higher Education: Lessons and Opportunities. Dec. 5-7, Curtin University of Technology, Australia.

11　Office of the Higher Education Commission, *Khrongkaan Phatanaa Prathet Thai Pen Sun Klang Kaansuksaa Nai Phumiphaak*, meeting document（「タイを域内の教育の中心とさせる開発計画」）.

12　Bureau of International Cooperation Strategy, The Office of the Higher Education Commission, 2010, *Naksuksaa Tang Chaat Thii Suksaa Nai Sathaban Udomsuksaa Sangkat Samnakgaan Khana Kammakaan Kaanudomsuksaa Pii Kansuksaa 2552*, Bangkok（『2009年度高等教育委員会事務局管轄の高等教育機関で学ぶ留学生』）.

13　この数字は、教育省高等教育委員会事務局管轄の人数のみであり、厳密にはタイ全体の数字ではない。ただし、留学生のほとんどを占めている数字と判断される。

14　AUN/SEED-Net Secretariat, 2008, *The First Book of Achievements: Seeds of Hope*, The Special Book in Commemoration of the Complection of the AUN/SEED-Net Project's Phase I.

15　Office of the Higher Education Commission, Ministry of Education, 2010, *Khumuu*

Kaandamnerngan Khrongkaan Reakplian Bukhlaakon lae Naksuksaa Thai Kap Pratheet Anuphumiphak Lun Mekhong, pp.1-4 (「タイ・大メコン圏諸国間の教職員・学生交換プログラムの手引き」).

16 Bureau of International Cooperation Strategy, Office of the Higher Education Commission, 2010, *Collaborative Degree Programmes between Thai and Foreign Higher Education Institutions*.
17 パイトゥーン氏への2009年8月7日のインタビュー。
18 チュラーロンコーン大学国際課ドゥデポーン氏への2008年7月31日のインタビュー。
19 チュラーロンコーン大学工学部チンタウィー氏への2008年8月8日のインタビュー。
20 アサンプション大学グレン氏への2009年8月10日のインタビュー。
21 http://www.muic.mahidol.ac.th/eng/
22 チェンマイ大学社会学部における2009年8月4日のインタビュー。
23 ラオス文化研究所編、2003『ラオス概説』めこん。
24 瀧田修一・乾美紀、2008「ラオスにおける高等教育の改革の現状と課題－教育機会拡大の動向を中心に－」『大学教育研究』第17号、神戸大学大学教育推進機構、1-30頁。
25 Minisitry of Education, 2009, *Sathit Kaansuksaa Sakhan 2009-10*(『2009-10年度教育統計』).
26 *Kotmai Waa Duai Kaansuksaa Haeng Saatharanalat Pasatipatai Pasason Lao*(*Sabap Pappung*),(『ラオス人民共和国教育法(改訂版)』)
27 ラオス国立大学計画国際関係課センドーン氏への2009年7月29日のインタビュー。
28 Ministry of Education, 2006, *Teacher Education Strategy 2006-2015 and Action Plan 2006-2010*, Lao People's Democratic Republic Peace Independence Democracy Unity Prosperity.
29 ラオス教育省教員養成局ワラドゥン氏への2009年7月30日のインタビュー。
30 チェンマイ大学工学部修士課程ペッチャダー氏への2009年8月4日のインタビュー。
31 ラオス教育省国際関係局センソンポーン氏より入手。
32 私立大学認可過程の詳細については、瀧田・乾、前掲論文、2008を参照。
33 ラオ・アメリカンカレッジ理事長バージニア・オストランド氏への2010年8月9日のインタビュー。
34 コム・センターでの2010年8月10日のインタビュー。
35 ラオ・シンガポール・ビジネスカレッジ英語プログラム主任ディンプル・ルーシーズ氏への2010年8月10日のインタビュー。
36 ラオ・トップカレッジ経営者権寧旭氏への2010年8月9日のインタビュー。
37 http://www.cru.in.th/cru2010/cru-profiles.asp

38 2009年8月6日、チェンライ・ラーチャパット大学にて、副学長のコンラチャン氏、国際関係課長のティーラワット氏にインタビューした。
39 王柳蘭、2011『越境を生きる雲南系ムスリム－北タイにおける共生とネットワーク』昭和堂。
40 中国国民党軍のビルマ・タイ国境での戦史については、鄧賢著、増田政広訳、2005『ゴールデン・トライアングル秘史－アヘン王国50年の興亡』NHK出版に詳しい。
41 片岡樹、2004「領域国家形成の表と裏－冷戦期タイにおける中国国民党軍と山地民」『東南アジア研究』42巻2号、京都大学東南アジア研究センター、188-207頁。
42 思茅師範高等専科学校の張灵鈺氏、陳勇氏、高淋氏への2010年8月3日のインタビュー。
43 柿崎一郎、2007『物語 タイの歴史－微笑みの国の真実－』中公新書。

第13章　マレーシアにおける
トランスナショナル高等教育の展開

－オーストラリア大学分校の事例を中心として－

我妻　鉄也

はじめに

　21世紀における経済活動は、それまでの製造業を中心とした工業経済から知識が富の源泉となる知識経済へとその中心が移行している。マレーシアにおいても同様で、組み立て産業を中心とした産業構造から高付加価値の知識集約型産業への移行が求められるようになった。マハティール首相（当時）は、1991年、2020年までに先進国入りするという国家発展構想「ビジョン2020」(Wawasan 2020)を発表した。1996年には、このビジョンの実現を推進する政策として、マルチメディア・スーパーコリドーという情報環境を整備し海外から企業を誘致するプロジェクトを開始した。このプロジェクトを実施するには知識労働者が不足しており、2020年までに高等教育機関における就学率を40％に拡大する必要があった[1]。これに加えて、経済成長率年8％という好景気が進学需要を高めていた。しかしながら、当時の学位授与権が公立セクターに限られた高等教育システムでは、増加する高等教育需要に対応することはできなかった。

　このため、マレーシアでは、高等教育の規模を拡大する必要があり、私立セクターの育成を図るべく、「私立高等教育機関法」(Private Higher Educational Institutions Act 1996)をはじめとする法令を制定し、「教育法」(Education Act 1961)などを改正した。この私立高等教育機関法が制定されたのを受けて、学位を授与できる、私立大学(University)、私立のユニバーシティ・カレッジ(University College)、外国大学分校(Branch Campus of a Foreign University)の設置が可能となり、私立カレッジ(College)も高等教育機関として認知されるようになった。

このような法律の制定や改正により、私立高等教育機関設立の土台が整備され、マレーシアでは高等教育機会拡大への一歩を踏み始めることが可能になった。そして、政府は外国大学分校に対して高等教育機会拡大の一端を担うことと同時に国際的な水準の教育や専門知識をもたらすことを期待していた[2]。

2009年現在、私立高等教育機関の在籍者数は484,377人であり、高等教育機関の全在籍者数1,050,726人の46.1％を占めるに至っている[3]。この数値から、高等教育機会の拡大という観点において、私立高等教育機関は重要な役割を担っている。また、大学の地位を得ている私立高等教育機関(私立大学、私立大学分校、外国大学分校)の在籍者数206,197人のうち、外国大学分校4校[4]の在籍者数は16,919人となっており8.2％を占めている。

マレーシアが受け入れた外国大学(本校)の4校のうち2校は、THE-QS世界大学ランキング(2009年度)の100位以内に位置し、残り2校についても同ランキングに登場している。また、2010年には、外国大学分校4校はマレーシアの研究大学4校[5]とともにマレーシア資格機構(Malaysian Qualifications Agency: MQA)による自己認証機関の地位(Self Accreditation Status)[6]を獲得した。これは、質の高い教育や研究を行っている機関に対して付与されるものであり、外国大学分校が研究大学に匹敵する水準であることが証明された。これらの事実から、外国大学分校の受け入れは、高等教育需要の拡大や国際的な水準の教育や専門知識の提供といったマレーシアの国家政策の思惑通りの役割を果たしていると考えられる。

現在、外国大学分校4校は、所得水準の高いスランゴール州に2校および所得水準が低く開発途上とされるサラワク州に2校と二つの州に立地している[7]。このように、外国大学分校は一国内の発展地域と後発地域で展開されていることから、これらの地域の間には上述のような国家レベルでの要因に加えて、外国大学分校の送り出し側と受け入れ側に固有の要因が存在していると考えられる。それゆえ、本章では、地域や企業といったステークホルダーの外国大学分校設置の要因や運営への関与、その影響力に着目したうえで、二地域間での比較考察を行い、外国大学分校の差異や特質を明らかにする。なお、

第13章　マレーシアにおけるトランスナショナル高等教育の展開　227

本章では、出自国が同じ外国大学分校を二地域間で比較する関係上、外国大学分校4校のうちオーストラリア大学分校2校を分析の対象とし、その設置経緯ならびに運営の基盤となるガバナンス構造に焦点を当てて考察していくことにする[8]。

1. マレーシアにおけるオーストラリア大学分校の設置経緯

(1) 外国大学分校の設置手順

マレーシアにおいては、以下の手順を踏んで外国大学分校を設置していくことになる[9]。私立高等教育機関法により法人のみが私立高等教育機関の設置申請が可能であると定められている。このため、分校の設置を考えている外国の高等教育機関は、会社法(Companies Act 1965[Act 125])に基づいた分校運営のための法人(運営会社)を設立する必要がある。法人設立にあたっては、外国の機関は49%までしか出資できないことから、現地の機関との共同出資により法人を設立しなければならない[10]。法人が設立された後、各法人は高等教育省に対して外国大学分校設置のための申請や口頭説明を行い、大臣により承認されると、分校設置のための招聘状が発行される。招聘状を受け取った後、各法人は、高等教育省へ設置認可のための申請を行う。大臣により分校設置が認可された後、プログラム実施の許可を得るため、MQAに対して暫定アクレディテーション(Provisional Accreditation)の申請を行わなければならない。その後、希望する場合はアクレディテーション(Full Accreditation)を受審する。

(2) オーストラリア大学分校の設置経緯

以上の手順を踏んで設置されたオーストラリア大学の分校は、首都クアラルンプール近郊のスランゴール州にモナッシュ大学サンウェイ校(Monash University Sunway Campus)、東マレーシア(ボルネオ島)のサラワク州にカーティン工科大学サラワク校(Curtin University of Technology Sarawak Campus)[11]、スウィンバーン工科大学サラワク校(Swinburne University of Technology Sarawak

Campus)が存在している。本項では、各州に存在するオーストラリア大学分校の事例を取り上げて設置経緯について見ることとする。

①モナシュ大学サンウェイ校の設置経緯

はじめに、スランゴール州のモナシュ大学サンウェイ校について見ると[12]、同校は1998年に設立され、人文・社会科学部、ビジネス学部、理学部、工学部、情報技術学部、医学・健康科学部から構成されている。2007年度の学生数は、3,632人である。

モナシュ大学は、設立間もない1960年代に東南アジア研究センターを有し、マレーシアから200名以上の留学生を受け入れていたため、東南アジアとのつながりは深いものであった。同大学の副学長は、1990年代の初頭、保守的になっていた同大学の新しい方向性を探るため、グローバル戦略の一環として海外分校を設立したいという考えを持つようになった。これに加え、1987年から行われたドーキンズ改革により全授業料を自己負担する留学生の受け入れが認められたことで、収入源を確保するという財政面のインセンティブも働いた。進出先については、上述の通り、長年の東南アジアとのつながりを背景に、そこでのプレゼンスを高めたいことから、東南アジアを分校設置の候補地とした。そして、後述の通り、トゥイニング・プログラムが存在していたという理由から、分校設置の基礎ができているマレーシアを進出先として選択した。

次に、提携を受ける側であるマレーシアのサンウェイグループの背景について見ていくこととする[13]。マレーシアでは、1971年にブミプトラ政策が導入されたことにより、中国系マレー人やインド系マレー人は、国内の教育機関へのアクセスが制限され、オーストラリア、イギリス、アメリカなど海外へ留学しなければならなくなった。このため、サンウェイグループの代表者は、中国系マレー人にとってより適切な費用で教育が受けられるよう、海外の著名な大学とのトゥイニング・プログラムを行うサンウェイカレッジ(Sunway College)を設立した。そして、サンウェイグループの代表者がメルボルンへの留学経験がありモナシュ大学の高い水準を認識していた点や、彼の

アシスタントがモナシュ大学の卒業生であったことから、モナシュ大学とのトゥイニングプログラムを開始した。しかし、サンウェイグループの代表者は1990年代初頭には、海外に出向くことなくマレーシア国内で学位を取得可能な大学を設立したいという考えを持つようになった。

　以上の背景があるなかで、1991年10月にマレーシアのマハティール首相がマレーシアにおける分校設置の許可を示唆したことから、モナシュ大学は分校設置を模索し始めた。1992年にマレーシア政府関係者との交渉を開始し、同年10月にはマレーシアの教育大臣がモナシュ大学を訪問した。1994年4月にサンウェイグループとの間に仮契約（Letter of Intent）、同年6月に第一回覚書（Memorandum of Understanding）、1996年1月には第二回覚書が締結された。その後、1998年2月にマレーシアの教育大臣から外国大学分校設立のための招聘を受け、マレーシアにおける私立高等教育機関法に定める外国大学分校の第一号として1998年6月に開設されるに至った。

②カーティン工科大学サラワク校の設置経緯

　次に、サラワク州ミリにあるカーティン工科大学サラワク校の事例について見ることとする[14]。同校は1999年に設立され、ビジネス学部、理工学部、基礎・継続教育学部から構成されている。2008年度の学生数は2,342人である。

　設置の背景について見ると、1990年代初頭、サラワク州ミリ市の上層部は、同市を特別市[15]に昇格させたいという考えを有していた。この昇格への条件の一つが市内に大学を有することであった。その後、ミリで不動産業を営む有力者が、個人的にカレッジ設立の計画を有していたことから、子弟の留学先であったカーティン工科大学と独自に交渉を行っていた。この情報が、ミリ市長やサラワク州副主席大臣といった同州の有力者に伝わり、彼らはカレッジではなく特別市の地位獲得の条件である大学設立を構想するようになった。その後、サラワク州主席大臣に対してこの構想の説明を行い、外国大学分校誘致をサラワク州政府の事業にすることを決定した。サラワク州主席大臣は、サラワク州が天然資源に過度に依存しており伝統的な産業から

脱却し、サービス産業を含む産業の多様化を図るうえでも人材開発が必要であると考えていたため、この提案に同意した。1998年3月にサラワク州政府関係者によるカーティン工科大学への訪問を皮切りに交渉が開始され、1998年5月にサラワク州政府とカーティン工科大学との間で分校設立にかかわる覚書に署名が行われた。その後、1998年12月にマレーシア政府から分校設立の招聘状を受け取り、1999年3月に開設されるに至った。

以上がマレーシアにおけるオーストラリア大学分校の設置経緯であるが、この設置経緯は二つに分類することができる。第一に、進出側のオーストラリアの大学(本校)が分校設置のためのプロジェクトを開始し、提携機関との分校設置の利害が一致したことにより開設に至ったスランゴール州のパターンである。第二に、受け入れ側の州政府の戦略により、州政府が外国大学分校の誘致に動き出し、オーストラリア大学側がそれに応じ開設に至ったサラワク州のパターンである[16]。マレーシアにおける外国大学分校の設置は、連邦政府の招聘を受けなければならないことから、国家レベルでの設置意図に沿ったものであることが前提となるが、さらには各大学や提携企業あるいは州政府といった設置関係者の意図が大きく反映されているといえる。

2. オーストラリア大学分校の設置形態とガバナンス構造

以上の通り、国家、州、機関といった各レベルで外国大学分校の進出や受け入れ要因は様々であるが、二国間にまたがる外国大学分校運営においては、その主導権が重要な問題となってくる。これが最も明瞭に現れるのが、機関の意思決定を行うガバナンス構造であるといえるので、本節では、この点に焦点をあてて論じる。

(1) オーストラリア大学分校の設置形態

Verbik and Merkley[17]は、各国に存在する82の外国大学分校を調査した結果、資本の観点から、外国大学分校の設置形態を「完全な自己資本による設置」、「(受け入れ国あるいは送り出し国の企業や政府といった)外部からの資本提

供による設置」、「(受け入れ国による)施設提供による設置」という三つの形態に分類した。さらに「(受け入れ国あるいは送り出し国の企業や政府といった)外部からの資本提供による設置」については、「受け入れ国政府支援モデル」と「企業支援モデル」に分類した(表13-1)。

表13-1　外国大学分校の分類枠組み

完全な自己資本による設置	外部からの資本提供による設置		施設提供による設置
	受入国政府支援モデル	企業支援モデル	
本校からの資金提供のみで分校を設置	受け入れ国の中央政府あるいは地方政府の招聘や支援を受けての分校設置	送り出し国あるいは受け入れ国の企業やその他の機関からの支援を受けての分校設置	受け入れ国政府が設備を提供し分校を設置

出典：Verbik and Merkley, 2006, pp.9-23.をもとに著者作成。

　マレーシアにおけるオーストラリア大学分校の資本構成について見ていくと、スランゴール州のモナシュ大学サンウェイ校は、モナシュ大学と運営会社である株式(非公開)会社[18]モナシュ大学サンウェイキャンパスマレーシア(Monash University Sunway Campus Malaysia Sendirian Berhad[19]：MUSCM)により運営が行われている。同社には、モナシュ大学が24％、サンウェイグループ(Sunway Group)[20]が76％を出資している[21]。

　サラワク州のカーティン工科大学サラワク校は、カーティン工科大学と運営会社である株式(非公開)会社カーティンマレーシア(Curtin [Malaysia] Sendirian Berhad)によって運営が行われている。同社には、サラワク州政府(サラワク財団、サラワク高等教育基金)が90％、サラワク州の現地企業が10％を出資している[22]。スウィンバーン工科大学サラワク校は、スウィンバーン工科大学と株式(非公開)会社スウィンバーンサラワク(Swinburne Sarawak Sendirian Berhad)によって運営が行われている。同社の資本は、スウィンバーン工科大学が25％、サラワク州政府(サラワク財団、サラワク高等教育基金)が75％を出資している[23]。

　以上の資本構成から、スランゴール州にあるオーストラリア大学分校は、上述のVerbik and Merkleyの分類における「外部からの資本提供による設置」の「企業支援モデル」に位置付けることができる。一方、サラワク州にあるオ

ーストラリア大学分校は、「外部からの資本提供による設置」の「受け入れ国政府支援モデル」に位置付けることができる。

(2) オーストラリア大学分校のガバナンス構造
①モナシュ大学サンウェイ校の事例（図13-1）

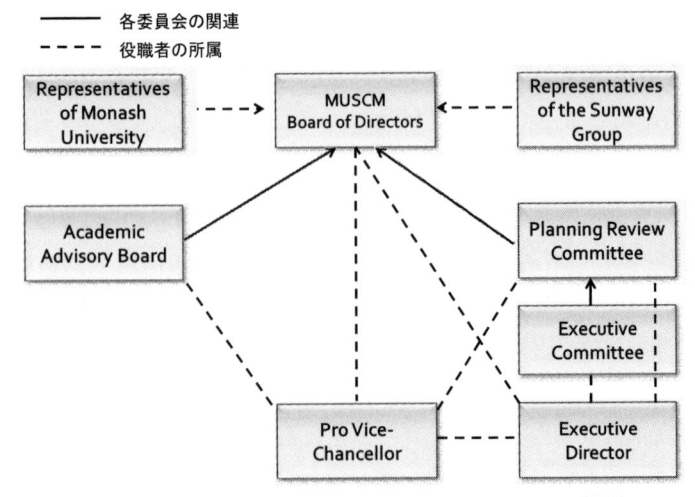

　モナシュ大学サンウェイ校の運営に関しては、大枠で言うと、モナシュ大学側が教学に関する事項に責任を持ち、運営会社が財政や教育研究活動を支える施設の提供といった管理運営に責任を持っている。モナシュ大学サンウェイ校の最高意思決定機関は、MUSCMの取締役会（Board of Directors）である。このMUSCM取締役会が、戦略的方向性や計画を決定し、利害関係者、マレーシア政府、公的機関への責任を取ることになる[24]。このMUSCM取締役会は、モナシュ大学本校関係者3名、モナシュ大学サンウェイ校関係者5名、サンウェイグループ関係者6名で構成されており、代表はサンウェイグループの創立者が務めている[25]。

　続いて、意思決定のうえで重要な企画検討委員会（Planning Review Committee）は、キャンパスの計画や進捗状況、財政状況の報告を受け、それに対する助

図13-1　モナシュ大学サンウェイ校のガバナンス構造

出典：Monash University, *Monash Portfolio* Volume 2_Monash University Malaysia および各委員会のTerm of References を基に著者作成。

言を行うと同時に教学計画と資源配分の関係が一致しており、適切であるかについても取締役会に報告を行う。本委員会は、MUSCMの取締役、モナシュ大学サンウェイ校副学長補佐(Pro Vice-Chancellor)、専務取締役(Executive Director)、モナシュ大学、サンウェイグループから任命された者で構成されている[26]。教学諮問委員会(Academic Advisory Board)は、教学事項がモナシュ大学の規程や政策に従って実施されているかを監督し、入試、学位の授与、学問分野など教学にかかわるすべての事項について、MUSCM取締役会に勧告を行う[27]。本委員会は、モナシュ大学サンウェイ校副学長補佐、モナシュ大学側から2名の委員、サンウェイグループ側から2名の委員で構成されている。

②カーティン工科大学サラワク校の事例(図13-2)

カーティン工科大学サラワク校のガバナンス構造であるが、オーストラリア西オーストラリア州のカーティン工科大学法(Curtin University of Technology Act 1966 Statue No.24)や共同事業契約(Joint Venture Agreement)により、サラワク州政府はカーティン工科大学サラワク校のために土地を提供し、運営会社である株式(非公開)会社カーティンマレーシアの大部分の所有権を有すると定められている[28]。この運営会社は、校舎や施設といった教育の実施に必要なすべてのものを提供し、同校の管理運営(人事、財務、マーケティング、広報)や事務を行うと定められている。一方、カーティン工科大学(本校)は、カーティン工科大学サラワク校におけるコースの承認と提供を行うと定められている。同校の運営会社である株式(非公開)会社カーティンマレーシアの取締役会(Board of Directors)は、インフラや財政に関することを取り扱い、サラワク州政府や現地企業の関係者9名で構成されている[29]。代表は、元サラワク州政府副主席大臣が務めている。ただし、この取締役会は、モナシュ大学サンウェイ校のように最高意思決定機関ではない。最も権限が強いのは、州政府関係者、教職員、学生から成るサラワク校カウンシル(Sarawak Campus Council)であり、日常的事項、コースや資源の決定、人事の任免までを取り扱い、同校の活動を監視している[30]。そして、このサラワク校カウンシルの活動内容は、カーティン工科大学本校のカウンシル(Curtin University of

```
              各委員会の関連
       ----   役職者の所属
```

```
┌─────────────────┐     ┌─────────────────┐     ┌─────────────────┐
│ Curtin Malaysia │────▶│ Sarawak Campus  │────▶│ Curtin Council  │
│    Sdn. Bhd.    │     │     Council     │     │   (Australia)   │
│ Board of Directors│   └─────────────────┘     └─────────────────┘
└─────────────────┘
         │
         ▼
  ┌──────────────┐
  │ Joint Venture│
  │    Board     │
  └──────────────┘

┌──────────────┐   ┌──────────────┐   ┌──────────────┐
│Sarawak Campus│   │  Pro Vice-   │   │Sarawak Campus│
│  Management  │---│  Chancellor  │---│Academic Board│
│    Board     │   │              │   │              │
└──────────────┘   └──────────────┘   └──────────────┘
```

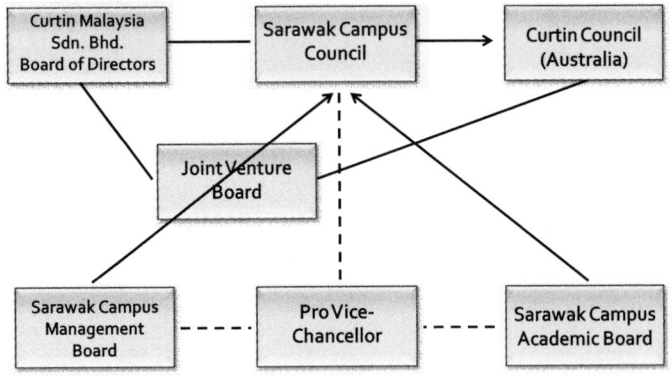

図13-2　カーティン工科大学サラワク校のガバナンス構造
出典：Curtin Sarawak Malaysia Organisational Chartをもとに著者作成。

Technology Council)に報告が行われる。このサラワク校カウンシルの代表は、サラワク州政府副主席大臣が務めている。

　続いて、意思決定に重要な委員会の役割であるが、サラワク校カウンシルのもとに、サラワク校経営委員会（Sarawak Campus Management Board）が組織されており、共同事業契約や関連する事業の取り決めを管理している[31]。同委員会の委員長は、サラワク州のインフラ開発・通信副大臣が務めている。また、サラワク校の教学に関する事項を取り扱う委員会としてサラワク校教学委員会（Sarawak Campus Academic Board）がある。基本的には、サラワク校は本校から独立しており、副学長補佐が教学に関する事項の最終的な意思決定権を持っている[32]。ただし、委員1名はオーストラリア本校の者であり、カーティン工科大学本校へ報告をしている。

　この2校の事例から、オーストラリアの大学側が教学に関する事項を提供し、それ以外のインフラの提供や管理運営に関する事項は運営会社が担っていることが共通点であるといえる。しかしながら、運営会社の提携先については、オーストラリア大学の進出や誘致といった各校の設置経緯が影響を与えており、企業や州政府といった相違点がある。そして、外国の機関による

出資の上限が49％に規制されていることから、提携機関が運営会社の資本のかなりの部分を出資している。このため、企業や州政府を問わず、提携機関の関係者が運営会社の取締役会に大きく関与しており、影響力を有している。これは、出資規制を通じて外国大学分校の管理運営面を担う運営会社の主導権をマレーシア側が有するという構造を表したものといえる。ただし、州政府支援の分校の場合、最高意思決定機関としてカウンシルを設けており、企業や州政府といった提携機関の違いによって、最高意思決定機関が運営会社の取締役会あるいはカウンシルという相違点が存在している。しかしながら、最高意思決定機関に相違があるにせよ、教学以外の管理運営面については、マレーシア側が主導権を有しているといえよう。

3．オーストラリア大学分校の総括的考察

　以上、マレーシアにおけるオーストラリア大学分校を事例に設置経緯とガバナンス構造について考察してきたが、これらを総合すると各校は図13－3のように分類できるであろう。このオーストラリア大学分校の分類枠組みは上述のVerbik and Merkleyの資本による設置形態の分類枠組みを参照した「ガバナンス・設置形態」(縦軸)の項目に「設置経緯」(横軸)という観点を加えて、オーストラリア大学分校を分類したものである。この設置経緯の枠組みは、第1節で分析した設置経緯から、オーストラリア大学側が分校設置プロジェクトを開始しマレーシア側企業との分校設置の利害が一致したことにより設置に至った事例とマレーシア側の州政府が誘致を行い分校が設置された事例という二種類の設置経緯が存在することが明らかになったため、「進出型」と「誘致型」という設置経緯の枠組みを設けた。

　オーストラリア大学分校をこの分類枠組みに位置付けると、スランゴール州にある分校は、設置経緯については「進出型」であり、ガバナンス・設置形態は「企業優位型」である。一方、サラワク州にあるオーストラリア大学分校は、設置経緯については「誘致型」であり、ガバナンス・設置形態については「地方(州)政府優位型」である[33]。

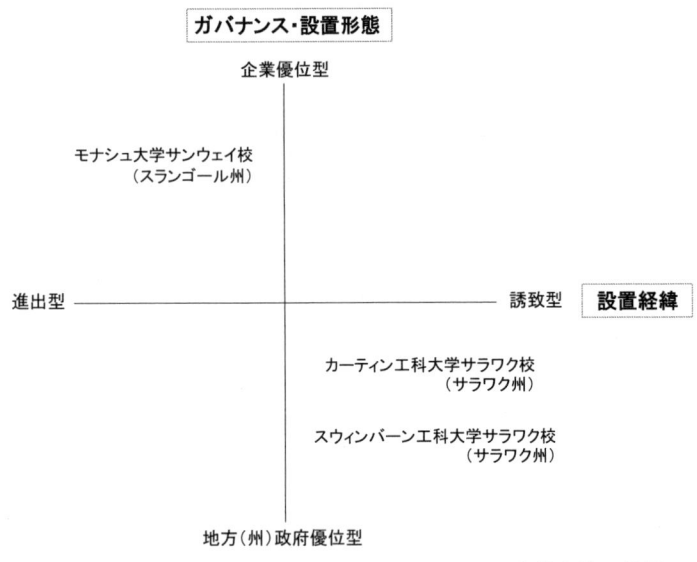

```
                    ガバナンス・設置形態
                        企業優位型

  モナシュ大学サンウェイ校
      （スランゴール州）


  進出型 ─────────────────── 誘致型    設置経緯

                    カーティン工科大学サラワク校
                        （サラワク州）

                    スウィンバーン工科大学サラワク校
                        （サラワク州）

                    地方（州）政府優位型
```

図13-3　マレーシアにおけるオーストラリア大学分校の分類
出典：著者作成。

　マレーシアにて外国大学分校を設立するにあたっては、法令により運営会社を設立しなければならない。しかしながら、外国機関による出資は49％という上限が設けられていることから、現地機関との提携が必要となってくる。スランゴール州のオーストラリア大学分校の事例である「進出型」においては、オーストラリア大学の戦略により分校設置プロジェクトが開始され、現地機関（複合企業）とのトゥイニングプログラムにおける協働の経験を背景に提携に至った。そして、外国機関の出資の上限により、現地機関が運営会社への出資において優位になることから、分校の管理運営について大きな影響を与える「企業優位型」のガバナンス構造を構築している。

　一方、サラワク州にあるオーストラリア大学分校の事例である「誘致型」の場合、州政府の戦略からオーストラリア大学の誘致が開始されたため、オーストラリア大学は分校設置上必要となる提携機関を探す必要はなく、所与のものとなっている。このため、必然的に州政府との提携が構築され、出資の上限により、州政府が運営会社の出資において優位になり、管理運営に大き

な影響を与える「地方(州)政府優位型」のガバナンス構造となる。

　以上の点から、設置経緯が提携機関の構築に影響を与え、企業あるいは地方(州)政府との提携といった差異を生み出している。そして、マレーシア政府が外国機関に対する出資を制限することで、マレーシア側の提携機関が運営会社の主導権を有しガバナンスに影響力を持つという構造を作り出している。また、設置経緯を背景に提携機関が優位になる「企業優位型」や「地方(州)政府優位型」というガバナンスの相違を生み出している。なお、設置経緯には、サラワク州の場合、一人当たりのGDPが低く州の産業構造改革のための人材開発を目的とした高等教育機関設置という後発地域である同州特有の地域的背景が存在することも考えられる。

　この分類から、同じオーストラリア大学分校といえどもその性質は異なっていると解釈できる。マレーシアでは外国大学分校は私立高等教育機関であることから、モナシュ大学サンウェイ校のようにガバナンス・設置形態が「企業優位型」に位置付けられるのが一般的であろう。しかしながら、サラワク州の2校は州政府の支援を受けガバナンスに影響を与える「地方(州)政府優位型」であることから、「企業優位型」であるモナシュ大学サンウェイ校に比べると、その性格は公立セクターの大学に近いものであるといえる。

　なお、外国機関の出資を制限することにより運営会社の主導権をマレーシア側が有する構造に関して、外国大学側は、財政的なリスクを最小限に抑えたいという傾向があり、歓迎さえする機関も存在しているという[34]。このため、教育機会拡大や高水準の教育をもたらす外国大学を招聘しマレーシア側が主導権を有するという思惑と国際的あるいは現地でのプレゼンスを高めたいが財政的リスクを最小限にしたいというオーストラリア側の思惑が一致したという側面も存在していると考えられる。

おわりに

　マレーシアにおける外国大学分校は、高等教育機会の拡大という政府の意図から設置のための法令整備が行われ、現在ではその意図に沿った役割を果

たしている。州レベルにおいては、本章で考察したサラワク州のオーストラリア大学分校の事例のように高等教育機会の創出のみならず、人材開発などの州政府の戦略から招致されている。このオーストラリア大学分校は、州政府関係者の意図が反映されやすいガバナンス構造を有していることから、公立セクターの高等教育機関に近い役割を果たしているともいえる。

Altbach[35]によると外国大学分校を設置するうえで懸念すべき事項は長期的な持続可能性であるという。マレーシアにおける外国大学分校は設立から10年を迎えており、各校とも規模を拡大することに成功している。そして、上述の通り、MQAの自己認証評価の地位を獲得したことから、外国大学分校は、国の高等教育水準の向上に大きなインパクトを与える存在となったといえる。このような規模の拡大や高い水準の教育研究の提供は、外国大学(本校)側が教学に責任を持ち質の高い教育や研究を提供し、提携機関(複合企業や州政府)が安定した財政と施設の提供を行うという企業や州政府との提携による運営が可能にしたといえる。しかしながら、外国機関による出資の上限が49％と制限されていることから、外国大学分校(本校)側にとっては運営の主導権を持てないという限界がある。これは、外国大学(本校)側にとって財政上のリスクを抑えられるという利点があるものの、分校運営において、彼らの意図を完全に反映できない可能性を孕んでいるともいえる。他方、オーストラリア大学の他の進出先であるベトナムや南アフリカでは、現地の機関と提携することなく、分校設置が可能であることから、財政的なリスクはあるものの外国大学(本校)側の意図を反映できるガバナンス構造を有している。これらの国々と比較すると、マレーシアの外国大学分校に関しては、機関との提携や出資制限という条件を設けて、マレーシア側の意図を反映しやすいガバナンス構造を構築していることが、その特性であるといえる。

外国大学分校は、教育プログラムのみを提供するフランチャイズプログラム等とは異なり、大学のその他の機能である研究や社会貢献という役割も果たさなければならないであろう。マレーシアの外国大学分校は、設立後10年を経過しており、従来の教育の提供のみならず、研究機関の役割や社会連携が新たに期待されているといえよう。

注

1. 杉本均、2005「グローバル時代のマレーシアにおける高等教育改革」財団法人静岡総合研究機構編・馬越徹監修『アジア・太平洋高等教育の未来像』東信堂、130-131頁。
2. Morshidi, Sirat, Razak, Ahmad Abdul and Koo, Yew Lie, 2011, Trade in Service and Its Policy Implications The Case of Cross-Border/Transnational Higher Education in Malaysia, *Journal of Studies in International Education*, 15, p. 242.
3. Kementerian Pengajian Tinggi Malaysia, 2010, *Perangkaan Pengajian Tinggi Malaysia 2009*, Putrajaya: Kementerian Pengajian Tinggi Malaysia.
4. モナシュ大学サンウェイ校、ノッティンガム大学マレーシア校、カーティン工科大学サラワク校、スウィンバーン工科大学サラワク校の4校。また、2011年には英国ニューキャッスル大学医学部のキャンパスが開設された。
5. マラヤ大学、マレーシア科学大学、マレーシア国民大学、マレーシアプトラ大学。
6. この地位の機関はプログラム実施に伴うMQAのアクレディテーションを免除される。
7. 1990年のスランゴール州の一人当たりのGDPは6,558リンギット、サラワク州の一人当たりGDPは3,888リンギットである(小長谷一之、1997「マレーシアの地域格差構造と地域開発」『季刊経済研究』第19巻4号、10頁)。
8. 本章は、拙稿、2011「マレーシアにおけるオーストラリア大学分校の比較考察－設置経緯とガバナンス構造を中心に－」『国際教育』第17号、56-65頁。に加筆・修正したものである。
9. MAMPU Prime Minister's Department, 2009, *Guidebook Getting Started Private Higher Education Business in Malaysia*, Putrajaya: MAMPU.
10. 筆者が2008年12月24日に行ったマレーシア高等教育省私立高等教育セクター登録・基準局Principal Assistant Directorへのインタビューによる。
11. 2010年7月に商標名(trademark)はCurtin Universityとなった。
12. Dyt, Katie, Monash, 2007, *University Sunway: Building on a Vision*, Clayton: Monash University, pp.2-18. および筆者が2008年12月22日に行ったPro Vice-Chancellorへのインタビューに基づく。
13. *Ibid.*, pp.5-8.
14. Sheehy, Frank, 2009, *From Perth to Miri: A Journey for Transformation*, Miri: Curtin University of Technology, pp.13-39. Curtin University of Technology Sarawak Campus, *The Evolution of Curtin Sarawak* (http://www.curtin.edu.my/10thAnniversary/about_curtin/ evolution.htm 2009.5.15).
15. マレーシアにおける地方自治体には特別市(City Council)、市(Municipal Council)、町(District Council)の三種類がある。

16 ここで言及していないスウィンバーン工科大学サラワク校についても同様である（2009年10月25日に行ったPro Vice-Chancellorへのインタビューによる）。
17 Verbik, Line and Merkley, Cari, 2006, *The International Branch Campus-Model and Trends*, London: The Observatory on Borderless Higher Education.
18 株式資本を持ち、定款が以下の事項に該当する会社は株式（非公開）会社として法人化される。①株式の譲渡権を制限している、②メンバーを50人以下に制限している、③株式、債務証書、預金の勧誘を禁止している。
19 Sendirian Berhadは、マレー語で株式（非公開）会社を意味する。
20 建設、投資、貿易、レジャー、IT、教育などの分野にまたがる複合企業。
21 Auditor General of Victoria, 2002, *Report on Public Sector Agencies, June*, 2002. (http://download.audit.vic.gov.au/files/PSA_report_2002.pdf.2008.11.5)
22 Curtin University of Technology, 2008, *Performance Portfolio AUQA Audit Cycle2*, Bentley: Curtin University of Technology, p.102.
23 Australian University Quality Agency, 2008, *Report of an Audit of Swinburne University of Technology*, Melbourne: Australian Qualification Agency, p.29.
24 Monash University, *Monash Portfolio,* Volume 2–Monash University Malaysia (http://opq.monash.edu.au/cheq/audit/qualityportfolio-v2.pdf 2009.5.14).
25 Dyt, Katie, 2007, *op.cit.,* p.29.
26 Monash University Sunway Campus Committee Terms of Reference–Planning Review Committee (http://www.monash.edu.my/planning/campus-organisation/ campus-level-committees/TOR/CommitteeTOR-PRC.pdf 2009.5.14).
27 Monash University Sunway Campus Committee Terms of Reference –Academic Advisory Board (http://www.monash.edu.my/planningcampus-organisation/ campus-level-committees/TOR/Committee/TOR-AAB.pdf 2009.5.14).
28 Curtin University of Technology, 2008, *op.cit.,* p.102.
29 2008年12月26日に行ったPro Vice-Chancellorへのインタビューによる。
30 前掲のインタビューによる。
31 Curtin University of Technology, 2008, *op.cit.,* p.102.
32 前掲のインタビューによる。
33 本章で触れていないオーストラリア大学分校スウィンバーン工科大学サラワク校はガバナンス・設置形態は「地方（州）政府優位型」であり、設置経緯は「誘致型」に位置する。
34 Tham, Siew Yean, 2010, Trade in Higher Education Services in Malaysia: Key Policy Challenges, *Higher Education Policy*, 23, p.106.
35 Altbach, Philip G., 2010, Why Branch Campuses May Be Unsustainable, *International Higher Education*, 58, pp.2-3.

第14章　インドネシアとトランスナショナル高等教育

中矢　礼美

今日、世界各国において様々な形態のトランスナショナル教育が展開されてきているが、すべての国や社会がそれを無批判に好ましいと思っているわけではなく、すべての大学において適しているわけでもない。本章では、インドネシアを事例に取り上げ、トランスナショナル教育に対する慎重な姿勢あるいは足踏み状態である状況とその要因を明らかにする。まず高等教育の状況、大学の国際化やトランスナショナル教育の動向を政策、法律、制度、高等教育関係者への面接調査から概観し、国際化推進に積極的な国立大学・私立大学の代表的な事例からその特徴と課題を明らかにする。

1．インドネシアにおける高等教育政策と現状

(1)高等教育普及状況とその特徴

インドネシアの高等教育機関数は2838校(国立82校、私立2756校)であり、学生数は2,691,810人(国立718,355人〈26.6％〉、私立1,973,455人〈73.31％〉)となっている[1]。インドネシアの高等教育機関では私立大学の数が非常に多いが、一校あたりの学生数は国立大学のそれに比して非常に少ない。

次に、専攻分野別学生数をみると、国立・私立ともに同じ傾向が見られ、経済専攻学生が最も多く786,421人(国立102,977人、私立683,444人)、次いで科学技術が396,173人(国立77,427人、私立318,746人)、そして法学、数学・コンピューター・サイエンス、土木・建築と続く[2]。

(2) 高等教育政策―予算配分・法人化・質保証―

『2005―2025年長期国家教育開発計画』では、教育の質の向上を目標として「70％の大学教員が修士・博士号の取得」「5つの高等教育機関が、アジアランキングにおいて100位または世界ランキングで500位に入ること」が示されている。ちなみに現在、アジアランキングで100位に入っているのはバンドン工科大学のみであり、世界ランキング500位には1校も入っていない状況にある[3]。

『国家教育戦略計画2005―2009年』「国家教育開発主要政策」では、進学率を14.3％（2004年）から18.0％（2009年）へ引き上げるという量的拡大を目指している。ただし学術的な高等教育機関の新設より職業・専門的高等教育機関の発展に重点を置き、労働市場に直結する人材育成を優先させている。

国家予算配分を見ると、高等教育段階への配分は30.18％であり、初中等教育段階の53.45％と比較すると少ないが[4]、期待される役割は大きい。特に、研究を活かした地方分権化・地域開発への貢献、産業界のニーズである国際的な職業遂行能力の育成が強調されている[5]。国際化への対応としては、これまで重視していなかった英語能力の向上と、ソフトスキルとして、高い動機、適応能力、人間関係コンピテンシー、効率的な成果への価値志向、勤勉さ、自己肯定感の育成が必要であるとしている。

(3) 高等教育に対する社会の期待と不満

高等教育に対する社会的な評価は、新聞紙上における議論を見ると概ねネガティブである。課題としてあげられる主なものは、私立大学の財政苦による運営問題、質の低さ、大学教員の研究意欲の低さと教育と市場の乖離、それによる学生の学習意欲の低下である[6]。高等教育機関への期待としては、エリート養成、国家開発、経済発展といった従来から存在する要望やグローバル時代という世界的潮流への対応に加えて、地方分権化という新しい課題に対応する人材の育成が強く求められている。2001年の地方分権化以降、各大学は州政府と共同プロジェクトを立ち上げているが、人材育成についても地域の学生に対する特別奨学金・選抜制度の導入、特別コース開設などの

要望が強い。このような社会の期待の中で、国際化はどのように、どの程度進められようとしているのだろうか。

2．トランスナショナル教育の動向

インドネシアにおける留学形態および名称は、伝統的な留学、ダブルディグリー、サンドイッチプログラムおよびグローバルなｅ-ラーニングであり、トランスナショナル教育という用語は定着していない。以下、「留学」状況とその要因、政策決定者の見解および推進の仕掛けについて検討し、その特徴を示すこととする。

(1)「留学」の送り出しと受け入れ状況とその要因

2008年度の海外送り出し留学生数は30,286人、受け入れ人数は3,023人である(表14－1)。留学の送り出しをプッシュ要因から分析すると、まず修士号・博士号の取得があげられる。なぜなら、現在は高等教育機関の質保証のために大学教員の修士号・博士号の取得率の向上が早急に求められているものの、国内ではそのキャパシティが不足しているからである。国内大学で修士号・博士号取得を目指す学生のための奨学金対象者数は6,000人であり、海外留学関係の政府奨学金対象者は2,500人である。海外への留学生の内訳は、インドネシア国内でサンドウィッチプログラムを利用して博士号をとる学生が1,000人、海外への正規留学生が1,500人である。この中には、すでに大学講師になっているものの学位を持っていないため、大学の質向上のために派遣される人も多く含まれる。留学先としては、外国学位に対する評価

表14－1　「留学」送り出し受け入れ数(2008)

送り出し30,286人		受け入れ3,023人	
オーストラリア	10,242人	東チモール	1,421人
アメリカ合衆国	7,386人	マレーシア	1,279人
マレーシア	7,325人	タイ	30人
ドイツ	1,603人	アフリカ諸国	46人
日本	1,578人	ヨーロッパ諸国	36人

出典：http://stats.uis.unesco.org/unesco/TableViewer/tableView.aspx より作成。

が高いアメリカ合衆国、地理的に近いオーストラリア、言語や文化適応問題の低いマレーシアが留学先として選択されている。ただしマレーシアへは非常に高い期待を抱いて留学生数が急増したものの、想像以上の生活費の高さ、奨学金の少なさ、安全性への疑問、問題多発の情報があり[8]、今後も引き続き拡大するのかは予想がつかない状況にある。

　一方、留学生の受け入れ状況を見ると、東チモールからの受け入れが1,421人と最も多く、次いでマレーシア1,279人と続くが、それ以外の国からの受け入れ規模は小さい。ただし、受け入れ数の把握は、国費・私費を問わず留学ビザ申請によって把握されるため、ビジネスビザや観光ビザで受講できるショートプログラムやサマープログラム等の留学生数の数は把握できていない。それらに関するデータは、国際化状況の評価を希望する大学がアクレディテーション評価を受ける際に自己申告書に記載するデータのみであり、国家全体では把握されていない。留学の受け入れをプル要因から分析すると、最も受け入れ数が多い東チモールは、インドネシアから独立した国であるため、歴史的つながり、言語の通用性、地理的な近さなど多数の要因がある。マレーシアも隣接国家であり、同様に文化、言語、距離、歴史、経済のつながりなど要因は多い。それ以外の国からの留学要因は、ユニークな文化への興味が主である。

(2) トランスナショナル教育に対する政策決定者の見解

　高等教育局は明確な国際化戦略を打ち出してはいないが、国際化によって高等教育機関の質の向上を期待しているようである[9]。

　高等教育局高等教育機関長は、高等教育機関の国際化は必要だとしつつも、国立大学は法人化したため、国家は国際化の推進も統制も、明確な数値目標を立てて大学に要請することは難しいという。そもそも、すべての大学が国際化する必要はなく、一部の大学に限らざるをえないと認識している。国際化推進に向けては、間接的なスキームをいくつか仕掛けており、高等教育機関ベースの競争プログラムにおいて、国際ジャーナル、国際セミナー、海外高等教育機関との協定、大学生や教員の受け入れ・派遣などを評価指標とし

て、資金配分を行っている。海外の大学の分校の設置については、社会からの抵抗があり、国内機関を守るために、許可しないことを法律で定めていることが強調された。

高等教育局社会貢献研究局長は、インターネット通信教育の拡大について[10]、新規事業の準備と維持への経費が多額であること、遠隔教育への教員・学生の抵抗感が根強い問題を指摘した。また、多様な形態の留学は進みつつあるものの、それらは大学や個人レベルの事象にとどまっているにすぎないため、国家の戦略や統制の整備が必要であるという。今後は、より多くの大学関係者が係わる留学プログラムや国際共同研究などを開発・推進し、大学が相互に最大限の利益を得られることが肝要であると強調していた。

高等教育機関アクレディテーション機構職員は、高等教育市場の国際化を推進するのも、はどめをかけるのも、アクレディテーション機構の評価が重要な機能を果たしていると言う。例えば、各大学は、評価を受ける際には、ポートフォリオに大学の国際化状況を記入する。なぜなら国際化について高い評価を受けることで、運営交付金獲得競争に有利となるからである。しかし、際限なく留学生を受け入れられるわけではない。教員1人あたりの担当学生数は最大20名、教員1人あたりの担当授業数は、1セメスター12単位までである。それを越えると、逆に評価が悪くなる。これらのデータは、各大学の所有物であるため、アクレディテーション機構からは開示できないが、社会に対して総合評価ランクを開示しているという。

(3) 国際化推進のための「しかけ」

上記で示されていた国際化の「しかけ」である高等教育機関ベースの競争プログラム (PHKI) を見てみよう[11]。このプログラムは、教育、研究、社会貢献の三つの主要活動の質と妥当性の向上を図るために導入された運営資金獲得プログラムである。そこでは地域のニーズ、産業および開発への貢献と健全な高等教育機関運営の推進が特に求められている。PHKIへの参加大学は、2008年度は522大学（国立大学59校、私立大学463校）であり、獲得大学は31大学（国立14大学、私立17大学）であった。テーマはA. 高等教育機関運営・キ

ャパシティ向上、B. 学習プログラムの質、妥協性、効率の向上、C. 優れたプログラム開発と三つあり、それぞれに評価指標が設定されている。そのうちPHKI-Cが学術領域におけるグローバル競争の向上を目指しており、その鍵となる評価指標は、外国人学生の在籍比率、国際的なアクレディテーション機構による評価、国際ジャーナルにおける出版数、国際的な資金獲得である。つまり、国際化は一部の高等教育機関にとって重要な達成目標とされており、外国人学生の在籍数を増やす努力をするようにしかけられているといえよう。

(4) 国際化に関する法令

　高等教育機関の国際関係法令としては、「海外高等教育機関および機構とインドネシアの高等教育機関の共同に関する2007年第26号インドネシア共和国国家教育省令」がある。

　インドネシアにおける高等教育機関は、「海外の高等教育機関および（あるいは）機構と共同協定を結ぶことができる（第2条）」が、「a. 安寧、互いの尊重および相互利益、b. 国家の法律および国際法への配慮、c. 国民と国家の発展および国家統治と安全に関する法律を犯さない（第4条）」に基づくことが前提である。具体的な共同活動としては、「a. 経営協定、b. 共同プログラム、c. ダブルディグリー・プログラム、d. 単位互換プログラム、e. 学問活動における教員・学生交換、f. 学術的な活動、研究、および社会貢献活動における人材による利益、g. 共同研究出版、h. 学術会議やそのほか学術活動の共同開催、i. 高等教育成果を向上させるために必要とされるその他の活動（第7条）」と示されている。a, b, cおよびdに示される教育活動は、高等教育局長を通して教育大臣から高等教育機関長に対しての認可状を得てから可能となり、eからiまでの研究活動は、教育機関長から高等教育局長を通して教育大臣に報告する義務を有する。これらの活動は、「国家によって認可されているアクレディテーション機構によって海外の高等教育機関が登録され、質調査が行われた後（第9条）」に実施が可能となる。このアクレディテーションの認定は、B判定以上とされている。

第7条aに示される経営協定は、「海外の高等教育機関および(あるいは)機構は、すでに存在するインドネシアの高等教育機関とともに(あるいは)、インドネシアの高等教育機関と新しく共同で設立される機関によって法律に従って行うことができる(第10条)」この新しい高等教育機関は、必ず高等教育機関の設立と運営条件を満たすこととされ、この新しい教育機関からの卒業生は「海外の高等教育機関からの修了証、コンピテンシー資格、学問的・専門的・職業的称号を取得する」こととされている。つまり、共同経営(プログラム運営・修了証の発行)は許可されるが、海外分校の設立許可は言及されていない。許可されない理由は、前提条件として提示されている「相互利益」が見出せないためと考えられる。またこの共同活動は、国家予算の支援を受けることはなく、インドネシア政府や機関、外国政府や機関から支援を受ける場合は、大臣からの許可証を得なければならないとされている(第16条)。アクレディテーション機構は、海外高等教育機関の質調査と認定に加え、単位互換の妥当性について議論する重要な役割を担っている。

(5)留学生受け入れに対する社会の評価と懸念

新聞紙上では留学生増加について言及しているものが散見されるが、その評価は概ねネガティブである。顕著な現象として、インド系マレーシア人の医学部への留学を事例にあげ、厚生労働省大臣シティ・ファディラ・スパリ氏は懸念を表明している。留学生には非常に高額な授業料が課せられており、大学運営経費を潤沢にする可能性がある。一方で、彼らの病院での実習費用のための補助金は国家予算でまかなわれているものであるのに、インドネシア人医師の養成には役立たないという側面がある。さらに、インドネシアの高校卒業生が医学部にはいる可能性を圧迫しているという(ハサヌディン・マカッサール大学では、大学学生定員2,000人のうち留学生総数は400人。医学部では定員350人のうち留学生が50人を占める)[12]。

3．大学の国際化目標と戦略

　国立・私立大学に共通する国際化の目的は競争力強化であるが、国立大学は国家発展へ寄与を重視し、私立大学は学生の成功に焦点をあてている点で大きく異なる。以下、国際化に積極的な国立・私立大学を事例として、目的・戦略・課題の違いを明らかにする。

(1) 国立大学の事例：インドネシア大学

　インドネシア大学は、学生数3万8,000人と教職員3,000人を有する、国内で最もレベルの高い国立大学である。より優れた学生を集めるため、ローカル・グローバルレベルにおけるあらゆる挑戦と競争に打ち勝つ人材育成および世界レベルの研究大学になることを使命として、国際化の推進を積極的に行っている[13]。

　留学生は370名(2008年度)在籍しており、うち学士課程は288名、修士・博士課程は82名であり、学士課程ではインドネシア大学の強みである人文科学部が142名と最も多く、次いで心理学部92名、医学部39名と続く。修士・博士課程では、医学39名、技術24名、法学2名、経済6名、文化科学11名となっている[14]。インドネシア人学生で海外に留学(6カ月から12カ月)している学生数は306名であり、そのうち医学が228名を占め、次いで文化科学53名、技術16名となっている。課程別に見ると、学士課程在籍者は306名中301名を占める。短期交換留学プログラムやサンドウィッチプログラムを活用した学士課程の移動が盛んである。留学の受け入れ、送り出しのバランスは取れているといえよう。

　短期交換留学での送り出し実績を見ると、アセアン大学ネットワーク(5名)、千葉大学(8名)、広島大学(6名)、ブルネイ・ダルサラーム大学(1名)、東北大学(1名)、シンガポール国立大学(2名)、マラヤ大学(2名)、延世大学(6名)、東京工業大学(1名)、創価大学(11名)、モスクワ州立アジア・アフリカ研究機関(10名)、アジア大学(9名)、南山大学(9名)、琉球大学(6名)、早稲田大学(9名)となっている。

第14章　インドネシアとトランスナショナル高等教育　249

最長期間は、学士課程で2学期、修士課程で1学期、博士課程では2学期と規定されている。単位互換は、短期交換留学プログラムでは学士課程で25％まで、博士課程で35％まで、サンドウィッチプログラムでは50％まで可能である。

上記の留学プログラムを企画・運営している国際オフィス長および国際推進会議の議長から、インドネシア大学の国際化の状況と展望について伺った[15]。

インドネシア大学国際オフィス長によると、高等教育の国際化推進の本格化は2000年以降であり、インドネシア大学、ガジャマダ大学、バンドン工科大学などが積極的に行っているが、いずれも研究ベースから教育ベースに移行してきた。法人化後、国家から配分される予算の撤退は非常に早く行われ、現在では2割の運営交付金しか与えられない。そのため大学は生き残りをかけて、国際化を推進している。インフラにはお金がかかるが、知名度が上がると入学者は増加する。インドネシアでこそ学べるインドネシア学（社会・経済・文化）のメリットを活かして、海外からの留学生や研究者の受け入れを増やすと、国内学生にとっての魅力も増加する。インドネシア大学の学生は英語能力が非常に高いので、外国人留学生を積極的に受け入れ、インドネシアを広く紹介し、インドネシア大学の学生にも外の世界に触れさせてやりたいという。大学の留学生受け入れ体制の課題としては、コーディネーターが研究者であるため研究活動に時間が取れないことへのジレンマがあること、語学能力の高い事務はすべて非常勤採用であることなどが述べられた。

インドネシア大学人文学部長/国際推進会議長は、国家は大学の国際化を市場に任せ、国家としてのゴールが不明確で戦略がないことを課題として指摘しながらも、今後は国家を超えた多様な民間企業との連携事業として行うことで、多様なニーズに適した国際化が可能となると期待を示した。そのため国立大学は、国家発展のために戦略的な人材育成を強く意識するべきで、留学生の受け入れも派遣も社会の構成や状況を鑑みて最適な状況を作らなければならないと言う。今後取り組む課題は、広報に力を入れ、相手大学の興味・関心を引き付け、次に個人にとって魅力的なものになるようにカリキュ

ラムを開発し、最後に経済問題として宿舎等の整備を行うことが肝要であるとしている。ダイナミックな改革を行い、例えば大学卒業後、1年間で20単位くらいを取らせて、修士号が取得できるようにならないかを提案中である。大学間協定と新しいプログラムの組み合わせ、将来的に持続的に大学が相互にメリットを感じるようなプログラムを作りたいと言う。e-ラーニングについては、素晴らしい面もあるが、実際にその国に行くことなく、画面を見るだけでは体感できないことが多いと積極的評価は示さなかった。

(4) 私立大学事例：ビヌス国際大学

　ビヌス国際大学は、インドネシアの有名私立大学の一つである。20年の歴史を持ち、現在では3万3,000人の学生が在学している（約70%程度が華人系インドネシア人）。2001年には、ビヌス・インターナショナル・プログラムを新設し[16]、ダブルディグリー・プログラムとしてビヌス大学からは学士号を、海外の大学からはバチェラーを提供するようになった。協定大学は、カーティン工科大学(オーストラリア)、ケルンビジネススクール(Cologne Business School)(ドイツ)、リムコウィン創造工学ユニバーシティ・カレッジ(Limkokwing University College of Creative Technology)(マレーシア)、マードック大学(Murdoch University)(オーストラリア)、マッコーリー大学(Macquarie University)(オーストラリア)、RMIT大学(オーストラリア)である。ダブルディグリー・プログラムへの新規登録者数は、2002年には100人であったが、2003年には180人、2004年には200人、2008年には300人と軒並み増加している。

　講義内容や使用する教材はすべて英語で書かれたものであるため、入学選抜における英語試験は厳しく(TOEFL 550以上)、能力が不足している場合は予備教育を受講することが義務付けられている(TOEFL550未満は100時間、450から499は200時間受講)。さらに、日常における英語学習サービスの提供に力を入れており、学内の言語クリニックにおける学習相談・訓練、パソコンや視聴覚機器による自己学習トレーニングプログラム、英語での課外授業や行事を提供している。

　教授方法は、学生中心の方法をとっており、修士号・博士号を持つ教授陣

によって指導を受ける。すべてのコア課程において鍵となる概念や練習問題がチュートリアルクラスという少人数指導を受ける。最新のパソコン、最速インターネット、視聴覚機器完備の32座席のシアター教室など、施設・設備を完備している。

取得単位については、例えば会計のダブルディグリー・コースに入ると、学生は、ビヌス国際大学で124単位を取得し、第6、7セメスターにカーティン工科大学に在籍して12単位を取得し、そのあと、ビヌス国際大学に戻って最後のプロジェクト課題を行うことになっている。そして、ビヌス国際大学から経済学士号を、カーティン工科大学(オーストラリア)からはBachelor of Commerceを取得する。

学部長は、「本学では、昔の国立大学のようにパンチャシラやインドネシア語やインドネシアの歴史などは科目に設定していません。我々が目指しているのは、インドネシア国民やインドネシアのエリート育成ではなくて、世界に通じる人材の育成なのです。自分を知り、社会を知り、自己主導型の専門家を育てたい」と国立のインドネシア大学が意識している国家開発に貢献する人材の育成とは異なるビジョンを持って国際的な人材育成を行っていることがわかる[17]。学生の留学希望は、一番がオーストラリア、次にシンガポール、マレーシアと続く。伝統的な留学では最低4年かかるため、1年以内で学士号をダブルディグリーという形態でとることが最適な方法だと考えている。ただし、学生は裕福家庭の子弟であるため、異文化適応への不安から約30％しか留学を希望しないという問題があるという。この点、留学の送り出しに伸び悩む日本と共通する部分があろう。

ダブルディグリー担当教員は、ダブルディグリー・コースを受けている学生の特徴とコースの課題として、大学の強みは英語での授業であるのに、それがネックとなって教授陣も苦労し、学生も深い理解ができないという問題に直面している現実をあげていた。

おわりに

　以上見てきたように、インドネシアにおける高等教育の国際化やトランスナショナル高等教育の形態は、次のようにまとめられよう。高等教育機関の国際化は、質の向上のための一つの手段として大枠では推奨しているが、国家政策としての数値目標などは提示せず、一部の大学に対して間接的な方法(国際化分野での運営交付金獲得競争プログラム)を用いて促している。そしてトランスナショナル教育については、海外大学の分校設置は国内市場を守るために認可せず、サンドウィッチ・プログラム、ダブルディグリー、単位互換などが行われている。有名国立大学は、国家の発展に寄与する人材育成と留学生受け入れによる大学の予算確保と魅力やステイタスのさらなる向上を目指して、人文社会科学の強みを活かした受け入れプログラムやサンドウィッチ・プログラムの充実を図っている。今後の課題は、受け入れ数を増やすための広報とカリキュラムである。有名私立大学は、富裕層子弟をターゲットとして個人の成果主義的志向に焦点を定めた戦略をとり、ダブルディグリー制度の充実を図っているが、学生の英語能力の低さや異文化適応への不安という課題がある。

　このような状況は、調査を始める前の予想とは大きく異なるものであった。

　例えば、トランスナショナル高等教育の展開が目覚ましく、海外分校の多数設置によって圧迫を受けたマレーシアの高等教育機関が、より安価で、同じマレー語圏でイスラム文化圏という面で有利なインドネシアに、海外分校を設置するであろうと予想していた。しかし、実際にはインドネシア政府の規制により、実現されていない。e-ラーニングも盛んであろうと考えていたが、海外教育プログラムの単位取得・互換が可能な Global Development Learning Network(GDLN)は、実際には月に1、2回程度のイベントに活用される程度で、e-ラーニング受講にまでは至っていない。そこには学生の英語能力不足、アシスタントやコーディネーターの能力不足、質保証や適正な成績評価に対する根強い疑念などの問題がある。トゥイニング・プログラムを活用してのダブルディグリー制度は、学生にとっては費用を抑えての海外

の学位取得であり、大変歓迎されるように思われる。しかし、そのような制度を整備している私立大学でさえも学生の意欲・意志の低さ、英語能力の低さ、教材のレベルや学習方法の違い、有能で安価なアシスタントの不在、卒業要件のすり合わせに課題があった。そしてこのダブルディグリーの市場価値であるが、学生たちは就職活動および復職後の昇進時には、やはり伝統的な海外留学のほうが圧倒的に評価が高いと実感している。そしてダブルディグリーの評価順位は、アメリカ、オーストラリア、シンガポール、マレーシアの順であるという[18]。

　今後の展開として、大都市にある特定の国立大学や有名私立大学は、ますますトランスナショナル教育を推進していくと考えられる。例えば、インドネシア大学は国立イスラム大学と連携してオーストラリアやマレーシアとのダブルディグリー（ICT分野）を始めようとしている。国家レベルでもインドネシア、マレーシアおよびタイの間で単位互換を行うパイロット・プロジェクト（2010 *M-I-T Pilot Project on Promoting Student Mobility in Southeast Asia*）も始められ、東南アジアにおける学生移動を推進している[19]。また、首都ジャカルタには、2002年に設立されたジャカルタ・インターナショナル・カレッジ（Jakarta International College: JIC）が、モナシュ大学とミシガン大学へ正規留学するためのPath Way Programを提供している[20]。モナシュ大学へのプログラムは、高校3年生レベルと大学1年生レベルの1年間のプログラムであり、1年生ベルを修了した大学は正規留学の際に2年生に編入できる。ミシガン大学のプログラムは正規留学の際に3年生に編入できるよう、拡充しているところである。これらは両大学の海外分校ではなく、あくまでインドネシア国内の高等教育機関であるJICと共同でオフショアプログラムを提供するもので、法規に触れるものではない。JICには、この7年間で1,000人余りの学生登録があるという。

　これらの動きに対して、今後高等教育委員会がどのような法規制あるいは推進への転換を踏み出すのかが注目される。

注

1. Ministry of National Education Office of Research and Development Center for Education Statistics, 2007, *Management of National Education at a Glance Year 2005/2006*, pp.62-65.
2. *Ibid.*, pp.65-67。
3. インドネシア高等教育局HPのトップページには、次の世界の大学ランキングHPが掲載され、指標とされている。Ranking Web of World Universities ホームページ。http://www.webometrics.info/top100_continent.asp?cont=asia(2009年2月16日閲覧)
4. Routine and Development Budget by Main Unit FY, 2005, Finance and Planning Bureau, Scecretariat General, Ministry of National Education.
5. Inwandi, 'Peran, Daya Ungkit, dan Mutu Penelitian/Penulisan Perguruan Tinggi', Direktorat Jenderal Pendidikan Tinggi, 11 February 2008, http://dikti.go.jd. 高等教育局長のFasli Jalal氏による就任直後の高等教育機関へのメッセージより。
6. *Suara Pembaruan*, 'Ironi Pendidikan Tinggi', 2008.2.1.(『スアラ・プンバルアン』紙「高等教育のアイロニー」)。Suara Pembaruan,' Universitas yang Kehikangan Identitas', 2008.2.27(『スアラ・プンバルアン』紙「アイデンティティを失った大学」)。
7. Inwandi, op. cit.
8. Onlinetivi, Nasib mahasiswa Indonesia di Malaysia,2009.0505 放映番組
9. 面接調査は、2008年8月26日から29日に高等教育局高等教育機関長Supeno Djanali氏、高等教育局社会貢献研究局長Mochammad Munir氏、高等教育機関アクレディテーション機構のSoestrisno氏に対して行った。
10. 現在最も拡大している通信教育は、GDLN(Graduate Degree Learning Distance)という外国とのインターネット通信による学習形態である。世界銀行の主導のもとでインドネシアにおける220の国立私立大学が参加し、インターネットを用いた正規プログラム、ショートプログラム、学術会議などが実施される予定。オーストラリアとの関係が強く、ユネスコ・慶應義塾大学との新しいプログラムも始まる。Philip Karp, 'Long-distance knowledge sharing network expands in Indonesia' http://eapblog.worldbank.org/content/long-distance-knowledge-sharing-network-expands-in-indonesia(2008年7月24日閲覧)。
11. Dewan Pendidikan Tinggi, Direktrant Jenderal Pendidikan Tinggi, Departmen Pendidikan National, Program Hibah Kompetisi berbasis institusi(PHKI), Januari 2008.
12. *Kompas*, 'Semakin Banyak Mahasiswa Asing di Fakultas Kedokteran Negeri'(『コンパス』紙「国立医学部における留学生の増加」)、*Kompas*, 'Mahasiswa Asing Diincar'(『コンパス』紙「標的とされている留学生」)。
13. インドネシア大学ホームページ。http://www.ui.ac.id/id/international/page/pengantar

（2009年2月15日閲覧）
14 インドネシア大学ホームページ。http://data.ui.edu/data/php?q=21（2008年6月30日閲覧）
15 面接調査は、2008年8月28、29日にインドネシア大学国際オフィス長Raphaella D. Dwianto氏、人文学部長　Bambang Wibawarta氏に行った。
16 ビヌス国際大学ホームページ。http://www.binus.ac.id/PROGRAMS/Undergraduate.Program.(International)/Accounting3/English（2011年7月20日閲覧）
17 面接調査は、2008年8月29、30日にビヌス・インターナショナル学部長Pak Minaldi Loeis氏とダブルディグリー担当教員Dunaidy Santoso氏に行った。
18 2010年5月〜6月にかけてダブルディグリー取得者へのメールでの問い合わせにより、15名からの回答の結果である。
19 東南アジア高等教育局長会議報告書SEAMEO RIHED and the M-I-T：*Malaysia-Indonesia-Thailand Student Mobility Pilot Program –Towards the Harmonization of Higher Education*, http://www.rihed.seameo.org/files/harmonizMIT2.pdf （2011年7月28日閲覧）
20 Jakarta International Collegeホームページ。http://www.jic.ac.id/institution.php?id=2 （2011年7月30日閲覧）

第15章　南太平洋における地域大学の特徴
―トランスナショナル教育の視点から―

中矢　礼美

はじめに

　本章では、南太平洋の高等教育の要となっているフィジーと、メインキャンパスをフィジーに置く南太平洋大学を事例に取り上げ、トランスナショナル教育の視点からその特徴と課題を報告する。

　南太平洋大学(University of South Pacific: USP)は、世界で二つしかない地域大学(Regional University)のうちの一つであり[1]、「留学」と呼ぶことができない多国間における人と教育プログラムの移動が行われる点で、非常にユニークな大学である。USPは12カ国によって設立・運営がなされており、三つのキャンパス(フィジー、サモア、バヌアツ)と14のセンターを有する。面積にしてヨーロッパの3倍という広域をカバーするため、遠隔教育が盛んに行われており、2000年からはDFL(Distance Flexible Learning)と呼ばれる柔軟な教育形態に取り組んでいる。USPはThe Asia-Pacific Quality Network(APQN)に加盟しており、Australian Universities Quality Agency(AUQA)とNew Zealand Universities Academic Audit Unit(NZUAAU)による質保証のための評価を受けている。このような特徴的な大学の形態を、高等教育のグローバル化、質保証、国境を越えた地域アイデンティティの確立の視点から検討することは、今後の高等教育のボーダレス化について一定の示唆を得るものと考える。

　そこで次節以降では、南太平洋の特殊事情を踏まえ、オーストラリアのビジネス戦略とフィジーの質管理制度の導入状況、USPにおける教員・学生・教育プログラムの移動の特徴や課題について、政策文書、先行研究および各関係者への面接調査から検討する[2]。

1．フィジーの社会文化状況と高等教育機関の概要

　フィジーは南西太平洋の中央部に位置し、約330の諸島から成る。1874年から英国の植民地とされ、1970年には英連邦30番目の立憲君主制の自治国として独立。1987年には南太平洋初の無血クーデターを経験し、フィジー共和国として現在に至っている。2006年12月には、国軍によるクーデターが起こり、その後暫定政権が発足した[3]。軍のクーデターに対して国際社会からの批判の声は高く、オーストラリア、ニュージーランドの両国は、早期の民主主義への復帰を求める制裁措置を取った。その後フィジー暫定政府は、2009年に民主選挙を実施したが、実質暫定政権に変化はない。このような政治情勢の不安定さと観光産業への打撃、外国企業の引き上げによる経済界の打撃、世界経済の低迷及びインフレ上昇などに伴う経済的困窮感は、学生の受け入れにも大きな打撃を与えている。

　フィジーの総人口は838,723人（世界銀行、2008年）、うちフィジー系(57％)、インド系(38％)、その他(5％)（政府人口調査、2007年）。フィジー系はほぼ100％がキリスト教徒、インド系はヒンドゥー教徒である。全人口に占めるキリスト教徒の割合は52.9％、ヒンズー教徒は38.2％、回教徒は7.8％となっている。町には、至るところに様々な宗派の教会、寺院、モスクが設立されている。公用語は英語であり、フィジー語とヒンディー語が小学校から必修教科として学ばれ、それぞれの民族のなかでも一般的に使われている。各教育段階の就学率(2009)は、初等教育段階が94％、中等教育段階が78％、高等教育段階が28％となっている[4]。

　フィジーには、三つの大学といくつかの高等教育機関が存在する。それぞれに歴史的特徴があり、すみわけがあるが、このように小さな国家における高等教育機関の「乱立」に国内では批判的な見方もある。「南の島のディプロマミル」情報によって、一時的に注意が促されたこともあった[5]。しかしその一方で、多様な高等教育機関の存在は国内の学生や社会からの要求と賛同も多いという。以下は、三つの大学を中心とした高等教育機関の特徴である。

○南太平洋大学　University of South Pacific（USP）[6]
　1968年に首都スバに設立され、太平洋地域12カ国（フィジー、クック諸島、キリバトゥ、マーシャル諸島、ナウル、ニウエ、サモア、ソロモン諸島、トケラウ、トンガ、ツバル、ナウアトゥ）によって運営される。日本、オーストラリア、ニュージーランドの支援を受けて遠隔教育システムが着々と整備されている。メンバー国とそれ以外の世界各国からの学生を合わせて、17,981人（2009年）の学生が在籍している。

○フィジー大学　University of Fiji[7]
　2004年にラオトカに設立された大学。USPに入学できない多くの学生に質の高い高等教育を供給するという目的、特にフィジー独自のニーズである平和的で持続可能な開発やグッドガバナンスに向けて適した教育を行うことを目的としている。学生数は548名（2008年）。

○フィジー国立大学　The Fiji National University（FNU）[8]
　機能的に独立した6つの機関が統合された大学で、国立大学としては2010年10月から運営が開始された。6つの機関とは、フィジー工科大学（The Fiji Institute of Technology: FIT）、フィジー高等教育カレッジ（Fiji College for Advanced Education）、ラウトカ教員カレッジ（Lautoka Teachers College）、フィジー薬学学校（Fiji School of Medicine）、フィジー看護学校（Fiji School of Nursing）およびフィジー農業カレッジ（Fiji College of Agriculture）である。継続的なスキルアッププログラムとしてフィジーの労働者に研修を提供することも目的とされている。そのため、雇用者は被雇用者研修のために政府に1％の助成金を支払い、短期研修コースとして従業員に提供する場合も多い。そのほかニューキャッスル大学の職業訓練教師（フィジー国内在住）を通して、学士レベルの教育を提供している。多くのプログラムは、高等学校における技術教育や職業教育の教員・研修員に必要な知識、技能および資格を向上させるように開発されている。

　FITの理事は、Face to Faceの講義が最も有効であるとし、USPが行う遠隔教育には懐疑的である[9]。FITの強みは、地元企業とのつながりであり、FIT卒業生は、USP卒業生よりも就職が容易であるという。学生数は

20,000人(2010年)。

○オーストラリア・太平洋技術カレッジ(Australia-Pacific Technical College)[10]
オーストラリア政府主導で、太平洋諸島フォーラムメンバー国に対してオーストラリア職業訓練プログラムを提供する。フィジー、バヌアツ(Vanuatu Institute of Technology)、サモア(National University of Samoa)、パプア・ニューギニアにおいて展開している。オーストラリアの資格研修の基準に沿って、太平洋地域の地域および国際レベルに合致した自動車、製造、建設、電気、観光およびホスピタリティ等に関する訓練プログラムを提供している。この4年間で、観光・ホスピタリティから1,360人、その他工学系から1,183人が卒業している。

○南クイーンズランド大学　The University of Southern Queensland[11]
パートナー企業とともに遠隔教育プログラム(工業技術学士課程)を提供していたが、現在は新入学生の受け入れを中止している。

2．オーストラリアのビジネス戦略とフィジーによる新しい質管理制度の導入

(1)オーストラリアによる高等教育ビジネス

南太平洋地域では、国内・域内の高等教育機関に加えて、大都市の大学への生徒の送り出しを継続しており、1992年時点ではフィジー、キリバトゥ、ソロモン、バヌアトゥ、トンガおよび西サモアの6カ国で見ると、正規学生2,000人がUSPに在籍しているのに対して3,100人の学生がオーストラリアやニュージーランドなどへ政府奨学金や民間奨学金を得て留学している。そして現在(2010年)[12]でも、フィジーからオーストラリアへの留学生(伝統的な留学)は689名おり、フィジーにおけるオーストラリア教育プログラムに入学するフィジーの学生および近隣の太平洋諸国からの学生(トランスナショナル教育)も多く存在する。そのためオーストラリア政府や高等教育機関は、ビジネス参入機会が高いとみなして、フィジーでのプロモーションを続けている。例えば、オーストラリア貿易委員会(The Australian Trade Commission: Austrade)[13]は、「フィジーの高等学校卒業生や成人被雇用者は、学習を継続

したり、修了するため、海外留学に対する興味を持って」おり、ニュージーランドに次いでオーストラリアの高等教育機関への志願者も同様に多いとして「フィジービジネス参入の機会」を提唱している。また、オーストラリアは「質の高い教授陣や学生支援による学習環境やシステムという魅力的な特徴」「多様性や多文化的状況を背景とする支援システムによって、若い家族を育てながら教育を全うできる魅力的で安全な目的地」である利点をアピールしている。そして、フィジーにおいて教育機関が企業と協働し、ローカル・エージェントを活用して現地での広報活動・留学セミナー活動など、効果的に高等教育ビジネスを展開する戦略を推進している。

(2) フィジーによる質保証政策の導入

このような状況に対し、フィジー政府は「高等教育におけるオーストラリアの脅威」を表明している[14]。フィジー暫定政府の教育大臣ボウルは、高等教育諮問機関の就任演説において、現在のオーストラリアやその他のグローバルな公教育機関がフィジーの高等教育市場に慣習的にアクセスできるようになっている状況、多くの地方の学生を利益重視の企業家から守ることなく、中等教育後教育へアクセスすることを放置してきた問題を指摘した。そして、私的・公的資金が目的達成に向けて実質的・効果的に用いられるよう、法律を定めること、情報公開のレベルをより高くすることについて宣言した。

フィジーの教員組合事務局長アニ・デオ・シンは、「わが国における高等教育提供者に対しても、いくつかの基準と質管理が必要」とし、高等教育のコストとその成果の宣伝について検討すると述べている。オーストラリアやその他のグローバルな公教育機関がフィジーの高等教育市場に進出することによる、高等教育機関の「過密」「過剰」問題を防ぎ、質保証のための教育法規の整備、国外機関との競合に対応する必要性を指摘している[15]。

このような状況を踏まえて、2008年には高等教育に関する教育令が出された（2010年1月1日より施行）[16]。この新しい法律は、高等学校教育・訓練後のすべての高等教育機関に対して、高等教育委員会による認定や登録を要求するものである。それらの機関は、現在教育省に登録されているが、証明証

やディプロマなどの修了証を授与する機関はすべて、承認と登録のために委員会に新たに申請しなければならない。この法律は、1年間だけの「暫定的な法律」であり、1年以内に承認・登録を受けられなかった機関は、非合法機関とみなされる。

3．USPの質保証・教育プログラム・教育者・学習者の特徴と課題

(1)運営形態、学位認定

　USPは大学理事会によって運営されており、評議員はメンバー諸国政府の代表者、教員、学生、地域社会とビジネス代表、太平洋諸島会議、太平洋共同体、アメリカ教育委員会、オーストラリアおよびニュージーランドの諮問委員会から構成される。評議会は、大学の学問の権威であり、教授と研究などに関する事項について責任を持つ。理事会と評議会は、予算、人材管理およびアカデミック・プランニング委員会によって行われる。他の委員会は、大学における特別なプロジェクトや通常業務について対応している。

　大学運営予算の財源の約4割は各国政府からの資金（表15－1）、2割は学生からの授業料、2割はオーストラリアやニュージーランドからの寄付、その他コンサルタント料などから成る。各国政府の負担額は、メンバー国の財務大臣らによって3年ごとに決められる。それは、各国が受ける利益、すなわち、USPに在籍する学生数、キャンパスがあることによる経済効果などによって総合的に決定される。

　学位の質保証は、Australian Universities Quality Agency(AUQA)とNew Zealand Universities Academic Audit Unit(NZUAAU)によって行われている。両機関はUSP監査報告書(2008)において、次のような評価を提示している[17]。大学教職員は、学生の多様性やニーズを把握して優れた対応を行っており、そのような対応を可能にするための教職員研修も充実している。図書館施設も非常に充実していて評価できる。しかし、理事会、評議会、各委員会による教育方針の立案過程、リスク評価が弱く、深刻な注意を払わなければならないとしている。特にすべてのメンバー諸国のニーズに対応する努力がさらに求め

られるとしている。大学の質の基準を定め、南太平洋地域に適した教員による研究、学生に対する研究訓練、教育プログラムとその質の保証が早急に望まれると警告している。特にメインキャンパスではないサモアのアラフアキキャンパスの教職員はまるで見放されているようであるため、教育や研究の質を向上させるための研修を提供していくべきだと提言している。

(2) 教職員と学生の多様性

USPは、教員も学生も多様な国の出身者であることが特徴的である。USPがカバーする範囲はヨーロッパの3倍に匹敵するほど広大であるが、人口は1,600人のトケラウから80万人のフィジーまで合わせて、130万人にすぎない。12カ国から集まる学生総数は、キャンパス在籍者や遠隔教育コース在籍者を含んで20,437人であり(2010)、各国からの学生数は、**表15-1**の通りである。

表15-1 学生の在籍状況と各国政府の運営資金(2010年)

	学生数(人)	運営交付金負(F$)
Cook Islands	340	277,241
Fiji	12998	23,519,860
Kiribati	668	1,252,479
Marshall Islands	183	104,373
Nauru	110	71,757
Niue	60	32,617
Samoa	354	955,668
Solomon Islands	2253	3,728,083
Tokelau	58	22,832
Tonga	717	1,027,424
Tuvalu	335	453,371
Vanuatu	2361	1,170,937
合計	20437	32,616,642

出典：*USP 2010 Annual Report*, p.18およびp.57より作成。

教職員数は、1,450人であり、そのうち教員は374人である(2010)。教員は国際性に富んでおり、1970年代、80年代は、ほとんどのアカデミックスタッフはイギリス、アメリカ、オーストラリアおよびニュージーランドから来て

いた[18]。このパターンは、年々変化し、80年代半ばには域外と域内の比率が60対40であったのに対し、2010年現在では40対60となっている。終身雇用形態は存在せず、多角的な評価により、3年ごとの契約雇用形態をとっている。

教授学習面での課題としては、教授言語があげられる。バヌアツでは、英語話者とフランス語話者がいるため、フランス語話者には十分な教育支援ができない状況があり、英語についてもレベルに達していない学生への英語教育コースの提供の充実が求められている状況にある。

(3)遠隔教育プログラムの特徴と課題

USPラウカラキャンパスにおいて提供されている遠隔教育プログラムを有するコース数と受講者の状況は、表15-2の通りである(2009年後期)。高等学校におけるICT教育は、フィジー本島とそれ以外とでは、大きな差があるため、e-ラーニングを多用する遠隔教育では、その成果に格差が生じることが予想されるが、ウィリアムらの調査によると、USPの学生で高等学校時代にコンピューター科目を受けていた学生とそうでない学生の間には、何も差がなかったという[19]。

表15-2　専攻別・教育形態別コース数および受講者数

教育形態別コース数および受講者数	オン・キャンパス	オン・キャンパス・DFL	遠隔教育・DFL	コース数	全受講者数(人)
芸術学部	17	28	4	49	3,617
ビジネス・経済学部	8	9	—	17	2,489
科学・技術および環境学部	33	15	2	50	4,293
全体数	58	52	6	116	10,399

出典：Center for Flexible and Distance Learning.2009, *Moodle State & Future Plans- Course Design & Delivery* (*CDD*), University of the South Pacificより作成。

Distance and Flexible Learning(DFL)は、1970年から遠隔教育としてスタートした[20]。当初の形態は限られており、USPメンバー諸国における現職教員研修用の教育ディプロマコースに限られていた。1976年までに90人が16種類の遠隔教育コースに登録していた。コースの登録は、USPの四つのセンターのうちの一つを通してか、サモア、ニウエ、バヌアツおよびツバルの教育学部

で可能であったが、多くのコースにおいて、学生は各センターでの対面式のチュートリアルもしくは研究室のゼミへの出席も義務化されていた。1970年代にDFLが独自のユニットとなってからは、USP遠隔教育プログラムは飛躍的に拡大した。例えば2004年度には3学期間に150のコースが提供され、15,000人以上の学生が在籍していた。そして、Extension Services、University Extension、Distance & Flexible Learning Support Centreと呼ばれるセンター群が、教育開発技術センターのもとに設置され、運営を担ってきた。現在ではそれらはCenter for Flexible & Distance Learning(CFDL)のもとに置かれ、より充実した自立的な学習のためにデザインされている。以前は印刷物を基本として、時折メディア(オーディオやビデオ)などを用いる程度だったが、教授学習においてマルチメディナなアプローチを採用するようになり、その多くが部分的にあるいは全面的にオンライン学習となった。さらに、コースはすべてのレベルに開講され、学生はプレディグリー(基礎)、サブディグリー(職業)およびディグリーレベルの教育を受けることが可能となった。

　DFL教材は、コース開発チームによって開発、発行されている。DFLコース開発チームは、USPメンバー12カ国に設置されているキャンパスネットワークを通してのプログラム管理も行っている。USPの各キャンパスは、地域またはサテライトのチューターと面談(ゼミ開設)するための場所、学習する場所、図書館、コンピューターラボ、オーディオ・ビデオ施設なども設置している。

　教材は、それぞれの専攻の特徴によって多様である。通常は、以下の二つの教材が用いられる。一つは、*Introduction and Assignments Book*で、コース全体について紹介されている。もう一つは、*Course Books*で、1冊以上が用意されている。そのなかには、学習されるべき内容、設問、自己評価テスト、読み物およびコースに関連する教材すべてがパッケージされている。そのほか、CD、DVD、参考文献集、ワークブック、実験マニュアルなどがある。ビデオやDVDは、キャンパスに来てゼミに出なければならない学生(科学やコンピューター)に必要不可欠である。

　CFDLは、ダイナミックで魅力的な文化の伝達と学問追究を推進する実践

活動・学術調査センターとなることを目指し、地域と国際の双方に関連するプログラム、経験重視、革新的なIT活用授業、学生中心の教授学習形態といった教育の質を重視している。

しかし2008年監査報告書では、地域の喫緊の課題や労働市場ニーズへの配慮が欠けているという課題も指摘された。近年、地域を巻き込んでの地域諸問委員会が設立され、積極的にUSPと関係を持っているが、それが全く機能していない地域もあり、12加盟国でもUSP運営への積極的な関係には温度差があるようである。

(4) フィジー出身学生とその他の域内諸国出身学生からみたUSP

USPの学生に、USPを選択した理由、多国籍の教員や学生との関係、将来の展望などについて話を聞いた[21]。

○フィジー出身の学生（経営学専攻、3年生、女子学生）

小学校教員を目指していたが、フィジーでは学歴が重視されているため、両親の勧めで学士号が取得できるUSPに入学した。ただ、FITのような地元密着の大学でないと就職は難しいのではないかと不安を抱いている。学内の多様な学生間での文化摩擦は全く感じたことがなく、逆に強い文化的アイデンティティを示す他国の学生に対する敬意を示していた。多国籍の教授陣については、教授法によって向き不向きを感じているようで、特にオーストラリアからの教員に不適応を示していた。

○バサヌア出身の学生（経営とビジネス学の二つを専攻、3年生、男子学生）

地理的にはUSPが国外にあっても唯一自国の高等教育機関であるという意識が高い。学士号取得後は、職場に復帰し、昇給が約束されている。奨学金を得るために、フィジーキャンパスに来る前にDFLで一定の単位取得をすることが義務付けられているが、成績による選抜には至っていないという。遠隔教育は便利だと感じつつも、やはり直接教授の方が効果的であると認識している。これまで文化適応で問題を感じたことは一度もなく、多国籍の教授たちにも問題を感じたことはない。教授のなかにバサヌア出身者は一人もいないため、不公平だと感じることはあるが、バサヌア出身者が研究業績や

学歴を上げ、平等な競争で勝つしか方法はないと言う。同国者は126人おり、みないい友人だが、同じ島の人間だけで集まるということはないと言い、域内交流が進んでいることがうかがえた。

○サモア出身の学生(経営専攻、3年生、女子学生)
　15年仕事を続けてきたが、キャリアアップのために職場から派遣された。家族や生活費、職場の多忙化により1年間休学し、今回復学した。USPの課題としては、学生の多さと職員の少なさをあげ、登録などのオンライン化を大々的に宣伝しているものの、常に不備や漏れのため、授業登録もままならない状況に不満を抱く。また、「自宅と大学が遠いというのは、本当に不便。地元の大学に行けるなら、そのほうがずっと楽だ。でも、辛くてもこれを修了しないことには、昇進はない」とこぼす。

　ちなみに、12カ国中サモアだけは日本政府の支援を受けて、サモア国立大学を設立している[22]。サモア国立大学の社会的地位が向上すれば、USPを選択する学生が減少するかもしれない。

(5)留学プログラムの状況
①短期交換留学プログラム
　USPは、短期交換留学協定をグエルフ大学(カナダ)、シモン・フレイザー大学(カナダ)マッコーリー大学(オーストラリア)、ビクトリア大学(オーストラリア)、マレーシア科学大学(マレーシア)、園田女子大学(日本)、パプア・ニューギニア大学(パプア・ニューギニア)、ウエスト・インディー大学(ジャマイカ)と結んでいる。協定校以外でも、USPは国際学生交換プログラム(International Student Exchange Program: ISEP)に加盟し、260大学と交換留学を実施している。

　交換留学生は、Pacific –flavoredコースと呼ばれる講義を受講することとされており、それに加えて各自の専門講義や太平洋地域における調査プロジェクトに参加することができる。学生は学士課程2年生以上対象の講義を選択し、その単位認定は出身校において行われる。

　留学生の受け入れ要件は、GPAが3.0以上であること、2年生以上である

こと、犯罪経歴がないことなどである。学生宿舎は、日本の園田女子大学の学生にのみ確保されている。授業料は相互無徴収であり、学生のアルバイトは禁止されている。

②留学生センターによる受け入れ支援システム[23]

留学生センターは2009年4月に設置され、7月から活動が開始された。センター活動は広報活動、オリエンテーションに限定されている。留学生支援システムは、USPの全学生に整備されたものとほぼ同様であるという。入学最初にセンターが雇用する学生アルバイトによって学生チューター活動が行われる（50人に対して2人が宿泊所やその他の必要な諸手続きを行う）。何か問題がある時には、ピアカウンセリングかバディシステム（前学期に留学生の出身大学に留学していたUSP学生による支援活動：食事、講義へ一緒に出席、スポーツ活動など）によって解決する。生活関連の問題には学生が対応し、深刻な適応や人間関係はカウンセラー（専門教員：ただし留学生専門ではない）、修学関係は担当のチューター教員が問題解決にあたる。もともとUSPの学生は多様な国からの学生であるため、南太平洋地域以外からの留学生だとしても、問題解決方法について同様の支援体制が有効である点が興味深い。

おわりに ―南太平洋地域の発展に向けて―

1968年の設立当時、現在のUSPメンバー国のうち独立国であったのは、トンガと西サモアだけであった。そもそもUSPは、各国の独立準備のために設立されたような大学であり、各国の卒業生たちは多様な分野において自国の要人として活躍してきた。そして、南太平洋地域の治安安定・経済発展・開発計画であるPacific Plan（PP：太平洋計画）を推進するために、USPはオセアニア最大の地域機関として、特に人材育成においてリーダーシップをとることが要求されている[24]。

そしてUSPは、この地域アイデンティティを醸成する場として大きく貢献している。キャンパスライフを通して12カ国からの学生が共に学び合い、交流を深め合い、将来にわたって切磋琢磨する関係が築かれているという。

USP新学期における新入生のためのオリエンテーションに終日参加したが、そこではアカデミックなオリエンテーションの後に南太平洋諸国アイデンティティの歌が練習され、地域アイデンティティの醸成が試みられていた。また学士課程では、理系文系ともに「人間生態学：環境における人々の関係」科目を必修科目とし、地理、生態地理学、生態多様性保護について学び、フィールドワークを行うこととしている。文系の必修科目では、「コミュニケーションと言語」（太平洋言語と他の言語間の偏見やバイアスにセンシティブに対応する）、「太平洋政治における課題」（帝国主義、主権、新植民地主義、グローバライゼーションと地域主義などの新しい政治的課題について理解する）、「社会と文化学習」、「太平洋社会概論」（太平洋地域や他の地域の社会問題について分析的・批判的になる理論学習）などが開設され、太平洋地域アイデンティティの醸成を大学教育の基底として位置づけていることが理解される。

　以上のように、USPは通常のトランスナショナル教育とは一線を画するものである。しかし、高等教育のボーダレス化が経済至上主義に翻弄されることなく、多国間で共通の目標（政治的、社会的、経済的）に向けた戦略的高等教育として機能する例として、示唆に富む事例である。

注

1　Gurmeet Singh, R. D. Pathak and Rafia Naz, E-leraning and Educational Service Delivery – A Case Study of the University of the South Pacific (USP). http://www.napsipag-research.com.org/pdf/GURMEET_E-LEARNING.pdf（2010年10月7日　閲覧）
2　2010年2月15日から19日までの南太平洋大学およびフィジー国立大学での調査より。
3　外務省ホームページ。http://www.anzen.mofa.go.jp/info/info4.asp?id=076（2010年2月1日閲覧）
4　UNESCO Institute for Statistics. http://stats.uis.unesco.org/unesco/TableViewer/document.aspx?ReportId=121&IF_Language=eng&BR_Country=2420&BR_Region=40515（2011年7月30日閲覧）
5　Indian Student Arrives To Find There's No University, *Pacific Magazine*, June 16, 2008.
6　The University of the South Pacific ホームページ。http://www.usp.ac.fj/（2010年7月24日閲覧）

7 University of Fiji ホームページ。http://www.unifiji.ac.fj/（2011年7月23日閲覧）
8 Fiji National University ホームページ。http://www.fnu.ac.fj/（2011年7月23日閲覧）
9 2010年2月17日に行った、FITでのGenesh Chand理事への面接調査より。
10 Australia-Pacific Technical College ホームページ。http://www.aptc.edu.au/（2011年7月23日閲覧）
11 The University of Southern Queensland ホームページ。http://www.usq.edu.au/（2010年7月24日閲覧）
12 World Bank 1992a, p.40
13 Austrade ホームページ。http://www.austrade.gov.au/Education-to-Fiji/default.aspx（2010年10月7日閲覧）　国家の繁栄に貢献するオーストラリアのビジネスを支援するため、オーストラリア政府に対して、貿易や投資活動に関する助言を行なう機関。
14 David Brant, 2008, Fiji Government Raises Income Tax Threshold, Lowers Trade Duties, *Ground Report*, May 07.2008. http://www.groundreport.com/World/Fiji-Government-Raises-Income-Tax-Threshold-Lowers/2860653（2010年10月7日閲覧）
15 Fiji Times Online, Education Regulation（2009年2月9日　付）. http://www.fijitimes.com/（2010年10月7日閲覧）
16 http://www.fiji.gov.fj/index.php?option=com_content&view=article&id=856:commencement-of-the-higher-education-promulgation-2008&catid=71（2010年10月6日閲覧）
17 Australian Universities Quality Agency & New Zealand Universities Academic Audit Unit, 2008, *Report of an Audit of the University of the South Pacific*.
18 Konai H. Thaman, 2010, He Role of Higher Education in Regional Development in Pacific Island Countries with specific reference to the University of the South Pacific.
19 Williams, E., Kato, M. and Khan N., 2004, Evaluation of the Computer Science Curriculum for Fiji Secondary Schools, ICT Capacity Building @USP Project and University of the South Pacific Suva. http://www.usp.ac.fj/jica/ict_research/documents/pdf_files/repot_cs_curriculum.pdf（2010年10月7日閲覧）
20 USP ホームページ。http://www.usp.ac.fj/index.php?id=7701（2010年10月7日閲覧）
21 2010年2月17日および18日に行った面接調査より。
22 ニュージーランド、オーストラリアは、地域連帯という太平洋諸島フォーラムの方針に沿って、地域の大学教育は南太平洋大学の充実によって果たすべきだと考え、サモア大学への積極的支援を行っていない。http://www.mofa.go.jp/mofaj/gaiko/oda/shiryo/hyouka/report/samoa1.html（2011年1月13日閲覧）
23 2010年2月16日から18日に行ったUSPでの面接調査より。
24 Tupeni L., Baba, Higher Education and Human Resource Development, *Journal of Educational Studies* no.37, vol.19, no.2, 1997, pp. 3-23. http://www.directions.usp.ac.fj/collect/direct/index/assoc/...dir/doc.pdf（2010年10月7日閲覧）

第16章　インドにおけるトランスナショナル教育

小原　優貴

はじめに

　経済のグローバル化が進むなか、急速な成長を遂げるインドでは、「世界水準の教育」に対する需要が高まりつつある。インドにおいて、留学はこうした世界水準の教育にアクセスする一手段とみなされている。中間層の拡大によって私費留学が増加した結果、インド人留学生の数は1999年から2007年の間に約3倍増加した[1]。インドは今や、中国に次ぐ世界第2位の留学生送り出し大国となっている。学生自らが教育提供機関の所在国に赴くという伝統的な留学が増加するなか、インド国内では、外国の教育提供機関(Foreign education provider：FEP)が提供するトランスナショナル教育(以下、TNE)に注目が集まっている。

　インドで活動するFEPの実態調査を行ったDhar and Bushanの研究によると、インドには161のFEPと143のインドの機関の提携によって、641のTNEプログラムが提供されているという。FEPのインド展開は、インドの機関との提携によってのみ認められており、FEP単独での分校展開は確認されていない。留意すべきは、これらのプログラムの多くが、インド政府の承認を得ずに提供されているという点にある。

　以上の点を踏まえ、本章ではインドにおけるFEPに対する統制枠組みとTNEプログラムの形態分析を行い、インドのTNEの実態把握を試みる。本章ではまずFEPがインドに進出し始めてから、「インドで技術教育を提供する外国大学/機関の参入と運営に関する規則(2003、2005)[2](以下、「参入と運営に関する規則」)」が制定されるまでの経緯を確認し、その上で本規則の内容に

ついて概観する。次いで、インドのFEPの実態を調査したDhar and Bushanの研究をもとに、インドでTNEプログラムを提供するFEPとインドの機関、およびこれらが提供するTNEプログラムの種別について確認する。さらに、デリーのウェスタン国際大学（Western International University：WIU）とインド計画経営大学（Indian Institute of Planning and Management：IIPM）を事例として、これらの機関が提供するTNEプログラムの実態分析を行う。最後に2010年に閣議決定された外国教育機関法案[3]を分析し、インド政府のTNEプログラムの統制の方向性を確認するとともに、法案の成立がインドの高等教育に与える影響について検討する。

1. インドにおけるFEPの展開と「参入と運営に関する規則」の制定

　FEPがインドに進出し始めた1990年代当時、インドではFEPの参入と運営を統制する規則や法律がなく、FEPの教育プログラムは、政府の統制からはずれて提供されてきた。しかしFEPの増加にともない教育の商業化や質保証の問題が指摘されるようになり、全インド技術教育協会（All India Council of Technical Education：AICTE）は、「参入と運営に関する規則」を制定し、FEPのなかで最も多い経営学系・工学系の教育プログラムを提供するFEPの統制を試みた。この規則は、2011年現在、インドで唯一FEPの統制方針を規定する規則となっている。

　「参入と運営に関する規則」では、(1) FEPはAICTEからの許可なしに、学位やディプロマの提供につながる教育活動をインド国内で行ってはならないこと、(2) FEPがインドの機関と提携して教育プログラムを提供する場合、FEPは所在国の質保証機関から認証されていること、インドの機関は団体・財団法（Society / Trust Act）などの関連法に基づき設置され、なおかつAICTEによって認可された機関であること、(3) FEPがインド国内で提供する学位やディプロマは、FEPの所在国で提供されるそれと同等に扱われること、(4) AICTEに承認されたFEPはインドの技術系機関と同様、AICTEが制定するすべての規則・条例・規範・ガイドラインのもと統制され、これらのFEPが

提供する学位はインドの認定学位と同等に扱われること、(5) FEPのフランチャイズ展開は認められないことが規定されている。

この規則に基づき、AICTEはFEPに対して、AICTEの許可を得た上で教育活動を行うよう新聞やウェブサイトを通じて勧告してきた。AICTEによると、AICTEの承認を得て活動するFEPは6校にすぎず、AICTEの認可を受けていない68のインドの機関がAICTEの承認なしにFEPと提携して教育プログラムを提供しているという[4]。このことは、「参入と運営に関する規則」が十分に機能していないことを示唆している。次節では、FEPに関する実態調査を行ったDhar and Bushanの研究をもとに、インドのTNEプログラムの形態について確認する。

2. FEPとインドの機関の提携によるTNEプログラム

Dhar and Bushanの研究[5]によると、インドではFEP単独による分校展開は確認されず、161のFEPと143のインドの機関との提携によって641のTNEプログラムが提供されているという。本節ではDhar and Bushanの調査結果をもとに、TNEプログラムを提供するFEPとインドの機関それぞれの所在地と機関種別、および両者の提携によって提供されるTNEプログラムの分野と学位・資格の種別を確認し、インドのTNEの実態把握を試みる。

FEPの所在地は、英語圏のイギリス (55校)、アメリカ (46校)、オーストラリア (13校)、カナダ (11校) が全体の約8割を占め、このほか、スイス (5校)、ドイツ (4校)、フランス (2校) などの国々が名を連ねている。インドでは英語が準公用語として指定されており、多くの高等教育機関が英語を教授言語として用いている。そのため、インドでは英語による教育に対して抵抗感が少なく、英語圏のFEPのインド進出につながったと考えられる。FEPは、政府系機関 (92機関、56%) のほうが民間機関 (54機関、34%) よりも多い。161校のFEPのうち106校 (66%) はFEP所在国の質保証機関から認証されている。残りのうち、5校 (3%) は認証されておらず、50校 (31%) については認証の有無が不明とされている。

インドの機関については、インド最大の商業都市ムンバイ（マハーラシュトラ州、25校）や首都デリー（22校）のほか、外国企業の進出が確認されているチェンナイ（タミル・ナドゥ州、21校）やバンガロール（カルナータカ州、18校）などの大都市がある州に多く展開している（表16－1）。

表16－1　インドの機関の所在地

所在地(州)	学校数	所在地(州)	学校数
マハーラシュトラ	25	ケララ	4
デリー	22	パンジャーブ	4
タミル・ナドゥ	21	グジャラート	3
カルナータカ	18	ゴア	3
アンドラ・プラデーシュ	15	ウッタルカンド	1
西ベンガル	12	ジャールカンド	1
ウッタル・プラデーシュ	7	マディヤ・プラデーシュ	1
ハリヤナ	6	合計	143

出典：Dhar and Bushan（2008）を参考に筆者作成。

インドの高等教育システムはイギリス式システムを踏襲しており、カレッジ制が採用されている。カレッジ制とは、学位授与権を持つ一つの大学に複数のカレッジが加盟する制度である。カレッジ自体は学位授与権を持たず、カレッジの学生は大学から学位を授与される。インドの高等教育機関の大多数はこの加盟カレッジである[6]。インドにはまた、大学に加盟しない私立非加盟機関／カレッジも多く存在する。Dhar and Bushanは、私立非加盟機関／カレッジとは、「連邦政府、州政府、連邦直轄地の行政組織あるいはその他の公的組織によって設置・運営されておらず、いかなる大学法にも準拠しない組織」[7]と説明している。これらは、政府の統制下にない非正規の教育機関であり、インド政府認定の学位を授与する手段を持たない。

TNEプログラムを提供するインドの機関のなかには、こうした私立の非加盟機関／カレッジ（69校、48％）が最も多く見られる。次に多いのは、州立大学やオープン・ユニバーシティーに加盟する私立加盟機関／カレッジ（42校、29％）である。残り2割は、民間企業（7機関）、被補助カレッジ[8]（7校）、州立大学（3校）、州政府が運営する機関（7機関）、大学同等機関[9]（4校）によって構

成されている。このことから、TNEをプログラム提供するインドの機関の約9割は民間の機関であることがわかる。Dhar and Bushanはまた、インドの機関143校のうち国内外の質保証機関から認証されていない機関は66校（46%）存在し、その数は認証されている機関の数（49校、34%）を上回ること、また28校（20%）に関しては認証の有無が不明であることを明らかにしている。

　ここまでは、インドでTNEプログラムを提供するFEPとインドの機関についてそれぞれ見てきた。両者の提携によって提供されるTNEプログラムとはどのようなものなのであろうか。以下では、TNEプログラムについて詳細に見ていく。641のTNEプログラムの多くは経営学系のコース（170プログラム、26.5%）で、次いで工学系のコース（145プログラム、22.6%）、ホテル系・家政系のコース（134プログラム、20.9%）が多く認められる。提供される学位・資格の種別は、学士号（230プログラム、36%）が最も多く、続いて修士号（150プログラム、23%）、学部レベルのディプロマ（120プログラム、19%）、大学院レベルのディプロマ（50プログラム、8%）、その他の資格（86プログラム、13%）[10]、博士号などの研究学位（5プログラム、1%）となっている。

　これらのTNEプログラム（確認できた398プログラム）のなかでは、学生がFEPの所在国とインドの双方もしくはいずれかに滞在し、双方の単位を取得できるトゥイニングプログラムが最も多い（216プログラム）。次いでFEPとインドの機関の連名で単一の学位（ジョイントディグリー）等を授与する、あるいはFEPとインドの機関の双方から二つの学位（ダブルディグリー）等を授与する共同提供プログラム（92プログラム）が多い。そしてその次にFEPがインドの機関に委託してTNEプログラムを提供するフランチャイズ（65プログラム）が続く。FEPは委託先のインドの機関が提供するTNEプログラムの監査を行うことで報酬を得る仕組みになっている。AICTEはFEPのフランチャイズ展開を禁止しているが、実際には多くのFEPがフランチャイズ形式のTNEプログラムを提供している。FEPとインドの機関の双方が学位を授与するジョイントディグリーやダブルディグリー・プログラムと異なり、トゥイニング・プログラムやフランチャイズ形式のTNEプログラムでは、FEP

のみが学位を授与する。インドのTNEプログラムの大半は、こうしたFEPの学位のみを授与するものとなっている。

　以上の結果から、インドのTNEプログラムは、英語圏の先進諸国のFEPと都市部に展開するインドの機関の提携によって実現していることが明らかとなった。またインドの機関の約半数が政府の統制下にない非正規の教育機関であり、なおかつ質保証機関から認証されていないという実態は、インドのTNEプログラムにおける質保証の在り方には検討の余地があることを示唆している。以上の点を踏まえ、以下では、デリーのTNEプログラムの事例分析を行う。

3．デリーのTNEプログラムの事例分析

　Dhar and Bushanによると、デリーはFEPと提携してTNEプログラムを提供する機関がインドで2番目に多い（22校）。なかでも、ウェスタン国際大学（Western International University：WIU）とインド計画経営大学（Indian Institute of Planning and Management：IIPM）が提供する経営学系・工学系のTNEプログラムは広く知られている。WIUはFEPであり、IIPMはインドの機関である。これらはそれぞれインドの機関/FEPと提携してTNEプログラムを提供している。ここではWIUとIIPMを事例として、両者が提供するTNEプログラムの実態分析を行う。

　既述の通り、経営学系・工学系のTNEプログラムの多くは、AICTEの許可を得ずに展開している。これら同様、WIUとIIPMが提供するTNEプログラムもまたAICTEの許可を得ていないプログラムとなっている。これらの点を踏まえ、以下では、筆者が2009年2月、2010年8月に行ったデリーでの現地調査の結果をもとに、WIU、IIPMの教育内容、学位授与・質保証の仕組み、学生や教員のバックグラウンド、卒業生の就職状況などを分析し、インドのTNEの実態把握を試みる。

（1）ウェスタン国際大学（WIU）

　WIUは全米最大規模の営利大学、Phoenix Universityを経営するアポログループ傘下の営利大学として1978年に誕生した。経済のグローバル化によって国際競争が激化するなか、アメリカでは最先端のビジネス知識やスキル習得の機会を提供する営利大学が発展した。営利大学は豊富なビジネス経験を持つ民間人を講師として雇用したりeーラーニングを導入するなどして社会人らの支持を得た。そして、1990年代には「ウォール・ストリート時代」と称されるほどの急成長を遂げた。2000年代に入り、インドや中国で経営学系の高等教育の需要が高まるようになると、営利大学は新興国の学生獲得をねらう「ゴールド・ラッシュの時代」を迎えた。

　営利大学の代表的存在でもあるWIUは、現在中国とインドで教育を展開している。前述のとおり、インドではFEPの分校展開は今のところ認められていない。そのためアポログループは、インドの民間企業グループ、ケーケーモディ（KKModi）グループ[11]との合弁会社（モディ・アポロ国際機関、Modi Apollo International Institute：MAII）を設置し、WIUインド校をその訓練組織と位置づけてTNEプログラムを展開している。

　WIUインド校では、経営学系・工学系の学位（学士号・修士号）[12]を授与しており、プログラム受講者（約1,200人）の多数は平均年齢30〜35歳の社会人である。WIUインド校の教員は修士号以上の学歴を持ち、最低5〜6年の企業での勤務経験と、何年かの大学教員経験を持つ。教員のほとんどはインド人であった。WIUインド校の魅力の一つは、学生が母国を離れずにアメリカの学位をアメリカよりも低価格で取得できる点にある。フルタイム学生は家族・友人関係を維持しながら、社会人は休職・退職することなくインド国内で外国大学の学位を取得できる。WIUインド校の年間授業料は約140万円であり、インドの経営学系・工学系の高等教育機関の平均（約10〜20万円）を大きく上回るものの、高い授業料に加え生活費がかかる先進諸国に留学するよりは低コストとなっている。WIUの学生の多くは中間層の子弟であり、そのほとんどがインド人であった。

　WIUインド校はアメリカに所在するWIU本校と同一のカリキュラムと評

価基準を導入しており、アメリカの質保証機関である高等学習委員会(Higher Learning Commission：HLC)[13]より本校の海外分校として認定されている。HLCは本校と同水準の質を維持している分校に限って本校からの学位授与を認めており、WIUインド校はHLCの監査のもと本校からの学位授与を実現している。

　WIUインド校は、「大学」と称し、WIU本校からの学位授与を実現しているものの、インドの大学法に基づき設置された教育機関ではなく、インド政府認定の学位を授与する権限を有していない。またWIUインド校が提供するTNEプログラムはAICTEからの承認を得ておらず、当然インドの質保証機関からの認証も受けていない。そのためWIUインド分校で取得できる学位は、アメリカでは正式な学位として認められるものの、インドでは正式な学位として認められていない。インドでは公的機関への就職や政府系大学院への進学には、インド政府認定の学位取得者であることが条件とされる。そのため、WIUインド校卒業生にはこれらの進路は閉ざされている。

　それにもかかわらずWIUインド校が支持を集めているのは、学生の多くが、インド政府の認定学位を必ずしも採用条件としない多国籍企業や国内企業への就職を念頭においているからである。WIUインド校の卒業生は、バンク・オブ・アメリカ、バークレイ銀行、ワトソン＆ワイヤット、ネスレなどの多国籍企業やインドの大手IT企業であるウィプロなどの一流企業への就職を果たしている。以上の結果から、WIUインド校の学生は、教育機関やプログラムがインド政府に認可されているかどうかという点よりも、それによって提供されるFEPの学位の威信や就職というプラクティカルな側面での教育効果を重視してTNEを選択していることがわかる。

(2) インド計画経営大学(IIPM)

　IIPMはグローバル時代に生きるインドの若手企業家育成を目的として、1973年に設置された歴史あるビジネス・スクールである[14]。IIPMは、設立以来、政府の統制の枠外で教育活動を展開してきた。IIPMは、連邦法や州法、大学法等に基づき設置された正規の機関ではない。そのため、インド政府認

定の学位を授与する権限を持たないが、ベルギーの国際マネジメント大学 (International Management Institute: IMI) との提携によって、経営学修士号 (MBA)、経営学学士号 (BBA) [15]、コンピューター・アプリケーション学士号 (BCA) [16] などの学位授与プログラムを提供している[17]。しかし、WIUインド校同様、IMIによって提供される学位は、インドでは正式な学位として認められていない。インド政府の認定学位を授与する権限を持たない教育機関は、一般的には社会的信頼を得ることが困難であると考えられる。しかしながら、IIPMはフルタイム学生を中心に学生数を着実に増やし、今では全国に18のキャンパスを持つほどにまで成長している[18]。

　この理由の一つとして、学生の多くが世襲による事業継承を行う中小企業経営者の家庭出身者である点があげられる。IIPMの学生の多くは家業を継ぐか多国籍企業に就職することを希望しており、いずれもインド政府の認定学位が必ずしも問われない進路となっている。

　IIPMの卒業生は、世界最大メーカーのゼネラル・エレクトリックや、「世界の指導的コンサルタント機関」と評されるマッキンゼー・カンパニー、コカ・コーラやサムソナイトのほか、三菱東京UFJ銀行や三井住友銀行などの日本企業を含む大手外資系企業などに就職しており、非正規の教育機関でありながら、多くの優秀な人材を輩出している。この理由として、IIPMではIIPM専属の常勤講師に加え、デリー大学などの一流国立大学の教員を客員教員として多く採用することで教育の質を維持していることがあげられる[19]。この点は、IIPMの威信を一層高める要素として機能している。なお、IIPMにおいても教員と学生の大多数はインド人であった。

　IIPMは学生がインドに居住しながらグローバルな企業環境や企業文化を学べるカリキュラムを提供している。例えば企業戦略に関する授業では、先進諸国の企業の成功モデルとして日本のトヨタやドイツのメルセデスが、そしてインド経済の発展の象徴とされるインドの大手自動車メーカー、タータが取りあげられ、各企業の経営戦略が比較検討される。先進諸国の大手企業や国際機関を訪問する海外研修プログラム[20]も、学生から高い評価を得ているカリキュラムの一つである。学生の海外派遣プログラムは先進諸国にお

いてこそ珍しくないものの、学生の海外旅行がまだそれほど一般的ではないインドでは、教育機関が学生グループを海外に派遣するプログラムは珍しい。IIPMが海外派遣プログラムを導入した当時、同様のプログラムを実施するビジネス・スクールはなかったという。これらの点が評価され、IIPMは2009年にインドのビジネス雑誌Zee-ビジネスのベスト・ビジネス・スクール・グローバル・エクスポージャー部門で、経営学系の最難関校であるインド経営大学(Indian Institute of Management: IIM)を退け1位の座を獲得している。IIPMの大学案内には、「IIPMはナンバー・ワンのグローバルなエクスポージャーを提供します。あなたはそれでも海外に留学する必要がありますか？」という文言が掲載されており(資料1、286ページ参照)、IIPMが伝統的な留学に代わるような国際色豊かな教育を提供していることがアピールされている。

　IIPMではグループ・プロジェクトを行い、その成果をプレゼンテーションすることで評価される機会が多い。使用言語はもちろんのこと英語が用いられる。こうしたプロジェクトでは、チーム・ワークや高いコミュニケーション能力が必要とされる。しかし、IIPMでは全国共通試験[21]の結果が入学の選考基準とされておらず、学生の一般教養の知識や英語力にはばらつきがある。筆者が聞き取りを行った卒業生のなかには「クラスでは全国共通試験の結果が合格最低点である33点の学生と90点の学生が隣り合わせで授業を受けている。IIPMには農村出身の学生などもおり、彼らの英語力はほかの学生と比べて圧倒的に劣っている。学生の学力差が著しい状況で多くの共同プロジェクトやプレゼンを課題とするカリキュラムは、学生の学習の質に悪影響を及ぼしている」と指摘する者もいた。しかし多様なバックグラウンドを持つ学生との共同プロジェクトは、社会文化的背景が異なる多様な集団で構成される多国籍企業や、まさにインドのような国で求められる「ダイバーシティー・マネジメント」能力の育成に役立つともいえ、グローバル時代に求められる教育手法であると評価することもできよう。

　多くの点で評価される要素を持つIIPMではあるが、学位授与主体とされるベルギーのIMIについては詳細情報が公開されておらず、ベルギーの質保証機関から認可を受けた機関であるのかも明らかではない。またIIPMはイン

ド政府が認定する学位授与権を有していないにも関わらず、タイムス・オブ・インディアの広告で、「IIPMで勉強して(インドの)大学補助金委員会[22] (University Grant Commission: UGC)に認可されたMBA/BBA/BCAの学位取得の資格を持とう(become eligible for)」という内容の入学者募集案内を掲載し、UGCから警告を受けている。UGCは新聞などを通じて、「IIPMはUGCの認可を受けておらず、MBA、BBA、BCAなどの学位授与権を持たない」ことを周知させ、学生や保護者の注意を喚起している。しかしこうした騒動の後でもIIPMの人気は衰えず、IIPMへの入学希望者は後を絶たない状況にあった。このことから、教育機関が政府から認可されているかどうかは、学生にとってさほど重視されていないことがわかる。

　WIUとIIPMの事例からは、インド政府から承認されていないTNEプログラムがいかにして学生を惹き付けているのかが明らかとなった。続く第4節では、2010年に閣議決定された外国教育機関法案を分析し、インド政府のTNEプログラムの統制の方向性を確認するとともに、法案の成立がインドの高等教育に与える影響について検討する。

4．外国教育機関法の成立をめぐる動きとその影響

　AICTEが制定する「参入と運営を統制する規則」は、2011年現在、インドで唯一FEPの統制方針を規定する規則となっている。しかし、この規則は経営学系・工学系のTNEプログラムを提供するFEPに限って適用される上、効果をもたらすように機能しておらず、実際には、FEPが提供するTNEプログラムは、インド政府の統制からはずれて展開されてきた。こうしたなか、インド政府は、インドに展開するEFPを包括的に統制する外国教育機関法案を策定し、TNEプログラムに対する統制を強化する方針を打ち出した。この法案は、インドに展開するすべてのFEPが、連邦政府から正式に認可を得る必要があることを定めている。またFEPがインドで提供する教育プログラムは、UGCやAICTEなどのインドの各統治/法定機関が規定する基準を満たし、これらのカリキュラムや教育伝達形式、教員はFEP所在国の本校と同

質であるべきと規定している。さらに、インド政府の承認を得ていない FEP が学位/ディプロマ授与プログラムを提供したり、FEP が自らの提供する教育プログラムについて誤解を招く広告を印刷物やウェブサイトに掲載した場合には、最低100万～最高500万ルピー（約200万～1,000万円に相当）の罰金を課すとしている[23]。これは、学生獲得をねらう FEP の誇大広告を防止するための規定であるといえる。法案が可決すれば、正規の高等教育システムの枠外で提供されてきた TNE プログラムは、インド政府の統制下に置かれることになり、様々な変更を強いられることになるであろう。

外国教育機関法の成立の目的は、以上のような TNE に対する統制の強化に加え、FEP 単独での分校展開を認め、外国の一流大学の誘致を促すことにある。この法案が可決すれば、FEP は中間層の教育需要が高まるインドの高等教育市場に単独で参入できるようになる。これは FEP にとって多くの学生を獲得するチャンスとなる。2010年11月にはアメリカのオバマ大統領がインドでの分校展開に関心を寄せるアメリカの高等教育機関関係者らとともに人的資源開発省を訪問し、外国教育機関法の成立を催促している。これらの高等教育機関のなかには、2010年に THE-QS 世界大学ランキング[24]で14位の座を獲得したアメリカの一流大学、デューク大学も含まれている[25]。デューク大学フュークア・ビジネス・スクールの学長顧問であるシンは、「多くのインド人学生が学位を求めて海外に留学しており、海外の学生のなかにも、インドに関心を持つ者が多い」と述べ、インドにおける FEP の分校展開が実現すれば、双方の学生の教育ニーズに応えることができると主張している[26]。

しかしすべての関係者がこうした一流大学のインド進出を歓迎しているわけではない。外国教育機関法案は2007年に一度閣議決定されたものの、英語圏の国々からの政治的・文化的支配や教育機会の格差拡大を危惧する連立与党、共産党の反対によって成立が見送られている[27]。外国教育機関法の成立によって FEP のインド展開が公的に認められれば、低賃金で政府系の機関に勤務する優秀な教員は、高額の報酬に魅せられ FEP の教育機関に奪われてしまうのではないかと懸念する声もある。法案には規定内容を修正する可能性も明記されており不透明な部分も多い。こうしたなか、分校という形では

なくてもインドに進出するメリットがあると判断したFEPは、外国教育機関法の成立を待たずにインドの機関と提携して市場参入し始めているという報告もある[28]。

以上のように、外国教育機関法案にはいくつかの問題が認められるものの、法案が国会で可決されれば、政府の統制からはずれて提供されてきたTNEプログラムを包括的に統制する法的枠組みが成立することになる。外国教育機関法案は、現在国会で審議中であり、実際に法制化されるかどうかは2011年現在未だ明らかではない。FEPへの統制強化を図るインド政府の政策方針が、インドのTNEプログラムの様相をいかに変化させることになるのか、今後の展開に注目が集まる。

おわりに

本章ではインドに展開するFEPに対する統制枠組みとTNEプログラムの形態分析を行い、インドのTNEプログラムの実態把握を試みた。本章で取り上げたWIUやIIPMの学生や教員のほとんどはインド人であり、これらのTNEプログラムの生徒の学習環境は、教育提供主体の所在国に留学した生徒のそれとは大きく異なるものであった。しかし、WIUとIIPMは、外国の学位を学生に授与しており、「自国で得がたい資格の提供」を実現している。また、WIUやIIPMのTNEプログラムは、カリキュラムの国際性や実践的ビジネス・スキルを習得できるという点で評価されており、都市中間層のニーズに応える教育を提供している。

他方、これらのプログラムは、質保証の面において課題が残る。インドではTNEプログラムを統制する法的枠組みが十分に機能しておらず、このためWIUやIIPMを含め、多くのTNEプログラムが政府の統制の枠外で提供されてきた。またインドでは質保証機関による認証制度も定着していない状況にある。外国教育機関法案が可決されれば、TNEプログラムの包括的な統制枠組みが成立するが、TNEプログラムの質保証メカニズムを機能させるためには、TNEプログラムを統制する各政府機関のより積極的な関与が

不可欠となる。

本章で取り上げたWIUとIIPMのTNEプログラムは、インドのTNEプログラムの一部にすぎない。インドのTNEプログラムの実態を包括的に理解するためには、FEPやインドの機関の種別、カリキュラムの内容、学生や教員のバックグラウンドなどが異なるTNEプログラムを含めたより広範囲にわたる調査を行う必要があろう。この点については、今後の課題としたい。

注
1 UNESCO, Institute for Statistics, 2009.
2 Regulations for entry and operation of foreign universities/ institutions imparting technical education in India（2003, 2005）．2005年版は2003年版の改定版として作成されている。
3 The Foreign Educational Institution（Regulation of Entry and Operations）Bill, 2010.
4 AICTEホームページ http://www.aicte-india.org/（最終アクセス日2011年7月31日）
5 Dhar and Bushanはウェブサイトで公開されているデータをもとに、インドでTNEプログラムを提供するFEPとインドの機関、およびこれらが提供するTNEプログラムの種別について分析している。
6 2010年の人的資源開発省の報告書によると、現在以下の種類・数の高等教育機関がインドにおいて確認されている。連邦大学(40)、州立大学(243)、大学同等機関(130)、州立私立大学(53)、国家重要機関(33)、州法のもと設置された機関(5)、加盟カレッジ(25,951)。Planning Commission Government of India, 2011, p.130.
7 Dhar and Bushan, 2008, p. 29.
8 個人や私的トラストが運営を行い経費の90～99％を政府が負担する高等教育機関。公立カレッジとほぼ同様の扱いを受ける。
9 大学補助金委員会(University Grant Commission, UGC)法第3条のもと、UGCの推薦により、連邦政府が大学に相当すると認定した学位授与権を持つ機関。
10 大学院レベルのプログラム、博士号取得後の研究フェロープログラム。
11 KKModiを代表者とする経営グループ。ウッタル・プラデーシュやパンジャーブなどに複数の学校やカレッジ、看護訓練センターなどを設立している。またバラナシ・ヒンドゥー大学をはじめとする高等教育機関に寄付金を提供している。
12 経営、国際ビジネス、マーケティング、人的資源、財政、情報技術など。
13 教育省と高等教育適格認定機関(Council on Higher Education Accreditation, CHEA)が高等教育の質保証と適格認定を行う機関として認定した機関。
14 2010年時点のIIPMの授業料は、3年間のMBAコースで約100万ルピー（約200万

円)となっている。
15 Bachelor of Business Administrationの略。
16 Bachelor of Computer Applicationの略。
17 IIPMのMBAプログラムの一部のコースでは、単位の一部をベルギー(IMI)で取得することが出来る(トゥイニング・プログラム形式に該当)。
18 現在の生徒数はMBAコースだけでも1学年で約3,000人になるという。
19 インドでは質の高い教員の獲得に向けて争奪戦が行われている。IIPMの200人の教員のうち半数がデリー大学からの客員教員であるという。
20 「グローバルな機会と脅威の分析(Global Opportunity & Threat Analysis, GOTA)プログラム」と称される。
21 全国共通試験は、前期中等教育と後期中等教育の最終学年の段階で実施される。
22 AICTEが技術系の高等教育機関の統制を主たる役割とするのに対して、UGCはインドの大学教育全体の水準維持を役割とするほか、教育機関や学位の認可、政府系の教育機関への資金提供を行っている(ただしUGCは水準維持に関する役割を実質的にはほとんど果たしていないことがしばしば指摘されている)。インドにはAICTE、UGCを含め、高等教育を統制する機関が専門分野ごとに14機関存在する。それぞれの主たる役割は異なるが、一部重複する部分もある。
23 さらに法案は、経営破たんや違法行為によるFEPの撤退を想定し、こうした場合にFEPが学生や教員に給付金を支払えるよう、資本金最低5億ルピー(約10億円に相当)をあらかじめ用意すべきことを定めている。
24 イギリスのクアクアレリ・シモンズ社(Quacquarelli Symonds Ltd.)が発表する大学ランキング。高等教育とキャリアに関する情報提供と問題解決を専門とする企業で、2009年まではイギリスのタイムズ社とともに世界の大学ランキングを発表していた。
25 イェール大学やブラウン大学などは分校展開の可能性を模索するため、人的資源開発省にアプローチしたが、現時点では分校展開の意思表明をしていない。
26 Suneja, 2010.
27 教育格差の拡大を阻止するため、国内の高等教育機関で実施されている留保制度(低カースト出身の学生に人口比に応じた特別枠を設置する制度)をFEPにも適用すべきという意見も提出された。
28 Chang, November 24, 2010.

参考資料
資料1　IIPMの学校案内

出典：IIPM Prospectus 2010/2011, p. 8.

参考文献

アルトバック，P.G.・馬越徹編、北村友人監修、2006『アジアの高等教育改革』玉川大学出版部。

小原優貴、2011「知的資本の拡大と還流を目指す「知的資本大国」構想－インドの高等教育戦略」リクルート『カレッジマネジメント』第166号、2011年1月1日、46～49頁。

OECD教育研究革新センター・世界銀行編、2008『国境を越える高等教育』明石書店。

Dhar, Ivy and Bushan, Sudanshu, 2008, *Foreign Education Providers in India, Report on Collaborative Arrangements*, UK-India Education and Research Initiative.

Planning Commission Government of India, 2011, *Mid Term Appraisal for Eleventh Five Year Plan 2007-2012*, New Delhi: Oxford University Press.

Prakash, Ved and Bhushan, Sudanshu (eds.), 2006, *National Seminar on Privatization and Commercialization of Higher Education Report*, New Delhi: National Institute of Educational Planning and Administration, NIEPA.

Stella, Antony and Bhushan, Sudhanshu (eds.), 2011, *Quality Assurance of Transnational Higher Education*, The Experiences of Australia and India, New Delhi: National University of Education and Planning Administration, NUEPA.

UNESCO, Institute for Statistics, 2009, *Global Education Digest 2009, Comparing Education Statistics Across the World, Montreal*; UNESCO. http://unesdoc.unesco.org/images/0018/001832/183249e.pdf（最終アクセス日2011年7月31日）

新聞記事

Agrawal, Pawan, 2010, India's New Law on Foreign Providers, June 24, 2010. http://www.insidehighered.com/blogs/the_world_view/india_s_new_law_on_foreign_providers（最終アクセス日2011年7月31日）

Altbach, Philip G., 2010, India's Half-Open Door May Not Entice Foreign Universities, June 10, 2010. http://chronicle.com/article/Indias-Half-Open-Door-May-Not/65895/

（最終アクセス日2011年7月31日）

Anand, Geeta, 2010, U.S. Officials to Press India on Education, *The Wall Street Journal*, November 9, 2010. http://online.wsj.com/article/SB10001424052748703514904575602070793685064.html（最終アクセス日2011年7月31日）

Chang, Arlene, 2010, Indian Cabinet Approves Foreign University Proposal, *The Wall Street Journal*, March 15, 2010. http://online.wsj.com/article/SB10001424052748703909804575123393116711392.html?KEYWORDS=foreign+uiversities+bill+（最終アクセス日2011年7月31日）

Chang, Arlene, 2010, Foreign Universities Not Giving Up on India, *The Wall Street Journal*, November 24, 2010. http://blogs.wsj.com/indiarealtime/2010/11/24/foreign-universities-not-giving-up-on-india/（最終アクセス日2011年7月31日）

Suneja, Kirtika, 2010, Duke University plans to set up campus in India, *Business Standard*, September 27, 2010. http://www.business-standard.com/india/news/duke-university-plans-to-setcampus-in-india/409236/（最終アクセス日2011年7月31日）

関連規則・法案

「インドで技術教育を提供する外国大学/機関の参入と運営に関する規則(2003) (Regulations for Entry and Operation of Foreign Universities/ Institutions Imparting Technical Education in India, 2003)」http://www.aicte-india.org/adrules.htm（最終アクセス日2011年7月31日）

「インドで技術教育を提供する外国大学/機関の参入と運営に関する規則(2005) (Regulations for Entry and Operation of Foreign Universities/ Institutions Imparting Technical Education in India, 2005)」http://www.aicte.ernet.in/ForeignUniversites/forgin_05.DOC（最終アクセス日2011年2月28日）

「外国教育機関法案(2010)(the Foreign Educational Institution- Regulation of Entry and Operation Bill, 2010)」http://www.aiuweb.org/Notifications/Foreign%20Education%20Providers%20Bill.pdf（最終アクセス日2011年7月31日）

〈ホームページ〉
AICTEホームページ　http://www.aicte-india.org/
IIPMホームページ　http://www.iipm.edu/
WIUホームページ　http://www.wiuindia.com/

〈その他〉
IIPM Prospectus 2010/2011

第17章　ドバイにおけるトランスナショナル高等教育の展開

―フリーゾーンへの高等教育機関誘致に着目して―

中島　悠介

はじめに

　近年、高等教育の分野において、国境を越えて大学を設立したり教育プログラムを提供する動きが活発になっている。自国とは異なる国へ海外分校を設立し、質の高い教育プログラムを提供したり、現地の教育機関と提携して教育プログラムを提供するなどの国境を越えた教育の移動は1980～90年代より顕著に見られる。教育の消費国は主に途上国であり、優秀な人材の育成を必要としながらも、国家として高等教育政策を断行するまで手が回らない状況から、海外からの教育の輸入といった手段はしばしば利用されている。

　このように他国の高等教育機関を誘致することを主要な高等教育政策に据えている地域はマレーシアやシンガポール、香港など複数存在するが、その一つにあげられるのが、中東湾岸地域に位置するアラブ首長国連邦(以下、UAE)の首長国の一つ、ドバイ首長国(以下、ドバイ)である。経済発展が著しいドバイでは、2000年以降の高等教育政策として海外の高等教育機関の分校の誘致が行われており、ドバイ・ナレッジビレッジ(Dubai Knowledge Village、以下、DKV)やドバイ・インターナショナルアカデミックシティ(Dubai International Academic City、以下、DIAC)といった、海外の高等教育機関を集積したフリーゾーンが形成されている。

　ドバイにおける以上の動きを受けて、本章では、フリーゾーンへの高等教育機関の誘致の動向について取り上げる。具体的には、第1節でドバイにおけるフリーゾーンの機能や役割を概観する。第2節では、その発展要因について言及し、第3節ではフリーゾーンでの高等教育機関の設置システムを概

観する。第4節で、フリーゾーンで展開する具体的な教育機関に触れつつ、ドバイのフリーゾーンへの高等教育機関の誘致がどのように展開されてきているのかについて明らかにしたい。

1. ドバイにおける教育関連フリーゾーン

　UAEは、1972年に中東湾岸地域に位置する7つの首長国から形成された連邦国家である。総人口は約450万人(2007年)だが、自国民はそのうちの2割ほどにすぎない「国民マイノリティ国家」にあたり、この傾向はドバイにも当てはまる。したがって、国語はアラビア語だが、英語も広く使用されている。国家としては、原油等の豊富な天然資源を利用した産業が盛んであるが、その分布はきわめて偏在的であり、首長国の一つであるアブダビ首長国が大きくその恩恵を被っている。一方ドバイなどは漁業や港湾事業により、中央アジアやカフカス地方への中継地点として細々とした経済活動を営んでいた。

　資源に乏しいドバイでは、早くから資源依存型経済からの脱却が志向されてきた。例えば、アブダビからの賃借による資金援助と、微少ながらも採掘されていた原油によって得られた資金をもとに港湾・空港などの社会インフラを整備し、1985年には、海外資本の企業を積極的に誘致することを目的としたフリーゾーンの整備にも着手している。2000年代に入り、中東湾岸地域における資源依存型経済から知識基盤型経済(knowledge-based economy)への転換の方法論として、高等教育に焦点があてられるようになる。

　以上の背景を受けて、ドバイでは政府もしくは政府系企業により、海外の企業や機関を誘致するためのフリーゾーンが数多く形成されている。フリーゾーンでは区域を指定し、外国の企業や機関がドバイで活動しやすいように、外資100％の企業・機関の設立が可能である、資本・利益の100％本国送金が可能である、輸入などについて関税がかからない、ローカルスポンサーの必要がない等の便宜が図られている。

　ドバイではこうした海外の機関の誘致を促進するためのフリーゾーンが、様々な分野において設立されている。例えば、メディア関連産業のフリーゾ

第17章　ドバイにおけるトランスナショナル高等教育の展開　291

DIACの景観　[現地にて筆者撮影]

ーンにはドバイ・メディアシティがあり、ITや情報関連産業のフリーゾーンにはドバイ・インターネットシティなどがある。このように様々な分野でフリーゾーンが形成される中、教育・職業訓練に重点を置いたDKVとDIACが設置されている。DKVやDIACは上述のフリーゾーンに見られる海外機関誘致に加えて、校舎などの設備の提供によるインフラ開発の負担の軽減、学生によるビザの取得を容易にする制度、ショッピングモールやレクリエーション施設、ホテル、寮などの生活関連の共有インフラを整備しており、海外の教育機関や企業、研究所、学生などを誘致しやすい環境を整えている。以降は、このような教育分野に関連するDKVとDIACに焦点をあてて、それらの形成や役割、機能について概観する。

　DKV、DIACはいずれも政府系企業であるドバイ・ホールディングの傘下にあるTECOM Investments (テコム投資会社) によって運営されている。DKVは2003年より運営が開始され、インターネットシティやメディアシティに隣接している。現在では高等教育機関に加え450を越える人材開発センターなどのビジネスパートナーを有しており、隣接するフリーゾーンとの連携も行われている。一方DIACは2007年に設立され、市街地から車で30分ほどの程遠い郊外に立地しており、広大な敷地を有している。DKVは元来高等教育とそれに関連する分野の職業訓練に重点を置いていたが、DIACはDKVの拡大に伴い、高等教育のみに限らず、就学前教育から初等・中等教育における海外の教育機関の誘致も視野に入れて形成されている。

　フリーゾーンから高等教育機関に対して提供されるインフラや設備は、無償で提供されるのではなく、すべてリースによる賃借となっている。同様の教育関連のフリーゾーンであるカタールのエデュケーション・シティでは、すべてのインフラや設備が政府資金によって負担されており、この点がドバ

イとカタールのフリーゾーンで異なっている。高等教育機関に対して提供される施設はすべて賃借であるが、その内装は当該機関によって自由に改装することができる。こうした設備のリースから得られた収入などによって、フリーゾーンの拡充が進められている。

DIAC、DKVともに共通することは、フリーゾーン内の個々の機関の規模それほど大きくはないということである。規模が大きなものでも学生数は2,000人ほどであり、規模が小さなものになると100人にも満たないものも存在する。また、それぞれの高等教育機関が提供するプログラムについては、総合大学のように種々様々なプログラムを提供するのではなく、ビジネスや観光といった特定の分野のみのプログラムを提供している大学も少なくない。また寮や宿泊施設なども大学ごとに備え付けられているのではなく、共通施設としてフリーゾーン内の学生が混在するように設計されており、様々な大学、国籍の学生の交流を促進することが目指されている。こうした小規模な海外分校を集積して、一種の大規模な総合大学の様相を呈していることが大きな特徴である。

2．ドバイにおけるフリーゾーン形成の促進要因

第2節では、第1節で取り上げたフリーゾーンがどのような要因でドバイにおいて発展していったのかについて取り上げていく。これに関しては大きく政治・経済的側面と文化・教育的側面の二つにまとめられる。政治・経済的側面では「中東湾岸地域への経済的ハブとしての役割からの需要」「政府・政策への絶対的信頼」の二点をあげておきたい。一点目の「中東湾岸地域への経済的ハブとしての役割からの需要」に関しては、グローバル化した社会におけるドバイの立ち位置の問題であるともいえる。中東湾岸地域では、原油などの資源や市場としての注目度が高い一方で、ビジネスなどに対する規制が厳しい地域も少なからず存在し、他地域の企業や機関の参入が難しい状況も存在している。そうした状況下で、ドバイはビザやビジネスライセンス等の規制の緩さから中東湾岸諸国への入り口として、すなわち教育機関を展開

する西欧諸国の視点から見れば、企業活動・研究活動の中東におけるハブとして有益な役割を果たすことを目的としている。二点目には「政府・政策への絶対的信頼」があげられる。国外の教育機関が国内に参入するとなると、懸念される問題として、学生市場に対して外圧がかかることにより、国内の既存の高等教育機関から反発が出てくることが考えられる。こうした懸念に対しても、中東湾岸地域では国民が国策に対する信頼が高く、もともと国家や王族の決定に対して反論・異論を持ちにくい国民性を備えていることから、特に問題にされることはなかった[1]。また、国内にもともと存在する国立・首長国立大学などについては授業料や教科書代などが無償という国家からの援助や、大学の歴史の深さによる国家における信頼を大きなアドバンテージと考えているため[2]、教育関係の外資導入に対して国内の大学は比較的寛容な姿勢をとっている。

　次に、文化・教育的要因について取り上げていく。ここでは「高等教育セクターの未発達による頭脳流出の阻止」「イスラーム的価値観の保持」「9・11、イラク戦争などの影響による、欧米諸国への留学回避」の三点を挙げておきたい。まず一点目の「高等教育セクターの未発達による頭脳流出の阻止」では、途上国の高等教育分野において共通した問題であるといえるだろう。ドバイを含む中東湾岸地域は、元来、初等・中等教育の普及に比べ質・量ともに高等教育セクターの発達が遅れており、増加する高等教育人口を国内の高等教育機関で吸収することが困難な状態にあった。そのため高等教育、職能開発、研究開発分野では、ヨーロッパ、北米、オーストラリアといった先進国へ、より質の高い教育・研究環境を求めた頭脳流出が、中東湾岸地域が知識基盤型経済発展を進めていくうえで大きな懸念材料となっていた[3]。フリーゾーンへ海外の高等教育機関を呼び込む政策は、そうした学生に対して欧米諸国のレベルの高い高等教育を享受できる環境を整えることが大きな目的であった。国際的な経済ハブを目指し、グローバル化の影響を強く受けるUAEでは、外国人労働者、出稼ぎ労働者も多く抱えており、堅実な経済発展と失業率の減少を実現するために、自国での知識労働者や専門家の育成を目的とした高等教育分野の発展が必要であった。また二点目の要因として「イスラーム的

価値観の保持」をあげることができる。イスラーム諸国に根強く残っている志向として、アメリカなどの西欧諸国には極力留学させたくない、というものがある[4]。それは主に学生の親世代で強く残っている観念であるが、その一方で、子ども世代では西欧をはじめとした海外の教育機関への留学に対する強い志向も見られる。西欧諸国に長期間滞在せずに中東湾岸地域で西欧諸国の質の高い教育を受けることができる環境は、こうした文化的保持と高等教育への需要の間に存在するジレンマを解消する手段としても有効であると考えられる。そして三点目の要因として、「9・11、イラク戦争などの影響による、欧米諸国への留学回避」をあげておきたい。2001年の9・11や2003年のイラク戦争は、留学生受け入れ国である西欧諸国と留学生送り出し国であるイスラーム諸国の関係に多大な影響を及ぼした。西欧諸国の政府はイスラーム圏の人間に対し警戒感を強め、西欧圏への留学を希望する学生の留学が困難となる一方で、こうした西欧の高等教育機関のプログラムを受けることを希望するイスラーム圏の学生は、同等のプログラムを提供している中東湾岸地域のフリーゾーンへと流入するという力が働いた[5]。

　以上にドバイにおいてDKV、DIACといった教育関係のフリーゾーンが展開してきた要因を取り上げてきたが、その促進要因には様々な要素が絡みあっている。フリーゾーンを展開するドバイ政府にとっては自国の産業人材育成の向上策として、自国民の頭脳流出の防止と、北アフリカから南アジアまで広い留学生市場を吸収し、国家としての発展を目指す狙いがある。フリーゾーンで高等教育を展開する大学にとっては、幅広い学生市場の潜在性が大きな魅力となるだろう。この地域は人口増加率も顕著であり、また今後高度な教育を受けるニーズも増加してくると考えられる。フリーゾーンで高等教育を受ける学生の視点に立つと、留学を志向する学生にとっても、様々な外的要因によって欧米への留学がかなわない学生も少なからず存在している。特に留学には国家間の関係性も重要であり、そうした外的要因とイスラーム観の保持等の内的要因が入り混ざっているのが現状である。

3．フリーゾーンでの高等教育機関の設立過程

　第3節では、フリーゾーンでの高等教育機関の設立過程を見ていくことで、ドバイが高等教育機関に対してどのような姿勢をとっているのかについて述べていく。DKVやDIACといったフリーゾーン内で運営を希望する高等教育機関は、ドバイ政府に属するKHDA（人材開発能力庁）による機関設立のライセンスとプログラムの認定を受けなければならない。KHDAは、ドバイにおいて就学前教育から初等・中等教育まで管轄している政府機関である。ここではKHDA高等教育部門へと申請書類が送られ、フリーゾーンでの運営を申請した教育機関がドバイの成長戦略やニーズにかなっているかなどが討議される。さらに、これらの審査を通過すれば、ここでKHDAによって設置された第三者質保証機関であるUQAIB（大学質保証国際評議会）による認定プロセスに入る。UQAIBはトランスナショナル化が進行する高等教育の質保証における専門家を、オーストラリア、アメリカ、イギリス、インド、UAEなどから招集した評議会である。その後KHDAへの評議結果の進言が行われ、最終的にはKHDAによりライセンスが授与される。ライセンスを得た教育機関は、「フリーゾーンにおける運営」「プログラム登録へ申請」「海外分校が独立専門機関によって認定され、本校と同等の学習環境を提供するものであるというプロモーションができる」という権利を得る[6]。

　高等教育機関との設置認可とは別に、機関によって提供されるそれぞれのプログラム認定に関してもほぼ同様のプロセスが行われる。高等教育機関として運営するには機関の設置許可とプログラム認定をともに通過しなければならず、提供されるプログラムの認定を得ていなければ、学生の募集、プログラムの提供などの運営を行うことはできない。

　UQAIBと同様に、フリーゾーンで高等教育機関の運営の可否の決定に影響を与える機関がCAA（アカデミック・アクレディテーション委員会）である。UQAIBはドバイ政府のKHDAが設置した高等教育に関する評価機関であり、フリーゾーンでの運営に限定されていることに対し、CAAはUAE政府における高等教育科学研究省により設置された機関であり、CAAによって発行

されるライセンスはフリーゾーンに限定されずUAE国内全体に通用する。フリーゾーンにおいては、CAAより機関設立のライセンスを受け、プログラムのアクレディテーションを通過していれば、UQAIBによる審査は免除され、CAAによる評価結果を参考にしてKHDAが機関の運営の可否を決定する。また、UQAIB、CAAともに国際的な質保証コミュニティである、高等教育における質保証のための国際ネットワーク(INQAAHE[7])に所属している。

　KHDAよりフリーゾーンでのライセンスを得た後には、フリーゾーンを統括するDTMFZA(技術メディアフリーゾーン庁)より、ビジネスライセンスを得なければならない。ビジネスライセンスでは高等教育機関のビジネス活動やビジネス計画、資産運用、必要とされるリースの内容などが討議される。これは、高等教育機関の運営側とフリーゾーン側のビジネス契約の手続きに相当するといえる。

　以上に設置のプロセスを見てきたが、UQAIBやCAAは設置の可否に関する評価を行うとともに、高等教育機関に対する質を保証するための継続的な評価活動も行っている。フリーゾーンで高等教育機関を展開するには、本国における高等教育機関のアクレディテーション等の評価が考慮されるともに、これらのフリーゾーンにおける質保証のための評価を受けなければならない。この評価では、UQAIBはドバイの基準に沿った評価を行い、CAAはUAEの基準に沿った評価を行っており、高等教育機関に対して一定の影響力を与えるものになっている。

　以上をまとめると、最終的にフリーゾーンにおける高等教育機関の運営とプログラムの提供に関する裁定を下すことはKHDAによって行われるが、その裁定にはドバイ政府に由来するUQAIBか、UAE政府に由来するCAAによる高等教育機関への評価の内容が大きな焦点となると言える。海外の高等教育機関がフリーゾーンで展開するにあたって、本国のアクレディテーションや評価といったもののみに依存するのではなく、ドバイが主導権をとって高等教育機関の質をコントロールしようとする政府の姿勢が見て取れるだろう。

4．フリーゾーンで展開する高等教育機関

　第4節ではDKV、DIACにおいて展開されている高等教育機関に焦点を当てる。本節では、フリーゾーンで提供されているプログラムや、そこで学ぶ学生などのマクロな視点と、個々の高等教育機関に焦点をあてたミクロな視点に立ってその特徴を考察していく。

　表17－1から、フリーゾーンでプログラムを多く提供している国にイギリス、インド、オーストラリアがみてとれる。イギリスは積極的な海外プログラムの提供国であることに加えて、UAEは国家建設以前にイギリスの統治領に属していたことからも、一定の信頼を得ていると考えられる。オーストラリアも海外に対して積極的に高等教育プログラムを提供しており、ドバイを有力なマーケットの対象にしていることがわかる。インドに関しては、ドバイの人口の約4割がインド系で占められていることからも馴染みの深い地域として多くの海外分校が進出していると考えられる。またUAEがイスラム国家ということから、パキスタンやイランといったイスラーム国家としても進出しやすい地域になっており、様々な国の高等教育機関がフリーゾーンへ進出している状況がみてとれる。

　フリーゾーンでは14,969人の学生が学んでおり、これはドバイ全体の高等教育人口の約40％にあたる。フリーゾーンで学ぶ学生のうち、約85％がUAE国籍を持たない学生（Expatriate Students）にあたり、ドバイの学生の多くが首長国外に由来していることがわかる。

　次に、プログラムの内容について述べていく。現在DKVでは78プログラム、DIACでは170プログラムがKHDAにより認定されている。そのうち約50％のプログラムが経済・経営学関連のプログラムであり、ドバイにおいて経済・経営を基礎とした発展を目指していることが明確に表れている。また、その他に工学系のプログラムが約15％、IT関連、メディア・デザイン関連のプログラムがそれぞれ約10％と、この4分野でおよそ85％が占められている。また、少数ではあるが、教育、社会科学、観光といったプログラムを提供している大学も散見される。

表17-1　DKV、DIACにおける高等教育機関一覧

所属	教育機関	設立年	提供国
DIAC	American University in the Emirates		UAE
DIAC	Birla Institute of Technology & Science Pilani	2000	インド
DIAC	French Fashion University Esmod	2006	フランス
DIAC	Hamdan Bin Mohamed e-University (HBMeU)	2002	UAE
DIAC	Heriot-Watt University Dubai Campus	2005	イギリス
DIAC	Hult International Business School	2008	アメリカ
DIAC	Imam Malik Collage		UAE
DIAC	Institute of Management Technology	2006	インド
DIAC	Manipal University, Dubai Campus	2000	インド
DIAC	Michigan State University Dubai (MSU Dubai)	2008	アメリカ
DIAC	Murdoch University International Study Centre Dubai	2008	オーストラリア
DIAC	National Institute for Vocational Education	2006	UAE
DIAC	S P Jain Center of Management	2004	インド
DIAC	Shaheed Zulfikar Ali Bhutto Institute of Science and Technology (SZABIST)	2003	パキスタン
DIAC	University of St Josephs - College of Law	2008	レバノン
DIAC	The British University in Dubai	2004	UAE
DKV	Middlesex University, Dubai Campus	2005	イギリス
DKV	SAE Institute	2005	オーストラリア
DKV	Saint-Petersburg State University of Engineering and Economics	2005	ロシア
DKV	The University of Exeter	2007	イギリス
DKV	The University of Wollongong in Dubai (UOWD)	1993	オーストラリア
DKV	University of Bradford	2009	イギリス
DKV	Islamic Azad University	2004	イラン
DKV	Manchester Business School Worldwide	2006	イギリス
DKV	Cambridge College International Dubai	2007	オーストラリア
DKV	European University College Brussels (EHSAL)	2005	ベルギー

出典：KHDA Directly 2010、各大学ホームページ等をもとに筆者作成。

　一方で、DKV、DIACといった、フリーゾーンごとのプログラムの展開の傾向に差異が見られる。DKVではビジネスやIT、観光、メディア技術など、職能開発を意識したプログラムが多数を占めているが、DIACにおいては上記のプログラムに加え、工学やバイオテクノロジーなどの理系科目や教育学、

法学などを提供するプログラムも多数存在することで、よりバランスがとれた編成になっている。DKVは経済開発に直結した人材育成を行う一方で、DIACは学生に対して幅広い高等教育の提供を行うといった、それぞれの目的が表れているといえる。

　次にフリーゾーンにおける高等教育機関についていくつか紹介したい。ウロンゴン大学ドバイ校(The University of Wollongong in Dubai、以下、UOWD)は1993年に設立された、ドバイにおいて最古かつ最大の海外分校であり、2,300人の学生と123人の教員を抱えている。また、UOWDはUAE政府に由来するCAAからライセンス認定を受けている。AUQA(オーストラリア大学質保証機構)の報告書にも記されているように、UQAIBではなくCAAによる認定を得る意義について「より多くのUAEの学生からの信頼を得ること」「フリーゾーンから弾かれた時のリスクマネジメント」[8]と規定し、学生も40％がアラブ諸国出身者であること、報告書において提供国本校から独立した運営能力を持つことを強調していることを考えると、この中東湾岸地域において海外分校として以上に、独立した高等教育機関としての立場を保持することを意図していると考えられる。

　ドバイブリティッシュ大学(The British University in Dubai、以下、BUID)はエディンバーグ大学、マンチェスター大学、バーミンガム大学、カーディフ大学、キングス・カレッジ・ロンドンの5つの大学と、プログラムを提携することで成り立っている。学生の70％がアラブ県出身の学生で占められている。すべてのプログラムはCAAより認定を受けており、学位はBUIDより提供される。BUIDは海外分校ではなくドバイにおける独立した大学であるといえるが、イギリスの大学により提供されるプログラムと提携するという形態をとっており、その成績評価なども提携先の大学の基準に沿って行われている。

　以上は中東に根ざした研究機関を設立することに焦点があてられているが、一方で、ドバイにおける高等教育ビジネスとしての市場や、経済的ハブを形成しているビジネス環境に焦点をあてている機関も多数見受けられる。イスラームアザド大学は世界中に海外分校を展開しており、130万人の学生を抱

える世界最大級の大学である。また、ハルト国際ビジネススクールは米コンサルティング会社Arthur D. Littleにより設立され、現地の企業との積極的な連携が行われていたり、パートタイムでのMBA取得も可能である。サンクトペテルブルグ州立技術経済大学はドバイの成長戦略である観光分野に特化してプログラムを提供している。この学生の多くはロシアや中央アジアなどからの留学生であり、将来はドバイで働くことを志向している[9]。こうした大学はドバイにおける市場の発展を意識して展開されていると考えられる。

　以上より、フリーゾーンで展開する大学やそのプログラムについていくつか例をあげて見てきた。フリーゾーンという限られた区域において、規模・国籍・プログラムともに、提供される高等教育の形態や機関設立の目標が非常にバラエティに富んでいることがわかる。国外の大規模大学や有名大学のみを誘致するのではなく、大学の規模にこだわらずプログラム単位で、ドバイの戦略に有意義に作用すると認められた高等教育機関のみを誘致していることは大きな特徴である。また、DKVやDIACといったフリーゾーンごとにその特性を見てみても、それぞれのフリーゾーンの目的に適した高等教育機関が誘致され、プログラムが展開されているといえる。

おわりに

　本章では、ドバイにおいて運営されているフリーゾーンとそこで展開している高等教育機関を取り上げてきた、ここで指摘されるフリーゾーンの性質については三点挙げられる。

　一点目は、自国民に高度な教育を提供することに加えて、他地域の有能な人材をドバイに引き入れることによって、中東湾岸地域における教育的ハブとしての発展を目指しているということである。フリーゾーンへの外資系企業の誘致という政策自体はドバイにとって80年代からの馴染みの政策であるが、これを教育分野に対して運用したことには、外国の機関を取り込むだけではなく、高度な人材育成という明確な必要性を政府として認識していることが表れている。これは国内で活用できる資源が限られている国家が、様々

な産業に寄与できる人材育成と中東湾岸諸国において積極的にネットワークを構築していこうとする姿勢が見て取れる。教育機関としても幅広い学生市場の潜在性や参入のしやすさが大きな魅力となり、学生にとっても留学先として欧米に代わる選択肢の一つになりつつある。

　二点目は、ドバイへ進出する教育機関について、政府としての統制を強めつつも外資導入の自由さに対して懸命にバランスを取ろうとしていることである。フリーゾーンへの海外の高等教育機関の誘致に際し、その提供国のアクレディテーション等の質保証のみに依存するのではなく、それらを参考にしながらもドバイ、もしくはUAEの基準に沿って高等教育機関を精査することで、自国で展開される高等教育機関の質をコントロールしようしている。

　三点目は、フリーゾーンにおける高等教育機関について、それぞれの地域進出の目的を達成するために多様な形態で運営されているということである。フリーゾーンと高等教育機関の関係はビジネスの契約に近いものであり、各高等教育機関にはそれに沿った明確な責任がある。そうした契約関係にある中で、本章で取り上げた教育機関は研究活動の拠点としてであったり、ドバイにおいて必要とされる分野に限定してプログラムを提供するなど、様々な目的・形態で教育を展開している。本章では主に大学を取り上げたが、これに加えて本章では取り上げなかった e - ラーニングを提供する大学や職業訓練学校も展開していることを考えると、その規模、多様性は相当なレベルに達する。

　以上をまとめると、ドバイにおけるフリーゾーンを利用して海外の教育機関を誘致することにより国内の教育レベルを向上させようとする政策は、政府、大学、学生それぞれについて、可能な限り広範囲かつミクロな立場で目的を達成することを念頭に進められてきたといえる。そこでは、大多数を外資に由来する機関が占めるという意味で国家の発展に関わってくるほどの多様性や独自性を認める一方、どのようにしてそれらが国家の主導権を侵食することを防ぐのか、という政策的なバランス感覚が必要とされてきた。これは、資源も人材も持たない国民マイノリティ国家が、発展の手段として外資導入という選択を採りながら、如何にして国家としてのアイデンティティを維持

するかという根源的な問題でもある。そして、それらのステークホルダーが関わる様々な要因が複雑なバランスを形成し、フリーゾーンは成長してきた。そして、今後の動向次第ではそのバランスが崩れ、現在のシステムが瓦解する可能性もはらんでいる。

　フリーゾーンにおける高等教育機関に対しても課題が見受けられる。大規模な図書館が設けられていなかったり、研究設備が不十分であるといった研究環境に関する不備への指摘も存在する。また、高等教育機関の質の保証という点でも、現在はUQAIBやCAAによるシステムが機能しているが、どのような実効性が得られているのかについては明らかになっていない。また、こうしたフリーゾーンの展開は非常に新しい動きであるために、ここで行われる人材がどのように活用されているのか、どのような成果が表れているのかについてもその継続的な評価が必要であろう。フリーゾーンへ海外の高等教育機関を誘致する政策がドバイ、そしてUAEに対してどのような意味をもたらすのか、今後の研究の課題としたい。

注

1　United Arab Emirates Universityの比較教育学の助教授であるAli S Ibrahim氏に対するインタビューに基づく（2010年10月4日実施）。
2　Ali S Ibrahim氏インタビュー（2010年10月4日）。
3　United Nations Development Programme, 2003, *Arab Human Development Report 2003 Building a Knowledge Society*, United Nations Development Programme Regional Bureau for Arab States, pp.144-145.
4　Ali, S Ibrahim, 2010, Dubai's Knowledge Village and Creating a Knowledge Economy in the United Arab Emirates. *Higher Education and the Middle East: Serving the Knowledge-based Economy*, Washington, DC :The Middle East Institute, p.42.
5　Ali S Ibrahim氏インタビュー（2010年10月4日）。
6　Univerasity Quality Assurance International Board, 2009, *Quality Assurance Manual*, Knowledge and Human Development Authority, pp.18-19.
7　INQAAHE（The International Network for Quality Assurance Agencies in Higher Education）は、高等教育における質保証の理論・実践において、約200の機関による世界規模の組織的活動である。ニュースレターやイベントを通して、good practiceやデータベースなどの情報の共有を行っている。

8 Australian Universities Quality Agency, 2006, Report of an Audit of the *University of Wollongong*, Australian Universities Quality Agency, pp.51-56.
9 サンクトペテルブルグ州立技術経済大学のMaxim Mineev氏に対するインタビューに基づく(2010年9月27日実施)。

参考文献
〈日本語文献〉
佐野陽子、2009『ドバイのまちづくり 地域開発の知恵と発想』慶應義塾大学出版会。
廣瀬信己、2009「ドバイ経済の現状と課題」『レファレンス』No.702、国立国会図書館調査及び立法考査局、65-78頁。
細井長、2011「UAE概略」細井長編『アラブ首長国連邦(UAE)を知るための60章』明石書店。
細井長、2009『世界金融危機とドバイ経済-ドバイ経済の課題と中継貿易型開発路線への視座-『立命館経営学』第48巻第4号、99-119頁。

〈英語文献〉
Ali, S Ibrahim, 2010, Dubai's Knowledge Village and Creating a Knowledge Economy in the United Arab Emirates, *Higher Education and the Middle East: Serving the Knowledge-based Economy*. Washington, DC: The Middle East Institute, pp.42-46.
Burden-Leahy, Sheila M. 2009 Globalisation and Education in the Postcolonial World: the Conundrum of the Higher Education System of the United Arab Emirates, *Comparative Education*, Vol.45, No.4, pp.525-544.
Croom, Patricia W., 2011, Motivation and Aspirations for International Branch Campuses. In Robin Sakamoto and David Chapman (eds.), *Cross-border Partnerships in Higher Education: Strategies and Issues (International Studies in Higher Education)*. New York: Routledge, pp.45-66.
Kirk, Daniel and Napier, Diane Brook, 2010, Global Competition, Local Implications: Higher Education Development in the United Arab Emirates, In Laura M. Portnoi, Val D. Rust, and Sylvia S. Bagley (eds.), *Higher Education, Policy, and the Global Competition Phenominon*. New York: Palgrave Macmillan, pp.115-126.

〈マニュアル・報告書等〉
Australian Universities Quality Agency, 2006, *Report of an Audit of the University of Wollongong*, Australian Universities Quality Agency.
Commission for Academic Accreditation Authority, 2007, *Standards for Licensure and Accreditation*, Commission for Academic Accreditation.

Dubai Internet City, 2003, *Dubai Knowledge Economy 2003-2008*, MADAR Research Group.
Dubai Knowledge Village, 2005, *Dubai Academic City Academic Application*, Dubai Knowledge Village.
Dubai Technology and Media Free Zone Authority, 2011, *Registration & Licensing Guide*, Dubai Technology and Media Free Zone Authority.
Knowledge and Human Development Authority, 2011, *The Higher Education Landscape in Dubai 2010*, Knowledge and Human Development Authority.
United Nations Development Programme, 2003, *Arab Human Development Report 2003 Building a Knowledge Society*, United Nations Development Programme Regional Bureau for Arab States.
University Quality Assurance International Board, 2009, *Quality Assurance Manual*, Knowledge and Human Development Authority.

〈ウェブサイト(全て2011年7月20日最終取得)〉
イスラームアザド大学HP(http://www.iau.ae)
ウロンゴン大学ドバイ校HP(http://www.uowdubai.ac.ae)
サンクトペテルブルグ州立技術経済大学HP(http://www.rudubai.ru)
ドバイ・人材能力開発庁HP(http://www.khda.gov.ae/en/default.aspx)
ドバイ・インターナショナルアカデミックシティ HP(http://www.diacedu.ae/)
ドバイ・ナレッジビレッジHP(http://www.kv.ae/)
ドバイブリティッシュ大学HP(http://www.buid.ac.ae)
ハルト国際ビジネススクールHP(http://www.hult.edu)

第18章 エジプトにおけるトランスナショナル高等教育
――カイロ・アレキサンドリアにおける三大学の事例から

日下部　達哉

はじめに

　本章は、2009年3月と12月に、エジプトのカイロ近郊、およびアレキサンドリアにおいてトランスナショナル高等教育(以下TNHEと略記)を実施している三つの大学において収集してきたインタビューの書き起こし、冊子、論文、写真などを資料としてまとめた報告である。調査した時期は、チュニジアのジャスミン革命から飛び火して起こった2011年エジプト騒乱以前であり、本章ではムバラク政権期のことを取り扱っている。また今後、前政権期に最大野党であったムスリム同胞団が中心となって結成された連合政党である「自由と公正党」が政権を運営しており、何らかの政策転換が図られる可能性もあることをはじめに断わっておきたい。

　本章は、TNHEの論考ではあるものの、ひとまず、エジプトの高等教育についてひと通りのことを述べておくことにしたい。欧米から世界への高等教育輸出が起こっていることなどとも相まって、新興各国におけるTNHEの規模は膨張し続けているが、他の新興国同様、エジプトは、古くから教育がトランス「されてきた地域」である。かなり古い時期からトランスされてきた経緯もあってか、エジプトではTNHEが盛んであり、本章でも、TNHEが、いかにエジプトで花開いているか、ということを語るものとなっている。それどころか、近年では、異常とも言える高まりを見せている。エジプトでは21世紀に入ってから、中等教育までの私立学校が乱立するような状況ができ、これらの受け皿として大学も数多く設立されている。こうしたものの中には半ばディプロマミルと言われても仕方のないレベルの「大学」も含まれて

おり、むしろ成功例はひと握りと言われている。近年におけるエジプトの教育、またエジプトにおけるTNHEの背景には、基本的にこのような人々の教育熱あるいは学歴熱の高まりが背景にあることが指摘できる。エジプトにおける中等教育までの「学歴病」の詳細な考察については田中(2007)に詳しいので参照されたい[1]。

ただ、その教育熱・学歴熱のわりに、初等・中等教育の就学状況については、初等教育純就学率93％、中等教育純就学率65％と、アラブ諸国の中でもトップクラスとはいえない状況である。しかし、高等教育・研究機関における研究者数をみると、100万人あたりの研究者の数が、アラブ諸国中トップの404人で、人数も、UNESCOの2009年のデータでは、81,114人でアラブ諸国ではトップレベルとなっている[2]。エジプトの科学技術分野を検討した小川・田中によれば、研究者数や科学技術論文の数は、イラン、ヨルダン、チュニジアのほうが数としては上をいっているようである[3]。このためアラブ諸国でエジプトは、政治的にはアラブの盟主ではあっても、教育政策の面ではやや先頭集団に遅れをとっている感が否めない。しかし、後に詳しく述べるように、日本からの援助に加え、100億円規模の資金を自前で拠出し、科学技術のための大学を設立するなど、エジプトは、相対的に高等教育に力をいれ、先頭集団に必死に食らいつこうとしていることも推測できる。ただし、上記データからは初等・中等教育の発展の延長線上に高等教育の大衆化があるわけではなく、高等教育偏重とも言うべき、若干いびつな教育発展のあり方が見てとれる。

いびつな発展ではあるものの、エジプト、レバノン、トルコなどでは、第二次世界大戦前という、かなり古い時代から現在言われているTNHEの形での教育が実施されていたし、それらの流れが、現在のTNHEの高まりの基礎となっていることはいうまでもない。さらにTNHEの動きが急激に顕在化していることは明白であるものの、それ以前にも様々な、時代の要請に基づいてTNHEが存在し続けてきた背景が指摘できる。

本章では、そうした時代の流れを通ってきたTNHEの大学として、最も古い時期から存在するTNHEの大学であるカイロアメリカン大学(AUC)、

最近になって設立され、比較的成功を収めていると言われているカイロジャーマン大学(GUC)、そして2009年の調査時、アレキサンドリアにおいて暫定開校、2010年に開学し、これから本格的な展開をしていこうとしている、エジプト日本科学技術大学(E-JUST)を訪れ、設立の背景などを知る教員や事務員にインタビューを実施、また、資料収集を行ってきた。本報告で取り扱う三事例はすべて、「いわゆる留学などにおいて、留学生、学位授与大学等、プログラム実施校の三つのアクター全てが単一の国に所在する場合以外の形態の教育」という、Grant and Christopher(2007)のトランスナショナル高等教育の定義に合致している[4]。

　以上より、本章においてカイロアメリカン大学を、古くから存在するTNHEの大学として位置づけ、また、カイロジャーマン大学は、近年のTNHE型大学の典型として、またそれらの中でも比較的成功した事例として位置づける。最後にE-JUSTについては、国際協力によるTNHEの先進的な事例として位置づける。このように三事例にはそれぞれに特色があるが、キャンパスがエジプト国内に存在するという点で、また、一定のエジプト政府の管理や影響を受けているという点で共通点を有する。

　これら三事例のTNHEのカリキュラムや、アクレディテーションの在り方を考察することが本章の目的であるが、紙幅の関係上細かな部分にまで言及することは、後に譲ることとし、大学、エジプト政府、提携先の政府や大学(ここではアメリカ、日本)との関係、各大学の設立の背景、大学の現状といった部分に焦点をあてて報告したい。最終的には、このエジプトの事例から、国内法制度や国家そのものと、TNHEとの関係について分析していきたい。エジプトのTNHE、特にカイロアメリカン大学の事例は、歴史的にも古く、大学開学からその展開においては国家との関係が、調査結果からはより明示的に表れている。

1．カイロアメリカン大学の事例

　筆者は本研究の調査にあたり、カイロ近郊のアッターメイヤ地区にある大

学群に注目し、最も古いカイロアメリカン大学を2009年3月に訪れた。カイロアメリカン大学は、近年、カイロ市内から移転し、アッターメイヤ地区に位置づいているが、カイロ市内の旧キャンパスもまだ機能している。ここでは、カイロアメリカン大学の歴史に詳しい歴史学専攻のジョン・スワンソン教授のインタビュー記録を中心に、ホームページ、受領した資料などをもとに概説したい[5]。

(1) 設立の背景

カイロアメリカン大学(以下AUC)は1919年に中等学校として設立された。設立の背景は、アメリカのピッツバーグやペンシルバニアのミッション活動をもとにしており、カイロ、イスタンブール、ベイルートにできた「〜アメリカン大学」のうちの一つである。イスタンブールアメリカン大学は、国立大学の一部となり、現在ではボアジチ大学となっている。また、21世紀に入って、米国の教育輸出戦略ともあいまって、多くの「〜アメリカン大学」が生まれているのも事実である。

AUCは「アメリカン」と名がついているが、学生の多くがアメリカ人というわけではない。もともとは、アメリカに移住したエジプト人子弟が、英語で授業を受けられる利点、アラビア語の習得や、エジプトに関する教養習得などができる等の利点もあり、多くのエジプト人学生が学んできた。留学生についても、エジプトの歴史を学ぶため、世界中から集まってきていた。日本からもエジプト学を志す留学生たちは、「カイロ大かアメ大」が主要な留学先であった。

こうした教育市場としての背景はあるものの、基本的には、政府の命令によって、「学生のうち8割は、エジプト人を受け入れる」ということになっている。AUCは20世紀初頭から中盤を通じて、エジプト唯一の私立大学であった。1967年、アメリカとの関係が崩壊したことにより、エジプト政府との会議がもたれ、継続的に私大として運営することとなった。これにより、サダト、ムバラク時代も唯一の私立大学としてあり続けた。大学院では1960年代に順次、修士課程を設置していった。博士課程は理系でのみ設置されてい

る。1991年、エジプト政府は国内に私立大学の設置をオープンにしたが、その結果、AUCの近辺に新たに多くの私立大学が設立された。そのほとんどはビジネス、コンピュータ系であるが、どのディシプリンもエジプトでは価値が高いと思われている。また後述のように授業料はおしなべて高い。AUCも学部によって異なるが、日本の私立大学程度はかかるようである。

(2) 大学の現状

AUCの工学部棟

カイロ市内からアッターメイヤ地区に移設した最大の理由は、キャンパスが手狭になってしまったことであったらしい。カイロ市内は空気も悪く、体育館やプールといった施設はカイロ市内では望むべくもなかった。そこで移転したが、旧キャンパスも機能しており、現状では、大学の敷地は拡大傾向にある。カイロ市内から訪れていくと、多くの新設私立大学の看板や校舎が目に入ってくるため、立地的には明らかに近隣にライバルの大学がいるものと考えられたが、インタビューでは、近隣の私大群をライバルだとは思っていないということであった。理由としては、AUCには他にない工学部もあるし、歴史・考古学を学ぶのであればカイロ大学かAUCであることはエジプトに来る多くの留学生の中で常識になっているからだということである。また、AUCは年間19,000US$の授業料を徴収しており、学生には負担が重いように見えるかもしれないが、AUCの多くの学生は奨学金を獲得し、それを授業料に充てているそうである。

(3) AUCにおけるトランスナショナル教育の概要

AUCのナショナリティはエジプトである。しかし、売り文句の一つに「中東の中心でアメリカの教育を」というものがあり、後述するようにコンピュ

ータなどの工学系に関しては、アメリカとのダブルディグリー、アクレディテーションも実施されている。HPによれば、学部レベルで30、修士レベルで37のコースが準備されている。文系では、エジプト学、アラビア学、中東研究など、カイロの地の利を活かした学問があるが、経営学やジャーナリズム、心理学、音楽学なども学ばれている。さらにアラビア語で授業を行っているカイロ大学とは対照的に、AUCでは英語で、またアメリカ流の受講方法で授業が行われている。ある日本人卒業生への聞き取りでは、「あそこはエジプトであってアメリカだ」というほどにアメリカナイズされており、キャンパス内にはアメリカのカフェをはじめとし、マクドナルドなどのファストフードショップなどが完備されている。

　帰国子女に関しては、設立当初から数多く受け入れてきており、現在も多くの留学生を抱えている。AUCのHPによれば、全学20%の学生が留学生で、113カ国から留学しにきている。学位制度は、基本的にエジプトのものであるが、アメリカのMiddle States Association of Colleges and Schools in the United States(MSCHE)に1982年よりアクレディットされ、2008年に更新されている。さらに同校のコンピュータ・スタディーズとエンジニアリング・プログラムは、アメリカのComputer Science Accreditation Boardと、Accreditation Board for Engineering and Technologyによってアクレディテーションがなされている。同校のビジネススクールもエジプト及び北アフリカでは最初にAssociation to Advance Collegiate Schools of Business(AACSB International)にアクレディットされた。AACSBには45,000のビジネススクールがアクレディットされているが、アメリカ以外の国々では540しかなく、AUCの努力とその結果としての特色がうかがい知れる。

2．カイロジャーマン大学

　アッターメイヤ地区にある大学群のうち、エジプト、アメリカ、イギリス、フランス、カナダ、ドイツによって設立されたものが、主要な外来の私立大学であるが、古くからあるAUCを除けば、つまり新たにアッターメイヤに

設立されたTNHEの中では最も成功しているといわれている大学である。また、後に述べる、エジプト日本科学技術大学が設立作業のうえで頻繁に参考にした大学でもある。ここでは、調査時、博士課程院生で、TAでもあるラニア・サレム氏のインタビューに加え、ホームページ、受領した資料をもとに概説する[6]。

(1) 設立の背景

カイロジャーマン大学(以下GUC)は、カイロ近郊アッターメイヤ地区に2002年に開学した。開学に当たってはエジプト高等教育省の支援を受けたウルム州立大学、シュトゥットゥガルト州立大学を中心に、その他の省庁や在カイロドイツ大使館、German Academic Exchange Service (DAAD)が協力し、設立された。

開学以来、TNHEを志向し、エジプトはもとより、世界中から学生が来ている。また、ドイツの様々な大学に留学プログラムを持ち、2008年までの数字で1,200人の学生がドイツを訪れている。これらの費用は、学生の負担はほとんどなしで実施されている。授業料は2,750ユーロで、近辺の私大の中では安い部類に入るだろう。雑ぱくな感覚で言えばAUCの半額程度と考えられる。ラニア氏も、ドイツで半年ほど学んできたが、大変有意義であったと語った。

(2) 大学の現状

調査時である2009年時点で、キャンパスのうち半分は造成中で、更地の状態になっていた。先述の通りアッターメイヤに設立されたTNHEの中では最も成功していると言われ、学部レベルではMedia Engineering and Technology, Information Engineering and Technology, Engineering and Materials Science, Pharmacy and Biotechnology, Management Technology, Applied Sciences and Arts, 大学院レベルではPostgraduate Studies and Scientific Researchが準備されている。

アッターメイヤ地区においては、いかに周辺の大学群と競争・共存していくかがまず問題になってくるが、AUCのような歴史のある大学は、非常に高額な授業料を徴収しており、なおかつ学生を集めることができている。こ

れはあらゆる意味で特殊な大学といえるだろう。このため多くの学生はGUCと他大学を比較するとき、まずはAUCとの比較をしているようであった。しかし、GUCの学生がGUCを選んだ決定的な要因は、近隣では最も安い授業料であるといえた。むろん、奨学金も準備されている。しかしコースが充実していないかというとそうではなく、学生の在学中は、ラニア氏のようなTAも使い、コースワークや研究のこと以外何も考えられないほど、学生たちはかなりハードに鍛えられているということであった。

　授業は、ドイツの大学ではあるものの、英語で授業を行っている。しかしドイツ語を学ぶためのドイツ留学機会も準備されている。また、リサーチライティングという点では、他の大学にはない特別のプログラムを持っており、同校のドイツ人教員は、非常に質の高い知識を学生に与えることに成功しているという。2年前にイギリスのヘッドハンティングの会社がやってきてラニア氏のところを訪ね、教育システムについて聞いていったが、その時の担当者は、「AUCとGUCにだけ聞きにきた」と言っていたそうである。また学生たちは、卒業後、かなりよい就職先に接続ができている。なぜなら、マネジメントとエンジニアリングの学部では卒業前数カ月の学生に、就職をさせるための訓練を課すことにしているからだという。業界研究もサポートするだけでなく、オープンマインドな人づきあいや言語訓練も行っており、ドイツ語も一つのオプションだという。卒業後の進路は多岐にわたるが、エジプトに残る者もいれば海外に出る者もいる。ラニア氏の知る限りでは、アメリカ、カナダ、イギリスに就職していった学生がいるという。

GUC外観：カイロ市からはバスで30～40分

(3) GUCにおけるトランスナショナル教育の概要

　もう一つの大きな特徴は、GUCの卒業生であれば、1年で修士号がとれるということであろう。ドイツ式の教育システ

ムはかなり凝縮されており、それを可能にしている。別のアラブの大学では1年で終えることはなく、その国の制度に従わなければならない。しかしGUCでは一年で修士号がとれるうえ、授業料も低いので、学生にとって魅力的な教育制度だといえよう。

　学生はインターネットでも集めているが、学校訪問も盛んに行っている。一定数の高校生徒をGUCに呼び、GUCでの生活のすべてをプレゼンテーションする。それ以外ではGUCの評判を聞いて、やってくる学生がいるという。学生は頻繁に入れ替わるので、正確な人数は大学本部でも把握しきれていないという。学生はまた、ドイツへの留学機会も与えられており、かなりの学生が希望している。

　また、基本的にGUCをはじめとするその他のTNHEの大学は、授業料が払える富裕層を中心的に相手にしようとしていた。そこは私立大学であり、経営をしていかなければならない事情がある。国公立大学は、貧困層にも開かれているので、現状では貧困層は国公立に行くしかないという。また、他大学でも聞かれた話であるがどうがんばっても、エジプト国内の人々は、ミドルクラス以上でなければ、この地区の私立大学には来ることができないという事情もあるようだった。ラニア氏は、ミドルクラスでも授業料は高いと感じるかもしれないと語った。しかしAUC同様、もし優秀であれば学内における奨学金を狙えるとのことである。

　ラニア氏自身も、この大学のアカデミックな雰囲気は気に入っており、生徒としては学習・研究の凝縮度の高さゆえに苦しい面もあるかもしれないが、教員としては意外と快適に過ごしているということであった。

　GUCは、エジプトのなかでは、近年話題となっている諸外国のTNHEと最も比較優位にある大学であろう。後に述べるエジプト日本科学技術大学の関係者も、GUCを参考としたように、周辺からみてもTNHEのなかでは成功した大学というイメージが強いようである。筆者の観察においても、学内は非常に活気にあふれ、勢いのある大学の印象が強い。TNHEの内容についても、教育内容のみならず、ドイツ人教員の配置やドイツ留学機会を設けたりするなど、実質的なドイツとの結びつきを重視しており、就職先もグローバルな

ものを志向している。ただし、あくまでエジプトの大学として経営が許されているものであり、中身がいかにドイツ流を取り入れたものであっても、そこだけは政府によっておさえられていた。また、設立のために、エジプトの高等教育省や、ドイツ大使館が動いたりするなど、背景にはエジプト‐ドイツ間の国際関係および国際交流の土壌のなかで準備された部分も大きい。

3．エジプト日本科学技術大学

　アレキサンドリアで2009年にソフトオープニングを迎え、2011年現在、本格開講しているエジプト日本科学技術大学(以下E-JUST)は、アッターメイヤ地区にある私大群とは異なり、エジプト国立で、アレキサンドリアという、カイロから遠方の地(カイロから電車で2時間半)に建設された。ただし、2009年の調査時、開学のための準備段階であったため、本章におけるE-JUSTの記述は、アレキサンドリア市内のビルの一角にある準備室で、エジプトでのE-JUST立ち上げに尽力している国際協力機構の角田学氏へのインタビュー結果をもとにしている[7]。

(1)E-JUST設立の背景

　E-JUSTは、他のTNHEの大学と違って、2003年の「日本・アラブ対話フォーラム」の時期よりエジプト政府から依頼を受け、2007年ムバラク大統領から安倍総理に直接支援の要請がなされたことによって設立準備が始まったという背景がある。準備は国際協力機構(JICA)が担い、2009年3月にはE-JUST設立のための二国間協定が締結されている。また日本の支援大学(阪大、九大、東工大、京大、早大)もエジプトに来訪し、教育研究面の支援についての作業を加速させた。

　当初、エジプトからの依頼が来たとき、日本側はすぐに物事が動いたわけではなかったという。しかし、動きのないまま数年が経ったため、どうするか決めようということになった。最終的には、エジプトが強い政治的コミットメントを行うということであったので、日本政府としてもそれを支援しよ

第18章　エジプトにおけるトランスナショナル高等教育　315

うということになった。その政治的コミットメントは、既存の国立大学法とは別に設立法を制定し、高等教育省第一次官をE-JUST専属に任命するということであった。財政的にもエジプト政府が当初6年は100億円強の支出をし、将来にわたって政府予算による運営費負担を確約したというものであった。これにより、エジプト「国立」であり、「日本(Japan)」の名を冠した特色ある大学として、E-JUST開学が決まった。

　他の大学がカイロ近郊のアッターメイヤ地区に、次々に開校していたため、当然ながらE-JUSTも同地区を候補の一つとしてあげていた。しかし、①ムバラクシティ研究所という、エジプト第二の国立研究所の研究者や施設・機材を活用できること、②空港の拡張や鉄道建設計画などがあり、優先的開発地域としての位置づけがあること、③アレキサンドリア市内との近接性が高いこと、といった理由から、アレキサンドリアにおいて開校することとなった。結果として、各国からの私大群が集まるカイロで、存在が希薄にならなくてよかったと考えているという。

E-JUSTのキャンパスイメージ(E-JUSTのHPより)

(2)E-JUSTの現状

　調査した時点(2009年12月)では、まだソフトオープニングの段階で、校舎も工事中であった。角田氏が「オールジャパンの体制で臨んでいる」と述べた通り、日本の側では、国内支援委員会が開催され、支援12大学、3省庁(外務・文科・経産)、産業界、JICAがカリキュラム、機材、施設、産学連携などについて枠組みを決定している段階であった。現場では、東工大の教員が1人E-JUSTに赴任し、エジプト人教員と共に開学の準備を行っており、キャン

パスコンペ、教員・職員面接、大学院生の公募などソフト面、ハード面ともに設立の直前という雰囲気であった。開学後の姿については今後改めて見ていく必要があるだろう。

現段階では、ひとまず工学部(電気・電子情報学類、創造理工学類、エネルギー・環境工学類)の大学院レベル(修士・博士)のみで開学し、将来は国際ビジネス、人文学部などを創設する予定だという。

(3) トランスナショナル教育の概要

E-JUSTにおけるTNHEは、①グローバリゼーション、②高等教育の国際化、③国際化事業、④国境を越えて提供される教育、⑤教育サービスの貿易、といったものが含まれている。E-JUSTは、アラブ中東各国、アフリカ、ヨーロッパから広範囲に学生を獲得したいという狙いをもっている。エジプト政府の最も大きな意向として、「やはり技術が素晴らしいのは日本」というものであったことから、エジプトの地で本格的な日本の工学教育をうけられることは売りの一つとなっている。AUCなどでは80％以上がエジプト人学生でなければならないと定められているが、「E-JUST令」に基づいてつくられたこの大学では、そのような縛りはない。TNHEのプログラムについても、トゥイニング・プログラム、ダブルディグリー、ジョイントディグリー、プログラムの連結、認定方式、フランチャイズ、遠隔教育などの構想があり、E-JUSTであれば柔軟に対応できるとしている。ただ、設立間もない2011年1月現在におけるホームページ閲覧の印象では、カリキュラムや学位取得のうえでTNHE的な要素がまだ薄いようである。

教育については日本の「研究室型」の教育方法を考えており、日本が得意としている丁寧できめ細やかな工学教育ができるのではないか、と考えていた。このため、学位についてはエジプトのものであるが、中身の教育については、日本の研究室型の気風を色濃く反映したものになると思われる。

おわりに

以上三大学のTNHEを概観してきたが、三例のみの調査では不十分であることは承知のうえで、以下において議論を行いたい。

考えられるのは、このエジプトの事例研究から、TNHEにおける政府の果たす役割が、エジプト政府を事例に浮き彫りになるのではないか、ということである。まず、エジプトにおけるTNHEの三事例に共通して言えるのは、「国民国家の枠組みの範囲内」におけるTNHEだということである。三事例ともに、認可の問題以前に、設立や学生の募集などに至るまで、国が主導もしくは介入したといった歴史、経緯を有しており、基本的に教育の市場性が高くなった結果としてではなく、国家戦略に組み入れられたものである。また、いずれの大学も基本的に授業料は高く、エジプトの貧困層からはとうてい手が届かないものであることもわかった。少なくともエジプトでは、グローバルなTNHEの潮流にのったものではなく、近現代史の流れのなかで、エジプト的TNHEになっていったものだと分析できる。

次に、AUCを含む「〜アメリカン大学」の事例からは、時代の要請に伴って、大学教育にTNHEの形態が活用されてきた歴史が浮き彫りとなった。少なくともエジプトを含むアラブ世界においては、TNHEが特に新しい現象ではなく、むしろ高等教育の歴史の中では一つのブランドにもなっているものであり、形態としては古くからあるものだということが明らかである。

そして、エジプトにおいてはこの、古くからあるTNHEの流れが、近年のトレンドとしてのTNHEと合流し、アッターメイヤ地区をはじめとする私立大学群のラインナップは、国際色豊かなものになってきている。少なくとも、これからエジプトの高等教育の国際競争力は非常に高まってくるのではないかと予想される。これはエジプト政府が意図する結果であるといえ、2008年杉本科研研究会において熊本大学の大森不二雄教授が提示した、「国民国家はTNHEに対して新たな統制システムをつくる」という知見を追認する調査結果となっている。

AUGとE-JUSTの設立に際しては、在エジプト大使館や国際協力機関が重要な役割を果たしており、エジプト政府とのパイプが活用されている。また、エジプト政府も、E-JUST法令を定めたり、エジプト人の学生定員について

命令を出したりするなど、積極的な動きを見せている。本章における三大学の事例が示唆するのは、TNHEといえども、エジプトの大学として経営が行われており、大学の経営形態として国境を越えているものではなく、また、決して国の教育制度から遊離したものではない、ということである。学生の国籍についてもエジプト人学生の比率を政府が定めるなど、介入を行っていることがみてとれる。これは、現代における教育借用の新たな形ともいえ、大学や学生を世界から集め、大学間競争および学生間競争を行わせ、高等教育の質を上げていく「国家戦略」だといえるのではないだろうか。三事例だけからの示唆であるが、教養系やマネジメント系はアメリカやヨーロッパから、技術系は日本から、という意図が推測できる。

今後の課題としては、本章を補強すべく、既に収集済みのデータを用いて、より精緻な分析を進めるとともに、他国の事例研究と比較を行うための研究も行う可能性があげられる。またエジプト日本科学技術大学の開学後の姿を調査する必要もあるだろう。

注
1 田中哲也、2007「エジプトにおける学歴病と中等教育課程」『福岡県立大学人間社会学部紀要』Vol.27, No.2, 53-67頁所収。
2 UNESCO, 2009, UNESCO Institute for Statistics HP.
http://stats.uis.unesco.org/unesco/TableViewer/document.aspx?ReportId=125&IF_Language=eng&BR_Fact=SCRMIFT&BR_Region=40525（2011.8.17）
3 小川啓一、田中伸幸、2010「科学技術発展に向けた高等教育の研究環境への一考察−カイロ大学理学部を事例に−」広島大学教育開発国際協力研究センター編『国際教育協力論集』13巻1号、69-82頁所収。
4 Grant McBurnie and Christpher Ziguras, 2007, *Transnational Education- Issues and Trends in Offshore Higher Education*, Routledge, pp.21-22.
5 カイロアメリカン大学、歴史学専攻ジョン・スワンソン教授へのインタビュー結果、受領資料・CD-ROM; http://www.aucegypt.edu/Pages/default.aspx（2011.1.30）。
6 カイロジャーマン大学、博士課程院生(TA)ラニア・サレム氏へのインタビュー結果、受領資料; http://www.guc.edu.eg（2010.08.31）。
7 エジプト日本科学技術大学、プロジェクトアドバイザー角田学氏へのインタビュー結果、受領資料; http://www.ejust.edu.eg/（2011.1.30）。

あとがき

　私がトランスナショナル高等教育プログラムの起源ともいえるものの存在を聞いたのは1980年代の留学中のマレーシアであった。1987年、マレーシアなどの学生向けに、外国コースの一部(基礎課程)を自国のカレッジで履修し、残りを現地に渡航して、通常留学と同じ学位や資格を取得できるトゥイニング・プログラムが開発・承認された。この「1＋2」や「2＋1」と呼ばれるプログラムでは、最終的に学生は外国に渡航するわけであるから、トランスナショナルプログラムというわけではない。しかしこのように、現地のカレッジが外国大学の学位課程の一部を委託された実績と信頼がやがて、全課程の履修を現地カレッジや分校にまかせるトランスナショナルプログラムの成立につながってゆくことになる。

　1997年のアジア経済危機によって、マレーシアでも多くの政府派遣留学奨学金が撤回され、私費留学生に対しても、出国ビザの値上げや留学生送りだし家族への税金控除を廃止するなど、外貨の流出を食い止めようとする試みが行われた。そこで一部の欧米大学と国内のカレッジは、マレーシア政府の要請を受けて、これまでコースの一部のみを自国で履修していたプログラムを、一定の条件のもとに、専門課程も含めてすべてマレーシア国内で履修可能にする協定を結ぶようになった。すなわち、コースの全課程を、欧米の本校が規定するカリキュラムや試験の水準において、マレーシア国内の提携カレッジで提供し、最終的に規定の単位を取得すれば、(多くの場合)欧米本校と同一の学位や資格が授与されることになる。ここにおいて、学生が一度も学位授与大学の所在する国に渡航することなく、その大学の学位を取得できるトランスナショナル高等教育が誕生したのである。

　この動きに前後して、マレーシアでは外国大学の分校が設置されるように

なった。欧米大学が現地のカレッジと提携する先のパターンに対して、自校の分校を直接現地に設立してしまうものである。最初の分校は1998年にスランゴールに設立された、オーストラリアのモナシュ大学のマレーシア分校である。これらによりマレーシアの学生は全く一度も外国に渡航することなく、名門欧米大学の学位などを取得することが可能になったのである。これもトランスナショナル高等教育である。

実は、外国大学の分校の受け入れ(ホスト)に関しては日本のほうが先達である。1982年にアメリカのテンプル大学が東京に分校を設置し、テンプル・ユニバーシティー・ジャパンとして、一部のコースにおいて本校と同一の学位等を授与してきた。日本にいながらにしてアメリカ大学の学位などが取得可能になったのである。その後40を超える外国大学の分校が日本に進出したが、その多くは十分な学生を集められず、また法規制の壁もあり、今日までにほとんどが撤退している。テンプル大学は成功した希な例である。日本人の留学熱は低くないのになぜ、このようなお得なトランスナショナル高等教育が日本では受け入れられなかったのであろうか。

マレーシアと日本のトランスナショナル高等教育の比較によって、この現象の性格が明らかになる。まずホスト国の教育熱や高い高等教育需要が必要であるが、この点についてはマレーシアも日本も該当する。また、分校での教育コストが本校への留学による教育コストより安価でなくてはならない。これも両国のケースで該当するが、日本では分校の教育環境を英語で維持するコストはかなり高くなり、留学費用の削減効果はかなり薄くなってしまう。

次に高等教育学位の価値であるが、マレーシアでは大卒の人口が少ないこともあり、就職や昇進、給与スケールには学位が有るか無いかが大きな意味を持つ。日本では大学の進学率も高く、入学者の卒業率も90％を越えるため、学位そのものの価値はあまりなく、出身大学や大学時代の経験などの付加価値によって差別化される。またマレーシアでは国内大学の学位に対して、外国大学学位は同等かそれ以上の威信を持つのに対して、日本では外国大学学位は就職上必ずしも有利であるとはいえない。

しかし、日本とマレーシアで、トランスナショナル高等教育をめぐる最も

根本的な違いは留学に対する意識にあるのではないかと考えている。第1章にも書いたことであるが、日本人にとって留学とはただ単に外国の大学の学位を取得することではないということである。伝統的に留学とは、外国に生活し、大学などに通いながら学位などを取得するものであったが、多くの人にとって、留学の意義はそれだけにとどまらなかった。最高学府という場において教育や研究の手法を学び、現地の言語を習得し、文化やライフスタイルを経験し、さらには各国の若者と交流し、かけがえのない人的コネクションという財産を築きあげるものもいた。トランスナショナル高等教育はこうした付帯経験の大部分を捨象して、純粋に学位などの資格の取得に特化した国際教育プログラムであるといえる。

　トランスナショナル高等教育はこれまでの留学概念を根底から突き崩すような新たな形態の国際教育であり、プログラムの輸出者だけでなく、一定の条件にある国や学生（学習者）には、大きな効用をもたらすシステムである。大学がこのプログラムを採用すれば、大学の国際展開とともに、授業料やライセンス収入の増加を期待できる。しかしこれは本当の意味での大学の国際化を意味するであろうか。これらのプログラムの成功が、大学のアカデミックな水準や威信と相関するのであろうか。このようにトランスナショナル高等教育の展開は、留学というものの定義、留学という現象への根源的な問いを我々に突き付ける。

　本書は日本比較教育学会、研究委員会（2005 〜 2008）によるプロジェクト、日本学術振興会、平成20 〜 22年度、科学研究費補助金、基盤研究B「トランスナショナル・エデュケーションに関する総合的国際研究」（課題番号20330172）の研究成果の公開によるものである。本科研は私を代表者として、学会員より、研究分担者9名、連携研究者4名、研究協力者4名の計18名によって3年間にわたり実施された。2010年3月には、その成果として『中間報告書』、2011年には『最終報告書』を刊行した。

　その過程で、神戸大学で行われた日本比較教育学会第46回大会（2010年）においては、課題研究Ⅱ「トランスナショナル高等教育の可能性と課題」を企画し、アジアをめぐる高等教育ネットワーク（米澤彰純氏）、インドネシア（中

矢礼美氏)、アメリカ大学分校(鳥井康照氏)についての報告を行った。また日本比較教育学会紀要『比較教育学研究』第43号(2011)において、特集「国境を越える高等教育プログラム」を企画し、上記米澤報告以外にイギリス(秦由美子氏)、オーストラリア(杉本和弘氏)、アジア(杉村美紀氏)、香港(南部広孝氏)による論文を掲載した。本書はさらにこの分野の第一人者や若手の最新知見を加えて、それらの集大成としたものである。

　本書は目次をご覧になれば明らかなように、私の総論以外に、アメリカ、イギリス、オーストラリアなどのトランスナショナル高等教育の提供国、そして、中国、香港、マレーシア、南太平洋、中近東、インドといったトランスナショナル高等教育の積極的受容国地域、そして、その展開動向において慎重な対応を見せる韓国、タイ、ラオス、インドネシア、ＥＵ諸国の論文が寄せられており、これまでの類書にない地域的なカバーをその特徴としている。本書はその章構成においても、トランスナショナルな特徴を有している。すなわち、その各章において、例えば、「オーストラリアの大学のマレーシアへの展開」、「イギリスの大学と香港の大学の合弁事業」など、多くの論文について欧米の章、アジアの章と割り切れない性格を有している。すなわち、それぞれの章が一国の研究を越えて、研究自体もトランスナショナルな性格を持っている。しかし、このような一国の範疇に収まらない研究こそ、比較教育学が行うべき価値ある研究ではないかと考えている。

　学会の研究委員会としてこの研究を企画して以来、本書を世に出すにあたり、各章の執筆を分担していただいた執筆者の方々をはじめ、課題研究などでのパネラーをお引き受けいただいた方々など、多くの方のご協力をいただいた。とりわけその研究委員会の活動を支援し監督いただいた広島大学大学院教育学研究科教授、日本比較教育学会会長の大塚豊先生には多大なお力添えをいただいた。また研究委員会としての学会科研の申請から、運営、報告書の刊行書に至るまで、適切な舵取りを行い、煩瑣な編集作業を引き受けていただいた、京都大学大学院教育学研究科の南部広孝准教授の貢献は、言葉に尽くせるものではないが、せめてこの場を借りて謝辞を述べたい。最後にこの企画に対して、その社会的な価値を早くから認めていただき、出版をお

引き受けいただき、激励していただいた東信堂の下田勝司社長、質の高い編集をしていただいた同じく二宮義隆氏には深く謝意を表したい。

平成26年3月1日

杉本　均

執筆者紹介・分担（執筆順）

杉本　均［編者］　　第1章他
　京都大学大学院教育学研究科教授（比較教育学）
　1958年生、京都大学大学院教育学研究科
　主要著作：『マレーシアにおける国際教育関係―教育へのグローバル・インパクト』（東信堂、2005）『教育の比較社会学［増補版］』（共編著、学文社、2008）

秦　由美子　　第2章
　広島大学高等教育研究開発センター教授（比較教育学）
　オックスフォード大学大学院修了（修士）、東京大学大学院教育学研究科・博士（教育学）
　主要著作：『新時代を切り拓く大学評価―日本とイギリス』（東信堂、2005）『変わりゆくイギリスの大学』（学文社、2001）『女性へ送る7つのメッセージ』（昂洋書房、2012）

山田　礼子　　第3章
　同志社大学大学院社会学研究科教授（比較教育社会学、高等教育論）
　米国カリフォルニア大学ロサンゼルス校教育学研究科、Ph.D（UCLA）。
　主要著作：『学士課程教育の質保証へむけて―学生調査と初年次教育からみえてきたもの』（東信堂、2012）、『大学教育を科学する―学生の教育評価の国際比較』（編著、東信堂、2009）

杉本　和弘　　第4章
　東北大学高等教育開発推進センター准教授（比較教育学、高等教育論）
　1968年生、名古屋大学大学院教育学研究科、博士（教育学）
　主要著作：『戦後オーストラリアの高等教育改革研究』（東信堂、2003）「オーストラリア高等教育のガバナンスと質保証―州政府の位置と機能」『大学論集』第41集（2010）

杉村　美紀　　第5章
　上智大学総合人間学部教授（比較教育学、国際教育学）
　1962年生、東京大学大学院教育学研究科、博士（教育学）
　主要著作：『激動するアジアの大学改革―グローバル人材を育成するために』（共編著、ぎょうせい、2012）、『比較教育研究―何をどう比較するか―』（共訳、上智大学出版、2011）

竹腰　千絵　第6章
　京都大学大学院教育学研究科博士後期課程修了（比較教育学）
　1981年生
　主要著作：『オーストラリアの教育改革―21世紀型教育立国への挑戦―』（共著、学文社、2011）

園山　大祐　第7章
　大阪大学大学院人間科学研究科准教授（比較教育社会学）
　1971年生、九州大学大学院教育学研究科
　主要著作：『日仏比較　変容する社会と教育』（編著、明石書店、2009）、『学校選択のパラドックス』（編著、勁草書房、2012）

米澤　彰純　第8章
　名古屋大学大学院国際開発研究科准教授（教育・人材開発論）
　1965年生、東京大学大学院教育学研究科
　主要著作：『高等教育質保証の国際比較』（共編著、東信堂、2011）、『高等教育の大衆化と私立大学経営』（東北大学出版会、2010）

南部　広孝　第9章、第10章
　京都大学大学院教育学研究科准教授（比較教育学）
　1967年生、京都大学大学院教育学研究科、博士（教育学）
　主要著作：『中国高等教育独学試験制度の展開』（東信堂、2009）、「東アジア諸国における高大接続―大学入学者選抜方法の改革に焦点をあてて」『高等教育研究（高大接続の現在）』第14集（2011）

石川　裕之　第11章
　畿央大学教育学部講師（比較教育学）
　1977年生、京都大学大学院教育学研究科、博士（教育学）
　主要著作：『韓国の才能教育制度―その構造と機能』（東信堂、2011）、『ワードマップ　認知的個性―違いが活きる学びと支援』（共編著、新曜社、2010）

森下　稔　第12章
　東京海洋大学大学院海洋科学技術研究科准教授（比較教育学、タイ教育研究）
　1967年生、九州大学大学院教育学研究科
　主要著作：『比較教育学の地平を拓く―多様な学問観と知の共助―』（共編著、東信堂、2013）、『21世紀の教育改革と教育交流』（共著、東信堂、2010）

我妻　鉄也　　第 13 章
　　桜美林大学大学院大学アドミニストレーション研究科助手（比較教育学）
　　1975 年生、桜美林大学大学院国際学研究科
　　主要著作：「マレーシアにおける豪州大学分校の比較考察―設置経緯とガバナンス構造を中心に」『国際教育』第 17 号（2011）、「オーストラリア高等教育のマレーシアへのオフショアプログラム展開―高等教育の質保証を中心に」『オセアニア教育研究』第 14 号（2008）

中矢　礼美　　第 14 章、第 15 章
　　広島大学国際センター准教授（比較国際教育学）
　　1971 年生、広島大学大学院教育学研究科
　　主要著作：「インドネシア・アンボンにおける平和な文化をつくるための学校教育」日本総合学術学会『日本総合学術誌』第 10 号（2011）、「平和教育カリキュラム編成に関する国際比較研究―アメリカ・カナダ・インドネシアの事例―」『広島大学国際センター紀要』第 2 号（2012）

小原　優貴　　第 16 章
　　東京大学大学総合教育研究センター特任研究員（比較教育学）
　　1978 年生、京都大学大学院教育学研究科
　　主要著作：『インドの無認可学校研究―公教育を支える「影の制度」』（東信堂、2014）"The Regulation of Unrecognised Low-fee Private Schools in Delhi: potential implications for India's Right to Education Act" Srivastava, Prachi. (ed.) . Low-fee Private Schooling: aggravating equity or mediating disadvantage? Oxford Studies in Comparative Education Series. Oxford, Symposium Books.

中島　悠介　　第 17 章
　　京都大学大学院教育学研究科修士課程在学中（比較教育学）
　　1987 年生
　　主要著作：「トランスナショナル高等教育の展開：中東諸国を中心として」『京都大学大学院教育学研究科紀要』第 58 号（共著、2012）

日下部達哉　　第 18 章
　　広島大学教育開発国際協力研究センター准教授（比較教育学）
　　1973 年生、九州大学大学院人間環境学府発達・社会システム専攻
　　主要著作：『バングラデシュ農村の初等教育制度変容』（東信堂、2007）、『アジアの教育計画上』（共著、学文社、2006）

索　引

欧字

Accreditation and the Higher Education Opportunity Act of 2008	68
AKP（The Associated Kyoto Program）	63
ANC エデュケーション	96
APQN	257
articulation	11
ASEAN 後発加盟国 CLMV	205, 220
ASEAN 統合	204, 211, 213, 214, 220
Associated Kyoto Program	63
AUF	129, 130
AUN	148, 207
AUN-SEED Net	149
AUQA（Australian Universities Quality Agency）	262
borderless education	10
CAA	295
CampusFrance	121, 126, 128, 129, 132, 134
CHEA（Council for Higher Education Accreditation）	68
Collective Action for Mobility Program of University Students	148
cross-border education	10
DIAC	291, 292
Distance Flexible Learning	257
DKV	291, 292
Double/Joint degree	57
Ecole Centrale	130
ECTS ＝ヨーロッパ単位互換制度	132
ECVET＝ヨーロッパ職業教育訓練単位制度	132
Education City	55
Education Hub	20, 205, 210, 219
EduTrust	108
EFQ ＝ヨーロッパ資格枠組み	131
EFTA（European Free Trade Area）	123, 133
Endrizzi	122
ERASMUS	122, 124
ERASMUS MUNDUS	125
ESSEC	130
EU	121, 122-126, 133
Eurostat	121
e - ラーニング	ii, 6, 12, 250
F-1 ビザ	51
FAU 釜山分校	187, 188
franchise	11
GATS	204
GMS	220
——開発	215, 217
Group of Eight	110
IIE（Institute of International Education）	50
IIPM	276
INQAAHE（International Network for Quality Assurance Agency of Higher Education）	67
INSEAD	129
international student	4
Jane Knight	10, 49
KHDA	295
Knowledge Hub	190
Knowledge Village	56
Macarasn, F. M.	14
MBA	156
MQA	227, 238
NZUAAU（New Zealand Universities Academic Audit Unit）	257, 262
OECD	49, 121, 122
Open Doors	53
overseas student	4
PHKI	245
PSB Academy	110
RIHED	207
SEAMEO	207
SEED/Net	207
SEVIS（Student and Exchange Visitor Information System）	51
——プログラム	51
Sigalas	133
split degree program	6
STC-Korea	187, 189-196
Teichler	iii, 23
THE-QS 世界大学ランキング	226, 282
TNHE	50
Transatlantic Degree Programs（TDP）Inventory Project	57
Transnational Higher Education	50
twinning degree	6
University City	56
University Mobility in Asia and the Pacific	148

UOE（Unesco, OECD, Eurostat） 121, 133
UQAIB 295, 296
U.S. News & World Report 64
validation 11, 12
WIU 276
WTO 105, 153, 157, 160, 166, 185, 210

あ

アーティキュレーション 11
アウトカム評価 24
アカデミック・アクレディテーション委員会 295
アクレディテーション 66, 227, 245
　　──機関 65
　　──ミル 67
アサンプション大学 206, 209
アジア開発銀行 78
アセアン共同体 148
アセアン大学連合 207
アセスメント 65
アポログループ 277
アメリカ 18
アラブ首長国連邦 22
アルトバック、P. G. 53
アルメニア・フランス大学 129

い

イギリス 17
一国二制度 170
異文化・多文化体験 62
インターナショナルアカデミックシティ 289
インターナショナル・バカロレア 95
インド経営大学 280
インド計画経営大学 276
インド工科大学 92
インドシナ半島南北回廊 215
インドシナ半島の物流網整備 213
インドシナ半島物流網の整備 214
インドで技術教育を提供する外国大学／機関の参入と運営に関する規則 271
インドネシア 21, 241
インドネシア大学 248
ウェスタン国際大学 276
ウロンゴン大学ドバイ校 299
雲南省 215, 217, 220

え

英語 169
英国文化協会 4
営利 158
エジプト 23
エジプト騒乱 305
エジプト日本科学技術大学 146, 307
エジプト・フランス大学 129
エデュケーション・オーストラリア 33
エデュケーション・シティ 291
エラスムス 19, 122, 124, 126
エラスムス・ムンドス 125
遠隔教育 68, 175, 180, 181, 257

お

欧州高等教育質保証協会（ENQA） 134
欧州評議会 67, 132
王立メルボルン工科大学 72
王柳蘭 216
オーストラリア 18
オーストラリア国際教育協会 80
オーストラリア大学質保証機構（AUQA） 79
オーディット 83
オフショア（off shore） 53
　　──・エデュケーション 10
　　──・キャンパス 93
　　──・プログラム 7
オマーン 22
オランダ海運物流大学韓国分校 185
オンライン大規模講義 151

か

カーティン工科大学 111, 229-231, 233, 234
　　──大学サラワク校 227, 229, 231, 233
カーティン工科大学法 233
カーティン・シンガポール分校 112
海外提携プログラム 105-107, 110, 112, 113
海外分校 13, 49, 93, 105, 209
改革開放政策 153, 156
外国機関提携学位 7
外国大学分校 6, 185-191, 195-197, 225-227, 229, 235-238
会社法（Companies Act 1965［Act 125］） 227

開発国	54	孔子学院	146
海路華人	216	豪州大学分校	227, 230, 231, 235-238
カイロアメリカン大学	23, 306	高等学習委員会	278
カイロジャーマン大学	307	高等教育改革アジェンダ	73

開発国　54
海路華人　216
カイロアメリカン大学　23, 306
カイロジャーマン大学　307
学位　156, 163, 164, 170, 173, 179-181
　──と非学位課程　53
　──の基準　67
学士課程段階　51
学習成果　59
学生交換プログラム　56
カタール　22
過渡的な一形態　219
株式（非公開）会社カーティンマレーシア　231, 233
株式（非公開）会社スウィンバーンサラワク　231
株式（非公開）会社モナシュ大学サンウェイキャンパスマレーシア　231
韓国　20

き

機関調査ユニット　82
機関の効果（Institutional Effectiveness）　65
ギャンブル　218
教育技能省（Department for Education and Skills: DfES）　38
教育収益率　26
教育省高等教育委員会事務局　203
教育（的）ハブ　108
教授会自治　45
共同学位制度　49
共同学位プログラム　57
玉溪師範大学　217
近代的国家モデル　201

く

クロスボーダー・エデュケーション　10
グローバル・インパクト　195, 196
グローバル化　50, 61
グローバル・パスポート　75
グローバルマインド　66
経済自由区域（Free Economic Zones）　186, 187, 195, 196
研究・評価・包括的教育センター　38

こ

孔子学院　146
豪州大学分校　227, 230, 231, 235-238
高等学習委員会　278
高等教育改革アジェンダ　73
高等教育機関（Higher Education Institution: HEI）　34
高等教育機関アクレディテーション機構　245
高等教育市場の開放　195, 196
高等教育質保証機関国際ネットワーク（INQAAHE）　134
高等教育情報サービス・トラスト　37
高等教育政策　61
高等教育の国際化　49, 88, 170, 174
高等教育の質保証に関するガイドライン　49
高等教育の大衆化　202
高等・継続教育法　17
合理的な見返り　159, 161, 163
国際遠隔教育プログラム　ii
国際化　88
国際教育協会　4
国際協力機構　314
国際金融公社　78
国際高等教育　89
国際大学　77
国際通用性　61
国際的な質保証枠組み　67
国際プログラム　6
国際連携　68
国費留学　87
国民党軍　216
国民マイノリティ国家　290
国立高等工芸学校　130
国家教育戦略計画2005—2009年　242
国家中長期教育改革・発展計画要綱　166
国境を越えた教育提供におけるグッド・プラクティス規約　67
国境を越えて提供される高等教育の質保証に関するガイドライン　49
国境を越えること　201, 210
コム・センター　213
コンソーシアム　143

さ

財政補助　54
サービス貿易に関する一般協定　142
サラワク州　226, 227, 229-231, 234, 236, 237

──政府	229-231, 233
サンウェイグループ	228, 229, 231-233
暫定アクレディテーション（Provisional Accreditation）	227
サンドイッチプログラム	21, 243
西交利物浦大学	160, 162

し

ジグラス	90
市場	155, 157, 167, 170, 174-176, 178, 182
四川大学	92
事前統制	159, 175
質保証	67, 159, 171, 175, 242, 257
──制度	204
──戦略	80
私費留学	87
思茅師範高等専科学校	217
自由市場経済	169, 173
授業料	53
──の二重価格制	52
首相構想（Prime Minister's Initiative: PMI）	36
出入国管理及び難民認定法	3
ジョイントセミナー	64
ジョイントディグリー（joint degree）	11, 12, 56, 57
奨学金	53
商業・経済高等学校	130
職業資格	67
職業枠組み	67
植民地	169, 171
私立高等教育機関法（Private Higher Educational Institutions Act 1996）	225, 227, 229
新興国	54
人材開発能力庁	295

す

水準同等性	79
スウィンバーン工科大学	231
──大学サラワク校	227, 231
杉本均	50
スタディ・アブロードプログラム	50, 56
頭脳流出	27, 55, 114
スランゴール州	226-228, 230, 231, 236
スリランカ	95, 96, 98

せ

世界水準大学	144
──創出目標	74
世界貿易機関	153
全インド技術教育協会	272
1999年国家教育法	203
宗主国	172
粗就学率	154, 167

た

タイ	20
第2次高等教育15ヶ年長期計画	203
第10次高等教育開発計画	202
大学改革	61
大学質保証国際評議会	295
大学補助金委員会	171-173, 176
第三段階教育	75
ダブルディグリー	9, 56, 243
単位互換協力	11, 12
短期交換留学プログラム	248

ち

チーヴニング奨学金	36
地域の教育ハブ	172
チェンマイ大学	209
チェンライ・ラーチャパット大学	206, 214, 217, 220
地区基準協会	68
知識基盤型経済	290
知識基盤社会	59, 61
知的移民	26
地方分権化	242
中外連合による学校運営	156
中華人民共和国高等教育法	155
中等後教育	3
中部州高等教育委員会（Middle States Commission on Higher Education）	66, 68
中北部大学学校協会高等教育委員会（Higher Learning Commission）	68
チュラーロンコーン大学	208
長江商学院	160, 162
「チンタナカーン・マイ（新思考）」政策	210

て

ディグリー・ミル	iv, 67
ディプロマミル	258
「出島」政策	20
デューク大学	282
テンパス（Tempus）	125
テンプル大学日本校	9

と

ドイツ	19
ドイモイ（刷新）	73
トゥイニング（Twinning）	11, 57
同志社大学	63
登録課程	174, 176-180, 184
独立校	7, 8
ドバイ・インターナショナルアカデミックシティ	289
ドバイ首長国	289
ドバイ・ナレッジビレッジ	289
ドバイブリティッシュ大学	299
ドーハ・ラウンド	142
トムヤムクナリゼーション	205, 221
トランジット・ポイント	102
トランスナショナル	7, 8
トランスナショナル教育	50, 140
トランスナショナル高等教育	14, 15, 17, 28, 89, 105, 167, 169, 170, 173-176, 180-183, 221
トランスナショナルな状況	195

な

内外協力による学校運営	19, 153, 154, 156-160, 164-167
ナショナル・プロトコルズ	108
ナビタス	112
ナレッジビレッジ	289

に

二元制大学	75
西オーストラリア大学	110
二重価格制	53
二重学位	57
日本・アラブ対話フォーラム	314
認証評価	67

ね

ネットワーク	67
寧波諾丁漢大学	160, 162, 168

は

パイトゥーン・シンラーラート	204
バディシステム	268
ハノイ国家大学	77

ひ

ピアーレビュー	64, 65
非営利	158, 159
東日本大震災	139
「ビジョン2020」（Wawasan 2020）	225
非伝統的留学	50
ビヌス国際大学	250

ふ

フィジー	257
フィジー国立大学	259
フィジー大学	259
部分学位プログラム（Twining Degree, Split Degree Program）	6, 49
プラトーセンター	93
フランス	19
フランス語圏高等教育連合	129
ブランチ・キャンパス	49
フランチャイズ	11, 56
フリーゾーン	289, 290
ブリズベン・コミュニケ	147
フルコスト	141
フルブライト留学	50
――プログラム	50
プル要因	244
文化的衝突	62
文化的多様性	62

へ

北京師範大学－香港浸会大学聯合国際学院	160, 163, 168
ベトナム教育訓練省	74
辺境間の留学	221

ほ

法人化	242
ボーダレス・エデュケーション	10
ボローニャプロセス	58, 132
香港大学	170

ま

マクバーニー	90
松島グローバル大学キャンパス（Songdo Global University Campus）	187, 188, 196, 197
マハティール首相	225, 229
マヒドン大学	209
マレーシア	20
マレーシア資格機構（Malaysian Qualifications Agency: MQA）	226
マンダラ型国家	220

み

南太平洋	21
南太平洋大学	21, 257, 259

め

メコン川流域圏	201, 214
免除課程	174, 176-180, 184

モ

モナシュ・カレッジ	93
モナシュ大学	91, 229, 231, 233
——サンウェイ校	227, 228, 231, 232, 237

ユ

ユネスコ	49, 67, 121, 122, 127, 128, 132

ヨ

4つの合理的根拠	26
ヨーロッパ行財政学院	129
ヨーロッパ自由貿易連合	133

ら

ライセンス収入	27
ラオ・アメリカンカレッジ	213
ラオ・シンガポール・ビジネスカレッジ	214
ラオス	20
ラオス国立大学	27, 211
ラオス人民民主共和国教育法	211
ラオ・トップカレッジ	214
ラーニング・アウトカム	62, 66
ランキング	64

リ

陸路華人	216
リベラルアーツ・カレッジ	63
留学	3, 4
——しない留学	5
伝統的——	6, 25
非伝統的——	6
留学生（foreign student）	3, 4, 6, 121
——送り出し国	54
——ビザ	51
通学——	212, 220
伝統的——	60

編著者

杉本　均（すぎもと　ひとし）
京都大学大学院教育学研究科教授（比較教育学）
1958年生、京都大学大学院教育学研究科
主要著作：『マレーシアにおける国際教育関係—教育へのグローバル・インパクト』（東信堂、2005）『教育の比較社会学［増補版］』（共編著、学文社、2008）

トランスナショナル高等教育の国際比較──留学概念の転換──

2014年7月10日　初　版第1刷発行　　　　〔検印省略〕
定価はカバーに表示してあります。

編著者Ⓒ杉本　均　　発行者　下田勝司　　　組版：フレックスアート　　装幀：中嶋デザイン事務所

東京都文京区向丘 1-20-6　　郵便振替 00110-6-37828
〒 113-0023　TEL (03) 3818-5521　FAX (03) 3818-5514　　　　株式会社　東信堂　発行所
Published by TOSHINDO PUBLISHING CO., LTD.
1-20-6, Mukougaoka, Bunkyo-ku, Tokyo, 113-0023, Japan
E-mail : tk203444@fsinet.or.jp　http://www.toshindo-pub.com

ISBN978-4-7989-1240-0　C3037　　Ⓒ Sugimoto Hitoshi

東信堂

日本比較教育学会編

比較教育学事典	日本比較教育学会編	一二〇〇〇円
トランスナショナル高等教育の国際比較 ―留学概念の転換	杉本 均編著	三六〇〇円
比較教育学の地平を拓く	森下 稔他編著	四六〇〇円
比較教育学―越境のレッスン	馬越徹	三六〇〇円
比較教育学―伝統・挑戦・新しいパラダイムを求めて	Mブレイ編 馬越徹・大塚豊監訳	三八〇〇円
国際教育開発の再検討 ―途上国の基礎教育普及に向けて	小川啓一他編著	二四〇〇円
中国教育の文化的基盤	顧明遠 大塚豊監訳	二九〇〇円
中国大学入試研究 ―変貌する国家の人材選抜	大塚豊	三六〇〇円
中国高等教育独学試験制度の展開	北村友人他訳	三二〇〇円
中国高等教育の拡大と教育機会の変容	南部広孝	五〇四八円
中国の職業教育拡大政策―背景・実現過程・帰結	劉文君	三九〇〇円
現代中国初中等教育の多様化と教育改革	王傑	三六〇〇円
ドイツ統一・EU統合とグローバリズム―教育の視点からみたその軌跡と課題	木戸 裕	六〇〇〇円
教育における国家原理と市場原理―チリ現代教育史に関する研究	斉藤泰雄	三八〇〇円
中央アジアの教育とグローバリズム	川野辺敏他編著	三二〇〇円
インドの無認可学校研究―公教育を支える「影の制度」	小原優貴	三二〇〇円
バングラデシュ農村の初等教育制度受容	日下部達哉	三六〇〇円
オーストラリアのグローバル教育の理論と実践	木村 裕	三六〇〇円
オーストラリア教育研究の継承と新たな展開	本柳とみ子	三六〇〇円
オーストラリアの教員養成とグローバリズム ―多様性と公平性の保証に向けて	佐藤博志編著	二〇〇〇円
[新版]オーストラリア・ニュージーランドの教育 ―グローバル社会を生き抜く力の育成に向けて	青木麻衣子・佐藤博志編著	三八〇〇円
オーストラリアの言語教育政策 ―多文化主義における「多様性」と「統一性」の揺らぎと共存	青木麻衣子	三八〇〇円
オーストラリア学校経営改革の研究 ―自律的学校経営とアカウンタビリティ	佐藤博志	三八〇〇円
戦後オーストラリアの高等教育改革研究	杉本和弘	五八〇〇円
マレーシア青年期女性の進路形成	鴨川明子	四七〇〇円
「郷土」としての台湾 ―郷土教育の展開にみるアイデンティティの変容	林 初梅	四六〇〇円
戦後台湾教育とナショナル・アイデンティティ	山﨑直也	四〇〇〇円

〒113-0023 東京都文京区向丘1-20-6
TEL 03-3818-5521 FAX03-3818-5514 振替 00110-6-37828
Email tk203444@fsinet.or.jp URL:http://www.toshindo-pub.com/

※定価：表示価格（本体）＋税

東信堂

転換期を読み解く——潮木守一時評・書評集	潮木守一	二六〇〇円
大学再生への具体像〔第2版〕	潮木守一	二四〇〇円
フンボルト理念の終焉?——現代大学の新次元	潮木守一	二五〇〇円
いくさの響きを聞きながら——横須賀そしてベルリン	潮木守一	二四〇〇円
大学教育の思想——学士課程教育のデザイン	絹川正吉	二八〇〇円
国立大学法人の形成	大﨑仁	二六〇〇円
国立大学・法人化の行方——自立と格差のはざまで	天野郁夫	三六〇〇円
高等教育における職学委員制度の研究	林透	三八〇〇円
転換期日本の大学改革——アメリカと日本	江原武一	三六〇〇円
大学の責務	D・ケネディ 井上比呂子訳著	三八〇〇円
大学の財政と経営	立川明・坂本辰朗・丸山文裕	三二〇〇円
私立大学の経営と拡大・再編	両角亜希子	四七〇〇円
私立大学マネジメント	(社)私立大学連盟編	四二〇〇円
大学事務職員のための高等教育システム論(新版)——より良い大学経営専門職となるために	山本眞一	三二〇〇円
新自由主義大学改革——国際機関と各国の動向	細井克彦編集代表 米澤彰純監訳	三八〇〇円
新興国家の世界大学戦略——世界水準をめざすアジア・中南米と日本	舘昭	四八〇〇円
原理・原則を踏まえた大学改革を——場当たり策からの脱却こそグローバル化の条件	舘昭	二〇〇〇円
改めて「大学制度とは何か」を問う	舘昭	一〇〇〇円
原点に立ち返っての大学改革	飯吉弘子	五四〇〇円
戦後日本産業界の教育要求——経済団体の教育言説と現代の教養論	秦由美子	五八〇〇円
イギリスの大学——対位線の転移による質的転換	秦由美子編	三六〇〇円
新時代を切り拓く大学評価——日本とイギリス	馬越徹	二七〇〇円
韓国大学改革のダイナミズム——ワールドクラス(WCU)への挑戦	石川裕之	三八〇〇円
韓国の才能教育制度——その構造と機能	ホーン川嶋瑤子	二五〇〇円
スタンフォード21世紀を創る大学	高野篤子	三三〇〇円
アメリカ大学管理運営職の養成		

〒113-0023 東京都文京区向丘1-20-6 TEL 03-3818-5521 FAX03-3818-5514 振替 00110-6-37828
Email tk203444@fsinet.or.jp URL:http://www.toshindo-pub.com/

※定価:表示価格(本体)+税

東信堂

書名	著者	価格
現代アメリカの教育アセスメント行政の展開――マサチューセッツ州（MCASテスト）を中心に	北野秋男編	四八〇〇円
アメリカ公民教育におけるサービス・ラーニング	唐木清志	四六〇〇円
現代アメリカにおける学力形成論の展開――スタンダードに基づくカリキュラムの設計	石井英真	四二〇〇円
ハーバード・プロジェクト・ゼロの芸術認知理論とその実践――内なる知性とクリエティビティを育むハワード・ガードナーの教育戦略	池内慈朗	六五〇〇円
アメリカにおける学校認証評価の現代的展開	浜田博文編著	二八〇〇円
アメリカにおける多文化的歴史カリキュラム	桐谷正信	三六〇〇円
メディア・リテラシー教育における「批判的」な思考力の育成	森本洋介	四八〇〇円
「学校協議会」の教育効果――「開かれた学校づくり」のエスノグラフィー	平田淳	五六〇〇円
主体的学び 創刊号 特集：教育から学習へ――ICT活用へ	主体的学び研究所	一六〇〇円
「主体的学び」につなげる評価と学習方法――カナダで実践される―CEモデル	土持ゲーリー法一訳	一〇〇〇円
ポートフォリオが日本の大学を変える――ティーチング/ラーニング/アカデミック・ポートフォリオの活用	土持ゲーリー法一	二五〇〇円
ティーチング・ポートフォリオ――授業改善の秘訣	土持ゲーリー法一	二〇〇〇円
ラーニング・ポートフォリオ――学習改善の秘訣	土持ゲーリー法一	二五〇〇円
多様社会カナダの「国語」教育（カナダの教育3）	関口礼子・浪田克之介編著	三八〇〇円
社会形成力育成カリキュラムの研究	西村公孝	六五〇〇円
現代ドイツ政治・社会学習論――「事実教授」の展開過程の分析	大友秀明	五二〇〇円
現代教育制度改革への提言 上・下	日本教育制度学会編	各二八〇〇円
現代日本の教育課題――二一世紀の方向性を探る	村田翼夫・上田学編著	二八〇〇円
発展途上国の保育と国際協力	浜野隆・三輪千明著	三八〇〇円
バイリンガルテキスト現代日本の教育	村田翼夫・山口満編著	三八〇〇円
日本の教育経験――途上国の教育開発を考える	国際協力機構編著	二八〇〇円

〒113-0023 東京都文京区向丘1-20-6 TEL 03-3818-5521 FAX03-3818-5514 振替 00110-6-37828
Email tk203444@fsinet.or.jp URL:http://www.toshindo-pub.com/

※定価：表示価格（本体）＋税

東信堂

子ども・若者の自己形成空間	―教育人間学の視線から	高橋勝編著	二七〇〇円
君は自分と通話できるケータイを持っているか	―「現代の諸課題と学校教育」講義	小西正雄	二〇〇〇円
教育文化人間論	―知の逍遥／論の越境	小西正雄	二四〇〇円
グローバルな学びへ	―協同と刷新の教育	田中智志編著	二〇〇〇円
教育の共生体へ	―ボディ・エデュケーショナルの思想圏	田中智志編	三五〇〇円
人格形成概念の誕生	―近代アメリカの教育概念史	田中智志	三六〇〇円
社会性概念の構築	―アメリカ進歩主義教育の概念史	田中智志	三八〇〇円
教育による社会的正義の実現	―アメリカ(1945-1980)	D・ラヴィッチ著 末藤美津子訳	五六〇〇円
学校改革抗争の100年	―20世紀アメリカ教育史	D・ラヴィッチ著 末藤・宮本・佐藤訳	六四〇〇円
ヨーロッパ近代教育の葛藤	―地球社会の求める教育システムへ	太田美幸	三三〇〇円
多元的宗教教育の成立過程	―アメリカ教育と成瀬仁蔵の「帰一」の教育	前田一男編	五八〇〇円
ミッション・スクールと戦争	―立教学院のディレンマ	大森秀子	三六〇〇円
未曾有の国難に教育は応えられるか	―「じひょう」と教育研究60年	新堀通也	三二〇〇円
教育の平等と正義		大桃敏行・中村雅子・後藤武俊訳 K・ハウ著	三三〇〇円
〈シリーズ 日本の教育を問いなおす〉			
拡大する社会格差に挑む教育		西村和雄・大森不二雄編	二四〇〇円
混迷する評価の時代	―教育評価を根底から問う	倉元直樹・木村拓也編	二四〇〇円
教育における評価とモラル		西村和雄・大森不二雄編 倉元直樹・木村拓也編	二四〇〇円
地上の迷宮と心の楽園	[コメニウス・セレクション]	西村和雄編	三六〇〇円
ハーバード・プロジェクト・ゼロの芸術認知理論とその実践	―内なる知性とクリエイティビティを育むハワード・ガードナーの教育戦略	J・コメニウス 藤田輝夫訳	六五〇〇円
協同と表現のワークショップ [第2版]	―学びのための環境のデザイン	池内慈朗	二四〇〇円
演劇教育の理論と実践の研究	―自由ヴァルドルフ学校の演劇教育	茂木一司 編集代表	三八〇〇円
		広瀬綾子	

〒113-0023　東京都文京区向丘1-20-6　TEL 03-3818-5521　FAX 03-3818-5514　振替 00110-6-37828
Email tk203444@fsinet.or.jp　URL:http://www.toshindo-pub.com/
※定価：表示価格（本体）+税

東信堂

書名	著者	価格
オックスフォード キリスト教美術・建築事典	P&L・マレー著 中森義宗監訳	三〇〇〇〇円
イタリア・ルネサンス事典	J・R・ヘイル編 中森義宗監訳	七八〇〇円
美術史の辞典	P・デュロ/清水忠訳他	三六〇〇円
書に想い 時代を讀む	中森義宗・清水忠訳他	一八〇〇円
日本人画工 牧野義雄―平治ロンドン日記	ますこ ひろしげ	五四〇〇円

【芸術学叢書】

書名	著者	価格
芸術理論の現在―モダニズムから	谷藤枝晃雄編著	三八〇〇円
絵画論を超えて	尾崎信一郎	四六〇〇円
美を究め美に遊ぶ―芸術と社会のあわい	江藤光紀	二八〇〇円
バロックの魅力	荻野厚志編著	二六〇〇円
新版 ジャクソン・ポロック	小穴晶子編	二六〇〇円
美学と現代美術の距離―アメリカにおけるその乖離と接近をめぐって	藤枝晃雄	三八〇〇円
ロジャー・フライの批評理論―知性と感受	金 悠美	三八〇〇円
レオノール・フィニー―新しい種 境界を侵犯する性の間で	尾形希和子	二八〇〇円
いま蘇るブリア＝サヴァランの美味学	要 真理子	四二〇〇円

【世界美術双書】

書名	著者	価格
バルビゾン派	井出洋一郎	二〇〇〇円
キリスト教シンボル図典	中森義宗	二三〇〇円
パルテノンとギリシア陶器	関 隆志	二三〇〇円
中国の版画―唐代から清代まで	小林宏光	二三〇〇円
象徴主義―モダニズムへの警鐘	中村隆夫	二三〇〇円
中国の仏教美術―後漢代から元代まで	久野美樹	二三〇〇円
セザンヌとその時代	浅野春男	二三〇〇円
日本の南画	武田光一	二三〇〇円
画家とふるさと	小林 忠	二三〇〇円
ドイツの国民記念碑―一八一三年	大原まゆみ	二三〇〇円
日本・アジア美術探索	永井信一	二三〇〇円
インド、チョーラ朝の美術	袋井由布子	二三〇〇円
古代ギリシアのブロンズ彫刻	羽田康一	二三〇〇円

〒113-0023 東京都文京区向丘1-20-6　TEL 03-3818-5521　FAX 03-3818-5514　振替 00110-6-37828
Email tk203444@fsinet.or.jp　URL:http://www.toshindo-pub.com/

※定価：表示価格（本体）＋税